평신도가 쓴
새벽기도 365일 도전

특별히________________님께
이 소중한 책을 드립니다.

평신도가 쓴

새벽기도 365일 도전

김남정 지음

나침반

새로남교회 담임 **오정호 목사***

온몸과 삶으로 써내려간 기도

제가 아는 필자는 "하나님의 은혜"에 이끌리는 분입니다. 사실 기도는 짜내는 것이라기보다 샘물처럼 우러나오는 것 아니겠습니까? 하나님의 은혜에 이끌리지 않고서야 샘물처럼 우러나오는 기도생활이 가능하겠습니까?

필자는 하나님의 은혜가 기도의 알파와 오메가임을 삶으로 보여 주는 분입니다. 본서에 기록된 많은 부분은 이 글을 쓰신 필자의 삶의 흔적이며 간증 그 자체입니다. 누구나 빌려온 이론으로 아름답게 포장할 수 있지만, 그 생명력은 얼마 못 갈 것입니다. 이런 측면에서 본서는 필자가 삶을 던져서 온몸으로 쓴 책이라고 말씀드릴 수 있습니다.

본서는 또한 이론적인 부분도 튼튼합니다.

필자는 오랫동안의 공무원 생활을 통하여 논리적이며 합리적인 부분이 강합니다. 믿음의 안목을 통하여 내용을 적절하게 배치하였음을 한눈으로 알 수 있습니다. 주관적인 부분은 반드시 객관적

*제자훈련 목회자네트워크 Cal-Net 이사장

으로 검증되고 체제가 세워져야 합니다. 본서가 이론적인 뒷받침이 분명하다는 것은 기도생활을 다룬 책으로서 가지는 또 하나의 강점이라고 말할 수 있겠습니다.

필자는 기도생활과 합하여 교회생활에서도 조화와 열매를 맺고 계십니다. 지역 교회의 중요성을 몸소 체험하고 동역자들과 함께 성심으로 교회를 섬기고 있습니다.

많은 이들이 지역 교회에 믿음의 뿌리를 내리지 못하는 위험을 간파하고 있습니다. 필자는 교회 봉사에 적극적이며 그 바쁜 중에서 본 교회의 제자훈련과 사역훈련을 성실하게 마치고 소그룹 인도자로 봉사하며 교회에서 까다롭기로 이름이 높은 중등부 학생들을 맡아 가르치고 있습니다.

이제 필자 자신의 기도생활의 축복을 한국 교회 뭇 성도들과 공유하기를 원하는 마음을 담아 발간한 본서는 성도들의 기도생활에 새로운 전환점과 도전을 주기에 충분하다고 확신하며, 이에 일독을 권합니다.

오정호 목사

새벽기도 체질화

사실 제가 새벽기도에 대해서 무슨 말을 한다는 것이 두렵고 외람된 생각이 듭니다. 많은 목사님들도 계시고, 저 이외에도 새벽기도를 통하여 한국 기독교 역사에 큰 발자국을 남긴 성도들도 적지 않은 데다 저의 새벽기도 방법이 남에게 내놓을 만한 것인지도 걱정이 되기 때문입니다. 그리고 저 자신은 새벽기도를 지속해 온 것 외에 아직도 내놓을 만한 신앙적 업적이 없는 어줍잖은 신앙인이라서 더욱 그렇습니다.

그럼에도 불구하고 감히 이 책을 쓰게 된 것은, 새벽기도가 체질화되지 않아 안간힘을 쓰는 주위의 많은 믿음의 동료들을 볼 때마다 느끼는 안타까움과 견딜 수 없는 부담감 때문입니다. 특히 종교개혁의 본질은 교회개혁이고 교회개혁의 중요한 부분이 성도개혁이라면, 성도개혁의 중요한 부분이 기도의 개혁이 아닐까 하는 생각이 들었고, 기도의 개혁 중 가장 중요한 것은 십일조가 신앙생활의 기본이듯 이 민족의 모든 교회 성도들이 하루의 첫 시간을 새벽기도로 봉헌하는 것이야말로 개인 경건생활의 진정한 개혁이라는 생각으로 용기를 내어 이 책을 쓰게 되었습니다.

목사님들은 체험적으로 새벽기도가 성도의 신앙 성장과 교회의 부흥에 유익한 것을 알기 때문에 성도들을 새벽기도인으로 만들기 위해 특별새벽기도 기간을 1년에 몇 차례씩 만들어 행사를 하고 있습니다. 그러나 성도들은 처음에는 기세 좋게 도전을 했다가도 차츰 새벽기도 기간이 끝나기를 손꼽아 기다리고, 끝나기가 무섭게 평상으로 돌아가기가 십상입니다.

목사님들이 쓴 새벽기도에 관한 책들도 적지 않습니다. 그런 책들을 보면 목사님들은 사명을 받고 훈련을 받은 만큼 새벽기도가 체질화되어 있기 때문에 주로 새벽기도의 당위성이나 필요성, 유익한 점을 강조하고 있습니다. 그래서 새벽기도에 관한 한 평신도가 직접 쓴 책이 오히려 성도들의 새벽잠을 깨우는 데 실질적인 도움이 되지 않을까 하고 찾아보았습니다. 그러나 그러한 책을 찾는 것은 쉽지 않았고, 겨우 찾은 책도 여전히 간증이 많은 부분을 차지하고 있어 구체적인 노하우를 제공하기에는 부족하다고 느꼈습니다.

저에게 새벽기도 시간은 농부처럼 일찍 일어나 주의 보좌 앞에 나아가 기도로 일구어 놓은 소망의 밭에 탐스럽게 익어 가는 응답의 열매들을 만져보는 축복된 시간이요 수확의 기쁨과 감사로 가득한, 무엇과도 바꿀 수 없는 하루 중 가장 소중한 시간입니다.

저는 1990년부터 지금까지 새벽기도를 계속 해왔습니다. 새벽기도가 없는 미국에서 유학생활을 할 때에도 셋집의 지하실이나 미국인 교회에 나가 혼자서 기도했습니다. 지금까지도 여행이나 출장 중에도 새벽기도만은 절대로 빼먹지 않습니다. 제가 이렇게 새벽기도를 지속하는 것은 새벽기도가 신앙 성장이나 건강에 유익하기도 하지만 사실은 새벽기도 자체가 너무 좋아서입니다. 새벽에 잠자리에서 일어나는 것, 교회로 오는 시간, 반겨 주시는 하나님, 찬송과 목사님의 설교 말씀, 기도 중의 은혜, 집으로 돌아갈 때의 영적인 뿌듯함과 활력, 생활 속에서 감지되는 응답의 확인 등 이 모든 것이 너무 감사하고 기쁘기 때문이며, 솔직히 말씀드리면 즐기고 있는 것입니다.

저도 처음에는 새벽기도에 도전하여 많이 실패해 본 경험이 있는 평범한 성도였습니다. 매사에 소극적이고 비판적이며 불성실한 데다 술과 세상 쾌락을 의지했습니다. 그러던 제가 이렇게 새벽마다 무릎 꿇는 사람이 되고 믿음과 소망, 그리고 감사와 사랑이 넘치는 성실한 사람으로 변화된 것은 하나님의 은혜요 참으로 기적 같은 일입니다. 말하자면 저는 새벽기도에 중독된 사람입니다. 그러나 새벽기도에 중독되면 세상이 주는 그 어떤 것에도 결코 중독되지 않습니다. 새벽에 무릎 꿇는 사람은 절대 세상에 무릎 꿇지 않게 됩니다. 무릎 꿇고 자신을 포기하고 하나님만 의지함으로 제 속에서 일하시는 주님으로 말미암아 저는 누구보다도 강한 믿음의 자녀가 되어 가고 있습니다. 저의 모든 생활은 새벽기도를 중심에 두고 배치되어 있습니다. 그야말로 저의 모든 일은 새벽기도의, 새벽기도에 의한, 새벽기도를 위한 것으로 귀결됩니다.

따라서 저는 이 책에서 새벽기도가 어렵게 생각되는 이유를 밝히고, 새벽기도를 체질화할 수 있는 방법과 '새벽기도 40일'과 '새벽기도 365일'에 도전할 수 있는 구체적인 노하우를 제시하고자 합니다.

저는 지금까지 새벽기도 노하우를 묻는 집사님들에게 나름대로 정보를 제공하여 그분들을 새벽사람으로 만드는 데 일조했습니다. 그래서 저 나름대로는 '특새집사님'(특별새벽기도 기간에만 새벽기도를 하는 집사님)들이 이 책을 읽고 실천하면 어렵지 않게 '날새집사님'(날마다 새벽기도 하는 집사님)으로 변화되리라는 확신이 있습니다.

저는 새벽기도인이 되고 싶어 하는 제자훈련 동기생 K 집사님을 비롯하여 이 땅의 많은 평신도들, 그리고 우리 자녀를 비롯한 이 땅의 모든 젊은이들이 이 책을 읽고 용기를 얻어 저보다 더 훌륭한 새벽기도의 용사가 되게 해 달라고 기도하기 위해 오늘도 새벽 무릎을 꿇습니다.

그리고 기도합니다.

이 나라의 온 평신도가 일어나 평생 새벽기도의 거룩한 사역에 동참함으로써 거대한 새벽기도의 네트워크가 구성되어 천만 성도들이 성결한 삶으로 세상을 이기고 주님의 지상명령인 영혼 구원과 사역에 전 생애를 바치는 충성된 일꾼이 되게 해 달라고.

우리는 오늘도, 또 내일도 새벽기도를 멈출 수 없습니다.

이 땅의 젊은이들이 음란과 방종의 밤문화에서 과감히 탈출하여 새벽무릎으로 하루를 열어 가는 새벽이슬 같은 기도자들로 변화되기까지, 그리하여 이 땅의 정치, 경제, 사회, 문화가 하나님의 말씀으로 온전히 다스려지는 푸르른 예수의 계절이 오기까지.

늘 저의 새벽기도를 칭찬하시고 등을 두드려 격려해 주심으로 저의 오늘이 있게 한 우리 새로남교회 성도들의 영원한 스승 오정호 담임목사님, 중보기도로서 격려해 주신 목사님들과 장로님들, 동역자이신 순장님들께 진심으로 감사드립니다.

그리고 새벽기도를 늘 격려하고 자랑스러워하는 아내와 자녀들에게 진심으로 감사와 사랑의 마음을 전하며, 졸필을 귀찮아하지 않고 끝까지 격려하고 조언을 아끼지 않으신 나침반출판사 대표님과 직원들께 진심으로 감사를 드립니다.

새벽기도인

김남정

제5부 **새벽기도의 은혜들**

제1부

새벽기도는 정말 힘들어

1장

새벽기도,
꼭 해야 하나?

1. 새벽기도가 없는 미국

저는 42세 때 미국으로 유학을 떠났는데 당시 미국 교회에 새벽기도가 없다는 것을 알고 놀랐습니다. 저는 한국에 있을 때부터 매일 새벽기도의 제단을 쌓았기 때문에 주변에 한인교회가 있는지 찾아보았으나 가까운 곳에는 한인교회가 없어서 하는 수 없이 지하실 한켠에 기도실을 만들고 계속 새벽기도를 했습니다. 그러나 한 달도 못 가 이웃에서 항의가 들어오는 바람에 그만두었습니다. 기도하는 중에 저도 모르게 그만 목소리가 커져 버린 것입니다.

그렇다고 계속 숨죽이며 기도하자니 답답해서 죽을 지경이었습니다. 그래서 혹시라도 새벽기도를 하는 교회가 없을까 하여 수소문한 결과, 집에서 20분 거리에 있는 오순절 계통의 하나님의 성회 교회(Assembly of God Church)에서 목사님이 혼자 새벽기도를 하고 계신다는 것을 알았습니다.

기도 시작 시간인 7시에 맞추어 교회에 가서 목사님과 함께 기도를 했지만 새벽기도가 아니라서 불편하여 곧 그만두었습니다. 그러다가 도저히 안 되겠다 싶어 다니고 있던 백인교회 담임목사님에게 부탁하여 교회 열쇠를 얻어 매일 새벽 5시에 혼자서 기도를 했는데 그제서야 마음이 편안해졌습니다.

미국은 1년에 두 번 정도 소위 '모닝 프레어'(morning prayer)라는 것을 하는데 여름철 아침 6시쯤 교회 앞마당에 의자를 갖다 놓고 모여서 목사님의 짧은 설교를 듣고 목사님이 제시한 기도 제목을 가지고 각자 20분 정도 기도하는 것입니다. 그래서 저는 잠깐이긴 하지만 '미국은 새벽기도를 하지 않아도 사람들이 참 착하고, 세계를 먹여 살리고 지배하는데 왜 한국은 새벽기도도 많이 하는데 국민의 인격 수준과 윤리의식이 낮고 부패가 끊이지 않으며 미국보다 잘살지도 못하는가? 과연 새벽기도는 필요한 것인가? 왜 한국은 꼭 새벽기도를 해야 한다고 강조하는가?' 하고 생각한 적이 있습니다.

2. 새벽기도 무용론

한 인터넷 사이트에서 새벽기도 무용론과 당위성에 대한 논쟁이 있었습니다.

먼저 무용론을 편 목회자는, "한국 교회의 새벽기도회는 주님의 복음에 배치되는 것인데 그 주된 이유는 새벽기도에 참석하는 성도들이 정상적인 삶을 살 수가 없기 때문이다. 즉 오늘날처럼 전문화되고 첨단화된 사회에서 교회가 성도들의 잠을 빼앗아 정상적인 직장생활이 불가능하게 한다. 주님의 몸 된 교회, 곧 그리스도인들은 자신들의 삶으로 소명되었고 가정과 직장으로 소명되었지 결코 예배당으로 소명된 것이 아니며 더욱이 종교의식으로 소명된 것이 아니다"라고 하면서 교회가 하나님의 은혜를 빙자해서 성도들로 하여금 초인간적인 삶을 살도록 요구하고 성도들이 새벽기도라는 종교의식에 참여한다는 명분 때문에 직장생활을 소홀히 하고 가정의 의무를 등한시하는 것은 하나님의 뜻이 아니라고 주장했습니다.[1]

여기에 대한 한 권사님의 반론은, "한국 교회에 새벽기도회가 도입된 것은 우리 민족을 향한 분명한 축복이며 새벽기도는 교회가 하나되게 하는 합심기도이고, 말씀을 통해 영적으로 무장하는 기회로 하루를 시작하는 습관 중 가장 좋은 것이라고 주장하며 오늘날 한국 그리스도인의 삶이 이중적인 것이 반드시 새벽기도 때문이 아니라 일부 목사님이 목회를 소명보다는 직업으로 여기고 새벽

---

1) http://www.megapass.co.kr/~cwt211

기도조차 피곤하게 여길 정도의 영적 고갈과 여기에서 초래되는 이중적인 삶도 그 원인 중에 하나일 수 있다"라고 지적했습니다.[2]

또 어느 평신도는 외국 교회에는 새벽기도가 없는데 한국에만 새벽기도가 있어서 가정 파탄의 원인이 된다고 하면서 다음과 같이 주장했습니다.

"새벽기도는 특히 가정에 큰 폐단을 가져왔다. 새벽예배 때 예배당은 대부분 여자 성도들로 채워지는데, 새벽같이 일어나 교회에 다녀오는 바람에 생활 리듬이 깨져 피곤을 핑계로 집안일을 잘 돌보지 않는 일이 생기는 것이다. 집안은 엉망으로 해 놓고 자녀들 양육은 뒷전으로 한 채 교회 일에만 열심을 내는 아내를 어느 남편이, 어느 자녀가 좋다 하겠는가? 이것은 분명히 하나님의 뜻에 어긋나는 일이다. 아내는 남편을 주라 부르며 복종하고, 집안일을 잘 돌봐야 하기 때문이다. 하나님께서는 여자들을 가정 안에서 특정한 위치로 부르셨고, 그 부르심에 합하게 생활하는 것이 하나님의 뜻이다. 그러나 목사들이 이러한 균형 잡힌 생활과 여자의 본분은 가르치지 않고 무조건 새벽기도에 열심히 나오라는 것만 강조하니, 가정불화가 생기는 것은 당연한 일이다. 그런 상황에서 남편이 아내를 나무랄 때 아내는 그것이 마치 그리스도를 위해 당하는 핍박인 것으로 착각하여 더욱 굽히지 않는다. 그러다가 끝내는 가정이 깨지고야 마는 일들을 우리는 주위에서 많이 본다. 이들은 가정을 파괴시키려는 사탄의 계략에 넘어간 것이다."[3]

---

2) 위 인터넷 주소

3) http://www.believers.net/html/ktimes/1-158

3. 새벽기도는 하나님의 뜻

그러나 새벽기도는 하나님의 뜻에 합당한 것입니다.

'새벽'은 히브리어로 '바케르', '샤하르', '샤켐' 등이며 '아침', '여명', '구하다', '부지런히', '지속적으로 일하다' 등의 뜻이 있어 전체적으로 '새벽에 일어나 하나님의 뜻을 부지런히, 계속적으로 구하는' 신앙을 내포하고 있습니다.

예루살렘 초대교회는 조상 대대로 물려온 신앙적 유산으로서 하루에 세 번, 즉 아침, 정오, 저녁에 기도를 했고, 이 기도의 관습은 중세의 수도원으로 이어져서 수사들도 새벽기도를 했습니다. 이 새벽기도의 전통은 종교개혁자들에게도 계승되어 루터는 "내가 매일 새벽 두 시간을 기도로 보내지 않는다면 그날의 승리는 마귀에게 돌아갈 것이다"라고 했고, 칼빈 역시 "기도가 얼마나 필요한 것이며 또한 직접 기도하는 것이 얼마나 여러 가지로 유용한가를 말로써는 도저히 설명할 수 없다"라고 하면서 새벽기도의 중요성을 역설했습니다.[4)]

하나님은 믿음의 선진들을 통해 하나님의 역사를 이루어 오셨습니다. 그리고 그 큰일들은 대부분 새벽에 이루어졌습니다. 왜냐하면 그들은 오랜 기도생활 중에 이 사실을 알았을 것이고, 또한 그 사명을 담당할 자를 부르기 위해 하나님이 주로 새벽에 임재하심을 체험적으로 알고 새벽마다 깨어 기도했기 때문일 것입니다. 당

---

4) 전병욱, 『새벽무릎』, 규장문화사, 2003, pp. 41-42.

대에 가장 견고한 성이었던 여리고 성도 여호수아와 이스라엘 백성의 7일간의 새벽기도로 무너졌습니다. 더욱 놀라운 것은 그것이 부르짖는 기도도 아니고 그냥 침묵기도였다는 것입니다(수 6:1-21).

모세의 인도로 출애굽한 이스라엘 민족을 추격하여 다시 노예를 삼으려던 애굽의 군대를 대적하여 선 모세가 팔을 높이 들어 기도할 때 홍해가 갈라져 육지가 되고, "새벽에 미쳐 바다의 그 세력이 회복"되자 애굽의 군대는 모두 물속에 수장되고 말았습니다. 이스라엘의 대적이 전멸당한 때가 바로 새벽이었던 것입니다(출 14:15-31). 그리고 앗시리아가 히스기야 왕이 다스리던 유다를 공격하기 위해 예루살렘 성을 포위하고 항복을 권고할 때 군대와 국민들은 두려워하고 있었지만 이사야 선지자와 왕은 환경을 돌아보지 않고 전심으로 하나님만 의지하며 기도했을 것입니다. 그렇게 철야하고 새벽까지 기도하고 나서 성 밖에 나가 보니 적군이 모두 죽어 있었습니다. 하나님이 한밤중이 아닌 바로 새벽에 천군천사를 파견하여 18만 5천의 적군을 몰살시키신 것입니다. 이는 그야말로 하나님의 새벽대첩입니다(왕하 18:13-19:37).

하나님이 새벽에 일하시고 새벽에 임재하시는 예는 성경에서 얼마든지 찾을 수 있습니다. 그러나 무엇보다도 예수님이 새벽기도의 습관을 가지고 계셨다는 이유 하나만으로도 우리는 새벽기도를 당연한 의무로 받아들여야 합니다.

우리는 예수님의 제자입니다. 제자는 스승의 행동을 보고 말없이 따르면 되는 것이지 따를지 말지를 논의하는 것은 합당한 태도가 아닙니다. 예수님은 두렵기만 한 십자가 사역을 앞두고 적들의 핍박과 모욕, 음해, 죽음의 위협을 당하면서도 제자훈련, 전도, 질병 치유, 장거리 이동 등으로 눈코 뜰 새 없는 바쁜 시간을 쪼개어 매일 새벽에 감람산 등 정한 장소로 가서 기도하셨습니다.

4. 새벽기도는 능력과 기쁨

위에서 언급한 목회자나 성도의 지적대로 새벽기도 때문에 정상적인 생활을 하지 못하거나 가정이 파탄이 나는 경우도 있을 수 있습니다. 그러나 저는 새벽기도가 일정한 수준에 이르면 하나님의 능력을 얻기 때문에 피곤하기는커녕 다른 사람보다도 더 건강하고 활기차고 성실하게 일할 수 있다고 생각합니다.

저는 10여 년 전 특허청에 재직할 당시에 3개월 동안 교회 남전도회장과 중등부 교사를 하며 구역예배를 포함한 모든 예배에 참석하고 전도훈련에 참여하면서도, 특허심판원 심판관인 제게 맡겨진 심판 건수 할당량을 한 달 앞서 처리했습니다. 그리고 특허법무대학원 석사학위 논문을 써서 심사를 넉넉하게 통과했으며, 틈틈이 시간을 내어 350쪽 분량의 신앙서적 한 권을 탈고했습니다.

그때 저는 아침운동을 꾸준히 하면서 아침에 일본어 공부를 1시간 하고 직장 신우회 사역을 감당했고, 직장의 애경사와 회식에도 빠짐없이 참석했습니다. 그리고 조카의 취업을 위해 여러 차례에 걸쳐 사람들을 만났고, 청주의 형님 집에 들러 복음을 전하여 형수님과 조카들을 구원의 길로 인도했으며, 하루 중 일정 시간을 쪼개어 성경을 읽었습니다.

당시에 저는 교통사고 후유증으로 건망증과 더불어 어깨와 등 근육에 통증을 느끼고 있었고, 손목 인대를 다치고 엄지손가락까지 골절되어 깁스를 한 채로 하루 5시간 정도 자고 일했지만 돌이켜보면 피곤한 줄 모르고 하루하루를 지냈던 것 같습니다. 그 증거로 저는 사무실에서 낮잠을 잔 적이 없는데 그것은 온전한 새벽기도를 위한 원칙을 지키기 위한 것이었습니다.

또한 60대 초반부터 중반에 들어선 지금까지 11시에 잠을 자고 4시 30분에 일어나 새벽기도를 드리기 위해 교회에 갑니다. 4시 50분부터 목사님의 설교가 시작되는 5시 30분까지 찬양과 기도를 하고, 설교가 끝난 후 1시간 이상 기도하고 집으로 옵니다. 특허사무소를 운영하면서 변리업무를 하기 때문에 출장도 가야 하고 소송 등의 업무로 가끔 야근도 하지만 퇴근 후 일주일에 두 번 두 시간씩 탁구를 치고, 토요일에는 새벽기도 후에 탁구를 치고 12시까지 테니스를 치고 있습니다. 그리고 중등부 교사로서 수요예배 후 중등교사마당(교사교육)을 주관해 왔습니다.

또한 순장으로서 매주 금요일에 저녁 8시부터 2~3시간 동안 4~5가족으로 구성된 순원들과 함께 성경공부를 하고 기도와 교제 모임을 갖고 있습니다. 주일 같은 경우는 8시에 집에서 출발하여 교회에 도착해서 중등부 교사 모임을 갖고 중등부 예배와 공과공부를 겸한 반모임 후 11시에 대예배를 드리고 잠깐 식사와 휴식을 취한 후(월례회의 경우는 월례회 겸 식사 해결) 담임목사님이 주관하는 순장 훈련을 두세 시간 받은 후 귀가하여 잠시 휴식을 취하고 나서 다시 저녁예배에 나갑니다.

또한 교구장으로서 월 2회 토요새벽기도 모임을 주관하고, 월 1회 식사 모임을 주관하며, 남전도회장으로서 월 1회 모임을 주관하기도 했습니다. 그리고 한남대학교의 교수로 10여 년간 근무하면서 주 1, 2회의 3시간짜리 강의를 하고 때를 따라 복음을 전하기도 했으며, 가문의 제사장으로서 1년에 4회의 추도예배를 주관했고, 믿음이 연약하거나 불신자 친족을 찾아 복음을 전하기도 했습니다.

이러한 일정은 웬만한 청년도 소화해내기 힘든 스케줄입니다. 더욱이 60대 중반의 나이에는 엄두도 내지 못할 일입니다. 이것은 새벽기도를 통해 하나님께서 주시는 은혜와 능력, 그리고 지혜를 제쳐두고는 설명할 수가 없습니다.

저는 새벽기도를 하지 않는 저를 상상할 수 없습니다.

저는 30대 초반부터 교회에 다니기는 했지만 구원의 확신이 없는 채 술집과 교회를 번갈아가며 들락거리다가 38세가 되어서야 부흥회를 통해 구원과 부활, 영생의 확신을 얻었고, 곧바로 새벽기도에 관심을 갖기 시작했습니다. 여러 차례 새벽기도를 포기하려고 했지만 교통사고와 경제적 어려움에 직면하면서 점점 새벽기도가 자리를 잡아갔습니다.

제 인생에 있어서 고난은 친구처럼 되어 버렸지만 저는 늘 하나님의 은혜를 넘치도록 받고 살아왔습니다. 하나님의 은혜에 보답하여 죽도록 충성하고 헌신하지 못한 것이 늘 마음에 걸리지만 기도의 응답을 저보다 많이 받은 사람은 그리 많지 않으리라고 자부합니다.

저는 모든 것이 부족하고 연약합니다.

그리고 고난은 여전히 제 곁을 떠나지 않으면서 기회를 엿보고 있습니다. 어쩌다가 앞이 캄캄할 정도로 커다란 파도가 밀려올 때는 두려워서 모든 것을 포기하고 싶어집니다. 능력은 좁쌀만한데 큰 프로젝트를 앞두고 있을 때나 소송 건이 산적해 있을 때 한계를 느끼게 됩니다. 그리고 때로 인간적인 오해와 핍박을 받거나 근심과 분노에 휩싸일 때 한계에 부딪힙니다. 그럼에도 저는 매일 새벽에 무릎을 꿇고 기도하고, 때를 따라 도우시는 하나님의 손길이 저의 생활 구석구석에 역사하심을 느낍니다.

새벽기도와 함께 살아온 27년 동안 하나님께서 저에게 내려 주신 은혜를 생각하면 저는 새벽기도를 폄하하는 어떤 말도 귀에 들어오지 않습니다. 새벽기도라는 말만 들어도 몸이 기쁨으로 전율하고 은혜와 감사가 넘칩니다.

최근 2년 동안은 새벽기도 때문에 설레는 기쁨으로 잠자리에 드는데 나이를 먹어서 그런지 시계 소리보다 먼저 기쁨으로 눈을 뜰 때가 있습니다. 저에게 새벽기도를 정의하라고 하면 저는 다만 "새벽기도에 도전하세요. 성공하기만 하면 생명을 내주고라도 얻을 만한 가치가 있는 것입니다"라고만 말하고 싶습니다. 새벽기도의 유익과 은혜는 필설로 다 표현할 수 없습니다. 여기에 대해서는 책 후반부에서 자세히 다루도록 하겠습니다.

2장

새벽기도의
현실

한국 교회는 1960~70년에는 연평균 증가율이 41.2%에 달했으나 1970~80년에는 12.5%, 1980~90년에는 4.4%가 되었으며, 1991년부터는 성장 자체가 둔화되었고, 통계의 거품까지 고려하면 감소하고 있다고 할 수 있습니다.[5] 한국 교회의 성장의 근저에는 새벽기도가 면면히 흐르고 있다고 볼 수 있습니다. 1900년대 초 초기 한국 교회의 대부흥 운동은 새벽기도회를 동반했습니다.[6]

---

5) 옥한흠, 『평신도를 깨운다』, 국제제자훈련원, 2001, pp. 31-33.
6) 길선주 목사님이 평양에서 한국 최초로 새벽기도회를 시작하여 대부흥의 직접적인 동기가 되었다.

일본 식민지시대와 6.25전쟁을 거치면서 신앙의 정절이 꺾이며 명맥을 유지하던 새벽기도는 1960년대에 이르러 무력한 새벽기도로 전락해갔다고 합니다. 뜨거운 불길 같고 감격 그 자체였던 새벽기도회는 점점 '고달픈 형식'으로 수용되고 성직자들이 타성에 젖는 것을 막기 위한 훈련코스 정도로 이용되었다는 것입니다.[7]

1970~80년대는 군사정권의 독재와 경제성장과 더불어 교회도 성장 위주의 부흥을 계속하였으나 여기에는 경제적으로 낙오한 사람들과 사회적 시스템의 미비로 억울한 일을 당한 많은 사람들이 교회로 유입된 이유도 있고, 한편으로는 새벽기도도 큰 작용을 했다고 봅니다. 이때부터 새벽기도를 시작하여 지금까지도 그 불길이 끊이지 않는 교회는 2만여 명이 모이는 명성교회를 비롯하여 온누리교회, 대구서문교회 등이 있습니다. 한때 새로 부임한 목사를 중심으로 일어나고 있던 사랑의교회의 새벽기도 부흥운동은 아직도 교계의 큰 주목을 받고 있습니다. 이 교회는 제자훈련이라는 건초더미 위에 뜨거운 기도운동의 영적인 불길을 지피고 있다는 평가를 받고 있습니다.

그러나 일반적으로는 경제가 발전하고 물질주의와 개인주의가 팽창해 가면서 한국 교회도 점점 새벽기도의 발걸음 소리가 잦아들고 있습니다. 이러한 현상에 대한 목회자들의 각성으로 1년에 서너 번씩 평신도들은 특정한 기간 동안 새벽기도에 동원되고 있지만,

---

7) 전병욱, 앞의 책, p.45.

이런 특새는 자발적인 것이라고는 할 수 없고 기도시간도 짧아 새벽기도가 체질화된 습관적 자발적 평생 새벽기도인은 많지 않은 것으로 파악되고 있습니다.[8]

　이런 현상을 볼 때 주 5일제 근무를 실시하면서부터 예배 인원이 감소되고 새벽기도 인원 자체도 필연적으로 감소됐을 것이므로 이에 대하여 대책을 세우지 않는다면 한국 기독교의 장래는 매우 위태하다고 생각합니다. 습관적 새벽기도인의 감소는 필연코 한국교회의 영적 능력의 감소로 이어질 것이고 민족 복음화에도 큰 지장을 초래할 것이며, 교회가 민족사회에 끼치는 영향도 점차 감소하여 사회의 도덕과 윤리의 수준을 떨어뜨려 사회 안전보장과 국제 경쟁력 향상에도 나쁜 영향력을 미칠 것입니다.

---

8) 대전 소재 교회(출석성도 1,000명 이상) 5개를 표본으로 조사한 결과, 보통 때는 평균 10% 내외, 특별새벽기도회는 30% 내외라고 대답했다.

3장

새벽기도,
왜 어려운가?

1. 전화설문

새벽기도를 몇 번 시도하다가 실패한 후 제게 찾아온 훈련동료 몇 사람에게 10여 년간 나름대로 체득한 새벽기도 원리와 방법을 전한 결과 제 방법이 나름 효과가 있음을 알았습니다. 그러다가 혹시나 하고 시중에 나와 있는 책들을 사서 살펴보았는데 예상대로 새벽기도의 방법보다는 간증 등으로 새벽기도의 당위성을 피력하고, 동기부여를 해 주는 정도였습니다.

그래도 일상이 너무 바빠 그냥 넘어가려 했는데 새벽기도 때마다 이 같은 책을 쓸 수 있도록 도와달라는 간구를 계속 했고(다른 분들이 필자에게 책을 써 달라고 요청한 것이지요!), 심적 부담을 덜기 위해 결국 이 책을 쓰게 되었습니다.

그래서 우선 위의 두 동료 외에 다른 성도들에게도 전화 통화나 대화를 통해 새벽기도의 어려운 점을 물었는데, 그들의 대답을 정리한 결과 다음과 같이 축약되었습니다.

(1) 새벽기도를 할 만큼 간설함이나 갈급함이 없다.

(2) 습관적으로 늦게 자기 때문에 일찍 일어나면 피곤해서 직장에서 일을 하지 못하게 되고, 그것이 두렵고 싫어서 포기한다.

(3) 나중에 나이를 먹어서도 할 수 있다는 느슨한 태도 때문에 자꾸만 뒤로 미룬다.

(4) 직장에서 야근을 하거나 퇴근 후 동료들과 회식을 할 경우 늦게 잠자리에 들기 때문에 일찍 일어나기 힘들다.

(5) 교회가 너무 멀기 때문에 새벽기도회에 참석하려면 일찍 일어나야 하는데 일찍 일어나기가 쉽지 않다.

(6) 새벽에 일어나기는 하는데 피곤해서 다시 잠자리에 눕는 경우가 많다.

(7) 기도를 해도 구체적인 응답이 없어 하나님이 나의 기도를 들으신다는 확신이 없기 때문에 결국 그만두게 된다.

(8) 기도는 하나님과의 대화라고 하는데 대화가 되지 않는다. 일방적인 기도는 의미가 없는 것 같다.

(9) 새벽기도를 하기 위해 교회에 나오기는 하는데 늦게 자고 일

찍 일어나기 때문에 피곤하고 졸음이 와서 포기한다.

(10) 특별새벽기도 기간에는 기도가 제법 잘 되는데 이후에도 계속적으로 새벽기도회에 참석하기가 쉽지 않아 이틀 정도 나가다가 그만둔다. 새벽기도를 체질화하여 지속적으로 기도하는 것은 정말 어렵다.

2. 인터넷 자료

어떤 성도는 인터넷을 통해 새벽기도 시간에 다른 성도들이 부르짖으며 큰 소리로 기도하는 것이 방해가 되어 기도를 하지 못하겠다고 하면서 다음과 같이 불만을 토로했습니다.

"과연 한국 교회들에서 드리는 새벽예배에서 주님과 단둘이 그런 조용한 시간을 가질 수 있는가? 한번 현실적으로 생각해 보자. 우선 차를 타고 교회에 갔다 오는 데만도 40~60분이라는 귀중한 시간이 소요된다. 또 교회에 가면 곧바로 기도를 시작하는 것이 아니라 30분 동안 먼저 예배를 드린다. 예배가 끝남과 동시에 불이 꺼지면 깜깜해진 상태에서 통성기도가 시작된다.

기도가 뜨거워지면 여기저기서 방언이 터져 나오고 목소리를 크게 하고 기도를 길게 하는 사람이 가장 믿음이 좋은 사람인 양 너도나도 큰 소리로 기도한다. 처음 새벽기도에 참석하고 나면 불도 꺼진 상태에서 이상한 소리로 방언을 해대는 통에 등골이 오싹하고 기분이 아주 좋지 않다고 하는 사람들이 대다수이다.

거기다 사방에서 시끄럽게 '주여! 주여!' 외치고 몸을 흔들고 박수를 치고 있으니 집중하여 무언가 간구하려고 해도 기도의 제목들이 생각이 나지 않는다. 그러다 보니 어떤 땐 기도를 포기하고 목소리가 큰 옆 사람의 기도를 듣고 있다가 '아멘, 아멘' 해 주기도 한다. 그렇게 이삼십 분 앉아 있다가 집으로 돌아간다.

이렇게 약 2시간이 소요되었건만 주님과의 조용한 교제는 전혀 하지 못했다. 모두들 자신의 열성에 스스로 만족하며 교회 문을 나서게 된다. '이것이 어떻게 기도하는 시간'이 될 수 있는가? 주님께서는 골방에서 은밀히 기도하라고 하시지 않았는가?(마 6:6)' 실상이 이러한데도 한국 교회에서는 새벽기도에 열심히 나오는 것이 믿음의 척도가 되어 버렸다." [9]

3. 목회자들의 시각

다음으로 성도들이 왜 새벽기도를 습관화하지 못하는지에 대해 목사님들의 견해를 조사해 보았습니다. 먼저 문헌조사입니다.

(1) 훈련 부족이다. 특히 자아를 깨뜨리는 훈련이 필요하다. 기도를 하지 않으니까 응답을 받지 못하고, 한두 번 기도해도 별 응답이 없기 때문에 기도를 포기한다. 영적으로 게으르거나 육체의 한계를 뛰어넘지 못하므로 은혜를 받지 못하고, 결국

---

9) http://www.believers.net/html/ktimes/1-158

새벽기도를 힘들어 한다.[10)]

(2) 교회가 문제의식, 역사의식을 버리고 의욕과 정열을 잃게 되
    어 성도들도 개인적이고 이기주의적인 신앙을 갖게 되고 편안
    한 교회생활을 추구하게 되었다.[11)] 일찍 자고 일찍 일어나는
    미국과 달리 밤 12시, 1시까지 잠을 안 자는 밤문화 때문에
    일찍 일어나지 못해 새벽기도를 할 수 없다.[12)]

(3) 새벽은 여러 가지 일과와 사람들로부터 자유로운 시간이다.
    새벽을 방해하는 것이 있다면 그것은 오직 잠뿐이다. 이 졸
    음과 잠만 축출해내고 방해받지 않는 한적한 장소만 제공된
    다면 새벽기도는 가능하다.[13)]

다음은 몇몇 목사님과의 면담 또는 전화 인터뷰 내용입니다.

(1) 훈련 부족으로 체질화, 습관화가 되지 않았기 때문이다.

(2) 바쁜 직장일, 회식문화, TV 시청 등으로 밤늦게 자는 습관
    때문이다.

(3) 교회에서 새벽기도를 강조하고 동원하면 더 많이 나오겠지만
    경험으로 볼 때 새벽기도인의 수는 고정되어 있고 증가하지
    않는다.

---

10) 오정현,『새벽사람 전성기』, 규장, 2004, p. 30.
11) 전병욱, 앞의 책, p. 45.
12) 전병욱, 위의 책, p. 77.
13) 김남준,『새벽기도』, 생명의말씀사, 2003, p. 177.

4. 필자의 경우

저는 38세 때 부흥회에서의 영적인 체험과 말씀으로 인한 구원의 확신으로 신앙이 뜨거워지기 시작하면서 목사님의 권면도 있고 해서 곧바로 새벽기도를 시도했습니다. 우여곡절 끝에 결국은 성공하였지만 초반에 6개월 정도 시행착오가 있었는데 그때의 상황을 정리해 봅니다.

(1) 알람을 맞춰 놓고 잠자리에 들지만 알람 소리가 나면 귀찮아서 끄고 다시 잠자리에 든다.

(2) 억지로 교회에 가지만 어떻게 기도해야 하는지 몰라서 다른 사람의 기도 소리를 듣다가 기분이 나빠져서 돌아온다.

(3) 겨우 일어나 교회에 가지만 10~20분이나 늦어버려 창피해서 집으로 돌아온다. 어떤 때는 늦을 것 같으면 아예 안 가고 그냥 잔다.

(4) 새벽기도를 한 날은 사무실에서 졸거나 마음껏 잔다. 이런 날은 밤에 잠자리에 누워 있어도 늦게까지 잠이 오지 않아 12시나 1시에 자게 되어 도저히 새벽에 일어날 수 없다.

(5) 문제가 있을 때 열심히 기도하다가 문제가 해결되면 더욱 감사해서 열심히 새벽기도를 해야 하는데 반대로 '이제 됐다' 하는 안도감으로 느긋해져서 나가지 않게 된다.

(6) 새벽기도를 모처럼 1주일 정도 계속했는데 친척이 찾아와서 밤늦게까지 얘기하다가 새벽에 일어나지 못한 날은 새벽기도를 생략한다.

(7) 회식(특히 상사와의) 자리에서 빨리 빠져나오지 못하고 밤늦게 귀

가한 날의 다음날은 새벽기도를 포기한다. 권유에 못 이겨 술을 한 잔이라도 마셨을 때는 일어나기도 힘들뿐더러 죄책감으로 새벽기도에 나가지 못한다.

(8) 명절에 친척집에 가서 밤늦게까지 얘기하다가 잠자리에 들기 때문에 새벽에 일어나기도 힘들고 기도할 장소도 없어서 며칠인데 어떠랴 하고 넘어간다. 그러나 일상으로 돌아와 다시 새벽기도를 하러 간다고 해도 힘들기만 하고 한 마디도 못 하고 올 때도 있다.

(9) 국내 또는 외국 출장 중에는 기도하기가 곤란하여 그냥 넘어간다.

(10) 운동을 과도하게 했거나 밤늦게까지 TV를 시청(국대 축구, 골프 등)했을 때는 아침에 일어나기 힘들어 새벽기도를 포기한다. 이때는 너무 깊이 잠이 들어서 시계 소리를 듣지 못한다.

(11) 부부싸움을 하거나 억울한 일을 당하거나 남에게 상처를 주거나 직무를 불성실하게 했을 때는 두려움, 근심, 걱정, 미움 등으로 잠을 못 이루거나 잠을 자도 머리가 아프기 때문에 일어나기도 힘들고, 기도를 하러 간다고 해도 중언부언하게 된다.

(12) 아내와 대화를 하다가 늦게 잠들어 아침에 일찍 일어나기 어려울 때도 있다.

(13) 하나님께 죄를 지었는데 회개하고 돌이키지 않을 때 기도가 막힌다.

(14) 목사님을 서운하게 하거나 목사님이 나를 서운하게 한 것을 마음에 두고 있을 때 기도가 나오지 않아서 참담한 심정이

된다.

(15) 감기몸살이나 교통사고로 몸이 아플 때는 새벽기도회에 나
가지 못한다.

(16) 고난이 너무 커서 사방이 막힌 것 같을 때 하나님을 원망하
고 기도를 포기하게 된다.

(17) 저녁에 과식을 했을 때 새벽까지 소화가 안 되어 일어나기도
힘들고 기도하기도 힘들다. 기도해야 하는데 좀 느긋해져서
기도를 쉬게 된다.

제2부

기도에 대한 질문들

새벽기도에 도전하기 전에 가장 먼저 해야 할 것은 기도에 대한 궁금증을 푸는 것입니다. 왜냐하면 의문이 있는 채로, 확신이 없는 가운데 시작한 도전은 실패를 부를 수도 있기 때문입니다. 새벽기도에 대해서 확신이 생기고 방향이 잡혀야 새벽기도에 최선을 다할 수 있습니다.

1장

하나님이 과연
내 기도를 들어주실까?

"하나님, 이건 무슨 꽃이에요?"

"응, 그거, 참 예쁘구나. 그래 네가 한번 이름을 지어봐라"(창 2:19).

"자, 아담아! 이 큰 짐승의 이름을 한번 지어볼래?"

"코가 길잖아요. 그럼 코길이(코끼리)죠!"

에덴동산에서 아담은 이렇게 하나님과 마주 대하고, 또는 어깨를 나란히 하고 걸으며 대화를 하기도 했습니다. 그러나 불순종하고 범죄한 아담 부부가 스스로 하나님을 떠나 숨어 버린 뒤 인류는 다시는 하나님께 나아갈 수 없게 되었습니다.

구약 시대에는 선민인 이스라엘 백성만이, 그것도 제사장만이 백성을 대표해서 하나님께 나아가 사죄하고 중보기도를 했습니다. 그러나 그것도 자격이 있는 자(순서를 맡은 자)가 몸을 성결하게 하고 예복을 입고 모든 규정을 준수하면서 격식대로 제사를 지낼 때만 가능했고, 조금만 잘못되어도 목숨을 잃었습니다.

그러나 예수님이 우리의 죄짐을 십자가에서 청산하신 뒤에는 성소의 휘장이 갈라지면서(마 27:31) 하나님의 보좌로 나아가는 길이 열려 우리도 직접 하나님께 나아가 기도할 수 있게 되었습니다.

대제사장이신 예수님은 염소와 송아지의 피를 가지고 회막에 들어가 제사를 지내던 구약의 제사장들과는 달리 자신의 피로 영원한 속죄를 이루고 단번에 성소에 들어가셨습니다.

그 공로로 구원받은 성도들은 믿음으로 의롭다 함을 얻었기 때문에 도움이 필요할 때마다 은혜를 얻기 위하여 하나님의 보좌 앞으로 담대히 나아갈 수가 있게 된 것입니다(히 4:16). 그러므로 구원의 확신이 있는 자는 누구든지 예수님의 보혈이 흐르는 십자가의 길을 지나 보좌 앞에 나아가 은총을 구할 수 있습니다. "여호와의 눈은 의인을 향하시고 그 귀는 저희 부르짖음에 기울이시는도다"(시 34:15). 하나님께서 언제나 자신의 기도를 듣고 계신다는 확신은 부르짖는 자의 기도를 더욱 힘 있게 합니다.

2장

꼭 부르짖어야만
하는가?

사람들 중에는 '예수님도 골방에서 은밀하게 하나님께 기도하라고 하셨는데 왜 꼭 새벽 가장 조용한 시간에 시끄럽게 부르짖어야만 하는가? 주변 사람들은 전혀 배려하지 않는 것인가? 저런 이기주의적인 태도를 가진 사람들이 어찌 주님의 제자가 될 수 있단 말인가?' 하고 생각하는 사람들이 있습니다.

우리는 유교주의 전통 하에서 살아왔기 때문에 점잖은 기품을 지키는 것을 미덕으로 삼아 왔습니다. 이 체면문화가 교회에서 거룩하게 행동할 것을 종용하는 장로교의 권위주의적 분위기와 맞물려 성도들의 기도생활에 침체를 가져오지 않았나 하는 생각이 듭니다.

하나님께서 "내가 거룩하니 너희도 거룩할찌어다"(레 11:45)라고 말씀하신 것은 하나님은 죄가 없고 온전하시니 우리도 하나님의 말씀을 지켜 세상과 구별되게 성결한 삶을 살아가라는 의미이지 교회에서 소리내어 기도하지 말라는 것과는 상관이 없는 말입니다. 오히려 교회에서는 성도들이 보고 있으니까 외식적인 거룩을 유지하지만 교회 문을 나서서 집으로 가는 길에 끼어드는 차를 보고 욕을 하거나 교통질서를 정확히 지키지 않거나 자신의 조그만 유익을 위해 이웃을 속이는 것이 습관처럼 굳어져 있다면 그것이 바로 거룩을 훼손하는 것입니다. 즉 예배 때의 거룩보다는 생활의 거룩이 더 중요합니다(롬 12:1).

하나님은 거룩을 좋아하십니다. 그러나 인간으로서 자신이 하나님이나 된 양 경건한 체하는 위선을 하나님은 제일 싫어하십니다. 하나님은 다윗처럼 순전하고 솔직한 사람을 좋아하십니다. 다윗은 하나님을 자랑스럽게 생각하여 늘 찬송하고 이웃에게 알리며 하나님을 기쁘게 해 드리기 위해 최선을 다했습니다. 하나님께 죄를 지으면 눈물을 흘리고 큰 소리로 울며 용서를 구했습니다.

그도 인간인지라 돌아서면 또 죄를 짓고 말지만 하나님이 용서해 주시고, 은혜를 베풀어 주시고, 축복해 주실 때에 다윗은 "하나님, 정말 감사합니다!" 하고 크게 외쳤습니다. 블레셋에게 빼앗겼던 법궤가 이스라엘로 돌아올 때는 하나님께 너무 감사해서 바지가 흘러내리는 줄도 모르고 힘을 다해 뛰놀며 찬양했습니다(삼하 6:20).

그리고 새벽기도에 나오는 성도들 중에는 큰 고통 가운데 있는 사람들이 많습니다. 남편의 실직, 본인이나 가족의 큰 질병, 남편의 영혼 구원, 재정적 위기, 회사의 부도, 하나님께 득죄한 것 등 큰 위기 앞에서 하나님께 살려달라고 부르짖는 것은 인간의 본성이고 자연스러운 현상입니다. 누구든 다쳐서 아프거나 위기에 처하면 두려워서 소리치게 되어 있습니다. 물에 빠진 사람이 체면을 차리느라고 작은 소리로 "좀 살려 줄래? 살려 주면 좋겠는데…"라고 말한다면 그가 위기에 처했다는 깃을 누가 알 수 있겠습니까?

아무런 고통이 없을 것 같은 평안한 모습의 장로님들과 권사님들도 새벽기도 때만큼은 부르짖으면서 기도합니다. 그것은 영안을 들어 우리나라의 현실을 바라볼 때 너무도 고통스럽기 때문입니다. 하나님의 뜻을 모르고 아직도 돌이나 쇠붙이로 만든 우상(부처상 등)에 절하고 세상 쾌락을 즐기며 음란과 방종에 빠진 백성의 구원을 위해서, 산적한 정치·경제·사회 문제에 휩싸여 국가가 백척간두의 위기에 있는데도 대통령이 하나님께 무릎 꿇지 않고 국회의원들이 무리를 지어 서로 큰 소리로 싸우기나 하고 권력을 유지하기 위해 뇌물 받기를 좋아하는 현실을 보면서, 무너지는 가정 때문에 사랑을 제때에 받지 못해 범죄자나 윤락녀로 전락해 가는 청소년들을 바라보며, 동성애 확산으로 인해 민족과 교회가 위기에 처한 현실을 생각하면서 가슴이 미어지는 고통으로 울부짖고 있는 것입니다. 오히려 부르짖지 않는 사람이 더 이상한 것입니다. 부르짖는 것은 지극히 성경적입니다. 무엇보다도 하나님께서 직접 우리에게 '부르짖으라'고 명령하셨습니다.

"너는 내게 부르짖으라 내가 네게 응답하겠고 네가 알지 못하는 크고 비밀한 일을 네게 보이리라"(렘 33:3).

또한 예수님께서도 "구하라, 찾으라, 두드리라"라고 명하셨습니다. 즉 이것은 간절한 마음으로 부르짖으며 기도하면 주님이 들으시고 응답하시겠다는 뜻이 아닐까요?

성경에는 이스라엘 백성과 선지자들, 그리고 왕들이 민족적인 위기와 환난에서 구원받기 위해 소리내어 하나님께 부르짖으면서 기도한 내용이 나옵니다. 이스라엘 백성은 이민족에게 학대를 받을 때, 포로로 잡혔을 때, 성이 에워싸였을 때, 우상을 섬기는 죄를 범하여 용서를 구할 때 하나님께 부르짖으면서 구원해 달라고 기도한 것입니다. 그러므로 부르짖으며 기도하는 것은 이상한 일이 아니고 하나님이 기뻐하시는 일이며 자신의 신앙 성장에도 유익한 일입니다. 그렇기 때문에 온전한 새벽기도인이 되려면 비판하기보다는 빨리 동화되고 부르짖는 대열에 동참하는 것이 좋습니다.

3장

응답받은 것을
어떻게 알 수 있나?

사람들 중에는 기도를 했는데 하나님의 응답이 없다고 하면서 기도를 포기하는 사람이 있고, 무엇이 응답인지 모르겠다는 사람도 있습니다. 구약 시대에 엘리사는 아람 군대가 자신의 집을 둘러싸자 사환이 두려워하는 것을 보고 "여호와여 원컨대 저의 눈을 열어서 보게 하옵소서" 하고 기도했고, 그의 기도가 끝나자마자 하나님이 그 사환의 눈을 열어 주셔서 온 언덕에 천군의 불말과 불병거가 가득하여 엘리사를 에워싸고 있는 것을 보게 하셨습니다(왕하 6:17).

우리가 모두 이런 식으로 금방 응답을 받는다면 얼마나 좋겠습니까? 그러나 기도의 응답은 무디의 경우처럼 수십 년이 걸리는 수도 있고[14] 다음 대에 이루어질 수도 있습니다.

첫째로, 하나님은 성경의 말씀으로 대답하십니다. 마음이 불안하여 며칠 동안 계속해서 평안을 구하는 기도를 하고 있는 중에 목사님의 새벽 말씀을 통해서, 혼자서 성경을 읽다가, 또는 기도 중에 갑자기 스쳐가는 성경 말씀을 통해서 마음에 평안이 밀려온다면 그것이 바로 응답입니다. 어려운 문제의 해결을 위해 기도하고 있는 중에 특정한 말씀이 생각하고 그것을 떨쳐버리려고 해도 계속 자신에게 다가온다면 그것이 응답의 실마리가 됩니다.

저의 경우 교통사고로 인한 기억상실과 육체의 연약함으로 퇴직의 위기에 처했을 때 새벽에 살려달라고 부르짖었는데 목사님의 설교 말씀 중에 "...광활한 곳에 세우셨도다"(시 118:5)라는 말씀이 계속 생각을 지배하게 되어 '광활한 곳'이 어딘지를 두고 며칠을 기도하던 끝에 '미국'이라는 세미한 음성을 들을 수 있었습니다.

당시 저는 미국에 유학할 수 있는 자격이나 조건, 실력이 미비했지만 확신을 가지고 계속 부르짖은 결과 미국 유학의 길이 열렸습니다. 말씀이 곧 하나님이시고, 말씀이 지혜의 근본이 되니 성경에 인생의 모든 질문과 필요에 대한 응답(말씀)이 있는 것은 당연한 일입니다.

둘째로, 하나님은 기쁨이나 확신, 또는 불타는 소원으로 사인을

---

14) 무디는 한 친구를 위해 50년간 기도했는데 그의 장례식장에 온 그 친구가 마침내 회개하고 구원을 얻었다.

주십니다. 여러 가지 기도 제목을 가지고 기도하던 중에 특정 기도 제목에 대해서 기도할 때 마음이 기쁘고 확신이 오거나 기도가 끝난 다음에도 계속해서 마음에 그 기도와 관련된 소원이 기쁨과 함께 불일 듯 일어난다면 그것은 응답을 받은 증거입니다.

셋째로, 하나님은 기드온에게 하셨던 것처럼 현실적으로 원하는 결과를 직접 나타내 보이십니다(삿 6:36-40). 전도 대상자를 놓고 기도하다가 확신이 밀려올 때 나가서 복음을 전하면 의외로 쉽게 받아들인다든가, 도저히 합격하거나 승진할 수 없는 상황에서 기도할 때 기이한 방법으로 소원을 들어주는 것 등입니다.

넷째로, 성경 속의 믿음의 선진들에게 하나님이 직접 육성으로 말씀하셨듯이 오늘날도 하나님의 육성을 들었다고 간증하는 목회자들이 많이 계시니 우리도 무릎을 꿇고 간절히 기도하다 보면 하나님의 음성을 들을 날이 오리라 믿습니다. 저의 경우도 솔직히 하나님이 이러이러하게 말씀하셨다고 분명하게 말할 만한 경험은 없지만 그와 비슷한 경험(느낌)은 가끔 있었습니다.

4장

하나님의 음성이 맞는가?

하나님께 기도하여 응답을 받았다고 하면서 사업을 시작했는데 얼마 안 가서 망해 버린 사람이 있다고 합시다. 이런 사람은 자신이 받은 응답이 하나님의 음성인지 사탄의 음성인지를 구별할 필요가 있습니다. 우리가 주님의 양이라면 주님의 음성을 분별할 수 있어야 하는데 때로 도적의 음성을 듣고 따라갈 때가 있는 것입니다(요 10:10). 응답을 받은 것 같은데 그것이 하나님으로부터 온 것인지 확신할 수 없는 경우와 두 가지 응답이 혼선되어 오는 경우에는 어느 것이 진짜인지 갈등할 수밖에 없습니다.

이 경우 하나님의 뜻을 분별하는 방법은 다음과 같습니다.

첫째로, 말씀에 비추어 보는 것입니다. 전능하신 하나님께서는 성경 말씀과 모순되는 일을 결코 우리에게 명하시지 않기 때문입니다. 인간관계에 대한 결정을 내려야 한다면 인간관계에 관한 말씀에, 재물의 문제이면 재물에 관한 말씀에 비추어 보아[15] 응답받은 방향으로 그 일을 추진하려고 할 때 그 일의 내용이 말씀에 합당하면 하나님의 뜻이 분명합니다.

둘째로, 마음이 기쁘고 불같은 소망이 생긴다면 하나님의 응답입니다. 그러나 반대로 그 일의 내용이 말씀과 배치되고 왠지 마음에 거리낌이 있다면 사탄의 음성으로 판단해도 좋습니다.

셋째로, 응답을 받고 마음에 확신과 평안이 넘친다면, 그것은 하나님의 뜻이 분명합니다.

넷째로, 그 응답이 믿음의 공동체, 특히 교회에 덕(이익)이 된다고 판단될 경우 하나님의 뜻이 분명합니다.

---

15) 찰스 스탠리(이미정 역), 『하나님의 음성을 듣는 법』, 두란노서원, 1987, p. 9.

5장

왜 응답이
없으신가?

특정한 기도 제목을 놓고 오랫동안 기도했는데 응답이 없거나 정반대의 결과로 끝나는 수가 있습니다. 무응답도 응답이고 "No"라고 거절하시는 것도 응답일 수 있습니다. 다만 그것을 분별하는 것이 문제인데, 이럴 때는 기도를 멈추고 하나님의 뜻을 분석해 보아야 합니다. 응답받지 못하는 기도는 정욕을 위하여 잘못 구하는 경우(약 4:3)와 불순종하는 경우(요일 3:22), 하나님 뜻에 어긋나는 경우(요일 5:14) 등이 있습니다.[16]

---

16) 앞의 책, pp. 33.

우리는 기도할 때에 "예수님의 이름으로 기도드립니다"라고 마무리를 하는데 이것은 예수님의 결재 사인을 받은 기도에 한해서 반드시 응답해 주시겠다는 것입니다. 요한복음 14장 13절에 "너희가 내 이름으로 무엇을 구하든지 내가 시행하리니 이는 아버지로 하여금 아들을 인하여 영광을 얻으시게 하려 함이라"라고 하였습니다. 그러므로 기도가 응답되지 않을 때에는 자신의 기도가 하나님의 뜻에 합당하지 못하여 예수님의 이름을 훼손하거나 그 영광을 가리는 기도가 아닌지를 따져 보아야 합니다. 그래서 우리는 기도하기 전부터 자신의 관심과 목적이 '예수님의 이름'에 걸맞은 보증이 되도록 우리의 뜻과 예수님의 뜻이 완전한 조화를 이루도록 성령님께 도움을 구해야 합니다.[17]

기도에 대한 무응답은 당장은 서운하더라도 세월이 지나서 생각해 보면 당시에 응답해 주시지 않은 것이 다행인 경우도 있습니다. 그것은 자녀를 향한 하나님의 깊은 사랑의 표현일 수 있습니다.

저는 10여 년 전 특허청 법무 담당관으로 재직할 때에 심판관이 되고 싶어서 오래전부터 기도했고, 인사 시행을 앞두고는 더욱 열심히 기도했습니다. 그러나 하나님은 오히려 원치 않았던 상표심사 담당관으로 발령을 내셨습니다.

저는 그때 6개월 정도의 심사 경력이 있었으므로 심판관이 되기만 하면 잘 할 수 있으리라고 생각해서 그렇게 기도한 것인데 하나

---

17) 무명의 그리스도인(이진희 역), 『무릎으로 사는 그리스도인』, 생명의말씀사, 1993, p. 99.

님은 저의 무모함을 막으시고 상표심사를 1년 8개월 더 하게 해서 심사 경력 2년을 정확히 채우신 다음 심판관으로 보내 주셨습니다. 만일 그때 바로 심판관이 되었다면 전문지식이 없이 판결을 하여 많은 사람들에게 피해를 주었을 것입니다. 세밀한 계획을 세우시고 그것을 이루어 나가시는 하나님께 감사할 뿐입니다.

6장

기도는 꼭
길게 해야 좋은가?

"저희는 과부의 가산을 삼키며 외식으로 길게 기도하는 자니 그 받는 판결이 더욱 중하리라"(막 12:40),

"또 기도할 때에 이방인과 같이 중언부언하지 말라 저희는 말을 많이 하여야 들으실 줄 생각하느니라"(마 6:7).

목사님들도 가끔 인용하기를 즐기는 이 두 구절은 기도를 열심히, 길게 하는 자들을 낙담시킬 수도 있습니다. 우리의 기도는 주위의 성도들에게 길게 들리고, 이스라엘에 비하면 우리는 이방인인 것이 분명하며, 또 생활 속에서 어느 정도 외식도 하기 때문입니다.

기도를 오래 하면 하나님과의 친밀도가 높아지는 것은 사실이지만 기도시간보다는 기도자의 영적 상태가 친밀도에 더 영향을 미칠 수 있습니다.

그러나 깊고 집중된 기도는 '길게 기도함'으로부터 나옵니다.

보통 사람의 경우 기도를 시작한 지 10분도 채 안 돼서 하나님과 깊이 교제하는 것은 어려운 일입니다. 그러나 기도시간이 길어지는 것은 기도의 제목이 많아지는 것이고, 기도를 구체적이고 체계적으로 하기 때문에 기도하기가 점점 쉬워지는 결과가 되므로[18] 크게 유익합니다.

예수님은 새벽부터 동이 틀 때까지 기도하셨으니까 3시간 이상 기도하신 것 같습니다. 그리고 마틴 루터는 평상시에는 2시간 기도했고, 바쁠 때는 기도시간을 3시간으로 늘렸습니다. 바쁠 때 오히려 오래 기도했다니 이해가 잘 되지 않을 수도 있겠지만, 저의 경험을 통해 보더라도 해결해야 할 일이 많을 때 특별히 오래 기도하면 산적한 어려운 일들을 두려워하지 않게 되고, 머리가 맑아지고, 일을 계속해도 쉬 지치지 않아서 일의 효율성이 높아졌습니다. 그리고 오래 기도할수록 영성이 더 충만해집니다.

소위 정치계에서는 대통령과 독대하는 사람을 실권자라고 합니

---

18) 김남준, 앞의 책, p. 178.

다. 독대하는 시간이 길면 길수록 대단한 사람으로 여김을 받습니다. 독대하는 시간에 비례해서 권력이 더 커진다고 생각합니다. 하물며 하나님과 5분간 독대하는 사람과 1시간 독대하는 사람은 분명히 누리는 영적 권세에 차이가 있을 것입니다. 5분 동안 대화하면서 친해지는 것과 1시간 동안 대화하면서 친해지는 정도의 차이는 큰 것입니다.

모세는 40일 동안 하나님과 대화하여 하나님의 영광이 얼굴에 드러났으므로 백성들이 그에게 가까이하기를 두려워하였습니다. 그러므로 기왕에 새벽기도에 나왔으면 처음에는 10분간 하더라도, 20분, 30분으로 점차 늘려 가고 나중에는 적어도 한 시간은 기도해야 합니다. 바울은 이렇게 기도하다가 성령에 이끌리어 셋째 하늘에 가서 엄청난 천국의 광경을 목격한 것 같습니다. 권력자와 친해지면 사람들이 그 사람을 권력자 대하듯 하듯이 하나님과 친해지면 그 앞에서 세상 사람들이 굴복하므로 우리도 바울처럼 복음을 더 힘 있게 전할 수 있을 것입니다.

7장

바쁠수록 더 오래 기도해야 한다?

저는 빌 하이벨스의 『너무 바빠서 기도합니다』를 읽고 난 후에야 오래 기도하는 능력에 대한 소망을 갖게 되었습니다. 우리는 살면서 기도의 필요성을 얼마나 느끼며 살고 있습니까? 예수님을 기도 그 자체였고, 예수님의 삶은 기도였습니다. 예수님은 하나님 아들의 권세와 능력이 있음에도 늘 하나님 아버지를 의지하는 기도로 사셨습니다. 매 순간 하나님께 모든 것을 공급받으셨습니다.

앞서 말씀드렸듯이 예수님은 새벽에 기도하는 습관을 가지고 계셨습니다. 공생애 사역 초기뿐만이 아니라 십자가 사역을 앞두고

적들의 핍박과 모욕, 음해, 죽음의 위협을 당하면서 제자훈련, 전
도, 질병 치유, 사역지 이동 등으로 눈코 뜰 새 없이 바쁜 와중에서
도 매일 새벽 미명에 일어나 감람산 등 정한 장소에 나가 기도하셨
습니다(막 1:35).

그야말로 바쁘니까 기도하신 것입니다. 바쁘니까, 기도의 능력으
로 짧은 시간에 많은 일들을 해내야 하니까 기도의 삶을 사신 것
입니다. 기도를 통해 영혼의 호흡을 일정하게 다스리고 쉼과 안식,
평안을 얻고 하나님이 기도하는 자에게 주시는 능력과 지혜를 얻어
야만 지치지 않고 엄청나게 많은 일들을 다 감당해낼 수 있었기 때
문입니다.

저는 30세 때 교회에 다니기 시작했지만 불신자와 구별된 삶을
살지 못하다가 38세가 되어서야 온전히 주님을 만났습니다. 특별하
신 은혜를 통해 살아 계신 하나님을 만난 것이 너무 기쁘고 하나
님께 나아가는 것이 너무 좋아서 쉼 없이 실행한 새벽기도가 벌써
27년이 되었습니다. 사실 저는 기도하지 않고도 어려움 없이 잘 살
아가는 성도들이 부러울 때가 있었습니다. 그러나 저는 지금도 여
전히 기도하지 않고는 살 수가 없습니다. 하나님께서 처음엔 뭔가
를 대단하게 시작하지만 작심삼일, 용두사미가 되고 마는 저의 연
약함을 불쌍히 여기시고 제 몸에 아예 자동기도장치를 세팅해 주
신 것입니다.

새벽기도를 시작한 지 2년도 채 안 되어 기도생활이 점점 힘들어
지고 연약해질 무렵이었습니다. 전치 6개월의 진단을 받을 정도로

큰 교통사고가 났고, 그로 인해 특전사 훈련으로 잘 다져진 강건한 육체가 많이 손상되었습니다. 더욱이 나름 총명하다고 칭찬을 듣던 머리를 많이 다쳐서 조금 전에 한 일도 도통 기억이 나지 않는 절망적이고 수치스러운 질고를 1년 동안 겪었습니다. 나중에 육체의 점진적인 회복과 함께 그 증상도 기적적으로 치유되긴 했지만 하루라도 기도를 빼먹으면 그 병이 재발되어 삶이 엉망이 되곤 했습니다. 그래서 계속 기도하는 방법 외에는 다른 방법이 없었습니다.

그러나 지나고 보니 교통사고라는 짧은 연단을 통해 하나님께서 제 일생에 두 가지 큰 선물을 주셨습니다. 첫째는 교통사고로 인해 신진대사와 혈류가 안 좋아져서 매일 운동을 할 수밖에 없게 하신 것이고, 둘째는 하루라도 새벽기도를 하지 않으면 머리병이 재발되어 온전히 살아갈 수 없도록 만드신 것입니다. 그 결과 저에게는 기도와 운동이 선택이 아닌 필수가 되고 평생의 반려가 된 것입니다. 돌이켜보니 이 얼마나 감사한 일인지요.

우리 성도들은 습관화된 기도를 통해 하나님과의 바른 관계를 갖게 되고 참된 평안을 얻습니다. 물론 하나님께서 때때로 기도에 대한 응답을 주시기도 합니다. 그러나 저는 응답보다는 하나님을 누리기 위해 새벽길을 달려옵니다. 마치 믿음도 없고 말씀에도 관심이 없으며, 욕을 입에 달고 살고 부모의 속을 썩이면서도 늘 안아 주고 사랑해 주는 선생님이 좋아서 주일마다 지각도 하지 않고 달려오는 중학생처럼 저도 하나님 품이 좋아서 달려옵니다.

처음엔 무슨 기도를 어떻게 하는지 모를 때도 있었습니다. 그리고 얼마나 바른 기도를 하고 있는지도 잘 모릅니다. 어떤 땐 저 자신의 기도를 멍하게 듣고만 있을 때도 있습니다. 성령의 인도하심을 따라 한 시간여의 기도를 통해 친한 친구나 부부가 서로를 누리듯이 하나님과 연합하여 하나님을 마음껏 누리고 영혼 가득 그분의 사랑을 흡족하게 채우고 나서 기도를 마치고 기도의 여운을 찬양으로 채우며 귀가하는 발걸음은 얼마나 가벼운지요. 마치 하늘을 나는 것 같습니다.

기도했다고 해서 응답을 받아 당장 문제가 해결되는 것은 아닙니다. 그러나 기도를 통해 "내 사랑하는 아들아 내가 너를 기뻐하노라"(눅 3:21-22) 하는 하나님의 음성을 듣기만 하면, 아니 그런 느낌이 들기만 해도, 하나님이 나와 함께하신다는 확신이 생기기 때문에 피곤하고 지치고 위축되어 무너지기 직전의 연약한 심령에, 억눌리고 피곤하고 지친 어깨와 팔과 발에 힘이 생겨 태산 같은 짐이라도 너끈히 지고 갈 수 있는 강력과 담대함, 그리고 천국에 대한 한없는 소망이 생깁니다. 모든 두려움이 사라지고 자신감으로 가득 채워집니다. 이렇게 하루를 힘차게 출발할 수 있는 것이 하나님께서 새벽기도의 대가로 즉석에서 베푸시는 상급입니다.

예수님은 가르치는 사역과 치유 사역을 매우 중요시하셨지만, 그 모든 것을 물리치시고 물러나서 기도하셨습니다. 십자가를 지시기까지 시간이 얼마 남지 않았기 때문에 마음이 바쁘셨을 것입니다. 그럼에도 하루의 맨 처음 시간이나 하루 중 귀한 시간을 기도에 할애한 것은 미루고 양보할 수 없는 절대적 가치가 있었기 때문입니다. 예수님의 기도는 가르치는 사역과 치유 사역의 수단이 아니라 절대 가치였습니다. 저는 기도는 수단이 아니라 절대적 가치, 삶 자체가 되어야 한다는 빌 하이벨스의 주장에 적극 동감하고 찬성합니다. 만일 시간이 없다고 해서 기도하지 않으면 어떻게 될까요? 기도하는 시간을 아낀 만큼 더 많은 일을 더 능력 있게 할 수 있을까요?

저는 새벽기도를 하기 때문에 하루 평균 5, 6시간밖에 못 잡니다. 교사교육과 반목회를 감당해야 하는 중등부 교사와 순장, 교구장, 남전도회장 등으로 챙겨야 할 일과 사람들이 많고, 또 4남 3녀 가문의 제사장으로, 변리사업 등으로 밀려오는 일과 사람들을 챙겨야 합니다. 이런 과정에서 물론 하나님께서 주시는 은혜도 있지만, 풀리지 않는 문제와 실패와 낙담에서 오는 스트레스도 적지 않습니다. 그러나 하나님께서 8시간 잔 것보다 깊은 양질의 수면을 취할 수 있게 해 주시고, 긴박한 사태나 급격한 상황 변화 등 어떤 환경 속에서도 요동치 않는 평안을 주시므로 그렇게까지 피곤하지는 않습니다.

빌 하이벨스는 하나님과의 가장 친밀한 연합은 오로지 기도를 통해서만 얻을 수 있고, 또 하나님의 능력은 모든 종류의 어려움, 곤경 혹은 낙심되는 일들을 전부 다루실 수 있다고 했습니다. 하나님의 능력은 기도하는 사람들에게로 흘러 들어가며, 상황과 관계를 변화시킬 수 있다고 하면서 이렇게 권면합니다.

"규칙적으로 기도하라,

은밀하게 기도하라,

진실하게 기도하라,

구체적으로 기도하라!!"

그렇습니다. 기도의 진짜 목적은 하나님과의 친밀한 연합입니다. 기도 제목은 나중입니다. 그래서 저는 기도 제목을 아뢰기 전에 하나님과 완전히 연합하기 위한 작업을 30분 정도 합니다.

그것은 찬양입니다. 하나님의 위대하심을 멜로디와 가사로, 또한 내게 베푸신 모든 은혜를 감사의 언어로 고백하고 난 후 나의 모든 죄를 기억해내어 회개하고 용서를 구하며 치유와 회복과 사랑과 생명으로 가득 찬 십자가로, 보혈로, 보좌로 나아갑니다.

한참 기도하다 보면 패역과 교만과 불순종과 게으름, 온갖 죄악에 물들어 도저히 가까이할 수 없는 나를 저만치서 뾰족한 눈으로 보시던(저의 느낌일 뿐) 하나님이 결국 얼굴을 돌이켜서 용서와 사랑의 눈길을 주실 때 저는 비로소 그 우악한 팔에, 따스한 품에 안깁니다. 그 품속에서 상한 심령이 치유되고 하나님 아버지와의 친밀함이 회복된 후에야 비로소 저의 문제와 가정, 직장, 교회, 나라와 민족을 위해 기도하는 것입니다.

무슨 기도를 어떻게 할까 걱정할 필요가 없습니다. 기도하고자 하는 마음이 간절하다면 처음에는 서툴더라도 결국에는 성령께서 탄식하시며 우리의 입술을 열게 하시고 천금 같은 단어들을 조화롭게 나열하셔서 금 대접에 귀하게 담아 친히 열납하십니다.

8장

성령님은 정말
기도를 도와주시는가?

성령님은 태초에 예수님과 함께 창조사역을 하셨습니다. 특히 인간을 창조하실 때 아담과 하와와 함께하셔서 그들이 하나님과 친밀한 교제를 할 수 있도록 도우셨습니다. 그 성령님은 인간의 범죄로 슬피 울며 인간을 떠났다가 모세나 여호수아, 다윗과 같은 이스라엘의 지도자들, 사사들과 선지자들에게 임하여 예언이나 이민족의 격퇴 등 하나님의 일을 담대하게 하는 데 원동력이 되셨습니다. 예수님은 세례 요한에게 요단강에서 세례를 받으실 때에 하늘이 열리고 성령이 비둘기같이 내려 임하심을 보셨습니다.

예수님은 부활 승천하시면서 제자들에게 성령을 보내 주실 것을 약속하셨고, 제자들이 오순절날 마가의 다락방에 모여 부르짖으며 간절히 기도할 때에 약속하신 대로 성령이 임했습니다. 그들은 주님을 저주하며 부인한 베드로와 한패가 되어 갈릴리까지 도망을 친 비겁하고 연약한 자들로, 성령을 받은 후 담대해져서 정치범으로 체포되어 사형에 처해질 수도 있었으나 문을 박차고 나가 군중들 앞에 섰습니다. 베드로는 담대하게 예수님의 구주 되심과 부활을 전했고, 한 번의 설교로 3천 명이 회개하고 구원을 받으므로 예루살렘 교회가 시작되었습니다.

바로 이 성령님이 우리의 기도를 도우십니다. 그러므로 우리는 기도할 때 하나님께서 기도를 들으시고 기도를 잘할 수 있도록 도와주신다는 확신을 가지고 기도해야 힘 있는 기도를 할 수 있습니다. 주님은 염소와 송아지의 피를 드려 죄 사함을 받던 번거로운 속죄의식을 없애기 위해 단번에 자신의 피를 가지고 성소에 들어가셔서 영원한 속죄를 이루신 우리의 대제사장이십니다(히 9:12).

또 예수님은 하나님의 보좌 우편에서 중보자로 계시면서 대적 마귀가 우리를 참소할 때에 우리를 위해 변론해 주시고 두둔해 주시며, 우리가 기도 더듬거리더라도 성령님과 소통하면서 우리의 기도를 하나님께 통변하여 주십니다. 이것은 아기가 더듬거리며 말을 할 때 엄마가 칭찬해 주기도 하고 할 말을 대신 해 주기도 하면서 아기가 편하게 말할 수 있도록 도와주는 것과 같습니다.

"자기가 시험을 받아 고난을 당하셨은즉 시험받는 자들을 능히 도우시느니라"(히 2:18).

그렇습니다. 주님은 인간이 당한 그 어떤 고난보다도 더 큰 고통을 당하셨기 때문에 시험당하는 자들을 체휼하십니다. 죄지은 백성을 구하기 위해 인류에게 친히 오신 주님은 특히 고난당하는 자가 기도할 때 성령으로 친히 오셔서 도와주십니다. 왜냐하면 기도가 그렇게 쉬운 것이 아니기 때문입니다.

로마서 8장 26절에 "이와 같이 성령도 우리 연약함을 도우시나니 우리가 마땅히 빌 바를 알지 못하나 오직 성령이 말할 수 없는 탄식으로 우리를 위하여 친히 간구하시느니라"라고 하였습니다.

성령님은 우리가 하나님께 나아가 기도하고자 하나 어떻게 기도해야 할지 몰라 헤맬 때, 기도가 막힐 때 우리를 도와서 기도가 완성되도록 해 주십니다. 세상 쾌락을 즐기며 살다가 졸지에 인생의 엄청난 위기를 만나서 하나님께 나아가 무릎을 꿇을 때 기도라고는 "하나님 아버지", "주여", "아멘"밖에 모르는 사람이라도 부르짖어 도움을 청하면 성령님이 기도할 수 있도록 도와주십니다. 성령님은 육체를 입으시고 엄청난 심신의 고난을 겪으신 예수님의 영이므로 우리의 연약함을 누구보다도 잘 아십니다. 그러므로 우리가 위기 앞에서 두려워하고 당황하여 기도의 방향을 잡지 못할 때 우리를 불쌍하게 생각하시고 탄식하시며 우리의 기도를 도와주십니다.

9장

금식기도는 새벽기도에 도움이 되는가?

저는 금식기도가 신앙생활에 유익한 점이 많다고 생각합니다.

첫째로, 금식기도를 할 때에는 보통 물만 마시는데 몸에 있는 모든 노폐물이 물과 함께 체외로 배설되어 육체가 깨끗하게 거듭날 수 있다는 것입니다. 그동안 습관적으로 과다하게 섭취한 음식물이 제대로 소화되거나 배설되지 못한 채 체내 곳곳을 막고 있어 병들어 있는 육체가 대대적인 보수공사를 통해 태어났을 당시의 원상태로 회복됩니다.

이때 해묵은 병들이 떨어져 나가는 치유현상도 나타납니다. 그리고 이후로는 하나님이 주신 육체를 소중하게 다루어 음식을 조심하게 되고, 쾌락에 빠지지 않으며, 과로하지 않고 절제 있는 생활을 하게 됩니다.[19)]

둘째로, 자신의 내면과 하나님의 존재를 관조하고 하나님이 지으신 광대무변한 우주를 생각하면서 성령의 역사로 마음속의 분노, 원한, 증오, 공포, 불평 등이 사라지고 하나님의 사랑과 평안이 임하여 무엇이든지 용납할 수 있도록 관대해집니다.

특히 금식을 하는 중에 기도원에서 예배에 참석하고 통성으로 기도할 때 오순절 다락방에 임했던 강렬하고 뜨거운 성령을 체험하거나 하나님의 음성을 듣기도 합니다. 그래서 많은 사람들이 하나님이 살아 계신다는 확신을 얻고 변화되어 뜨겁게 신앙생활을 하게 됩니다. 그러므로 여건이 허락한다면 새벽기도에 도전하기 전에 3일이나 1주일 정도 금식기도를 해 볼 것을 권유합니다.

예수님은 공생애를 시작하기 전에 40일간 금식기도를 하셨습니다. 모세도 시내 산에서 40일간 금식기도를 한 후에야 십계명을 받을 수 있었습니다. 그리고 엘리야는 갈멜 산에서 바알 선지자들과 대결을 한 후 엄습해 온 영적 고갈 상태에서 하나님의 능력을 재충전하기 위해 40일간 금식기도를 했습니다. 금식기도는 선진들의 사역에서도 볼 수 있듯이 계속되는 고통과 시련, 핍박과 환난에도 하나님이 주시는 믿음과 능력, 담대함으로 주어진 사명을 힘 있게 감

---

19) 최자실,『금식기도의 능력』, 서울서적, 1991, pp. 57-59.

당하고 승리하게 합니다. 굶어도 죽지 않는 것을 체험하고 나면 사람이 떡으로만 사는 것이 아니요 하나님이 주시는 말씀과 영적 능력으로 살 수 있다는 확실한 믿음을 갖게 되므로 금식 전보다 훨씬 강하고 담대해지는 것입니다.

저도 1주일 정도의 금식기도를 서너 번 해 보았고, 매년 3일 정도의 금식기도를 하기도 했지만 그때마다 건강을 회복하고 흐트러진 믿음을 재정비하고 기도를 새롭게 하거나 깊이를 더할 수 있었기 때문에 금식기도는 정말 유익하다고 생각합니다. 금식기도는 심신의 때를 깨끗이 씻어내고 새롭게 출발할 수 있는 계기가 되고 새벽기도 체질화의 핵심이 되는 절제력을 기를 수 있는 더없이 좋은 기회가 됩니다.

10장

꼭 중보기도를 해야 하나?

성경 속의 영적 지도자들은 모두 중보기도자라고 해도 과언이 아닙니다. 모세는 하나님의 진노를 멈추게 하기 위해 중보기도(정확하게는 도고기도)를 했고, 선지자와 제사장들도 중보기도자로서 사명을 감당했습니다. 스데반도 돌에 맞아 죽으면서 자신을 돌로 친 자들을 용서해 주시기를 기도했습니다.

그러나 가장 위대한 중보자는 예수님입니다. 예수님은 겟세마네 동산에서 하루에 몇 시간씩 기도하셨는데 그 기도는 대부분 인류 구원을 위한 중보기도였을 것입니다.

"아버지여 저희를 사하여 주옵소서 자기의 하는 것을 알지 못함이니이다"(눅 23:34).

주님은 십자가에 못 박혀 죽으시기 직전까지도 우리를 위해 중보기도를 하셨습니다. 주님은 단번에 자신의 피를 가지고 성소에 들어가서 영원한 속죄를 이루신 대제사장이시기 때문에 중보자로서 영원히 하나님의 보좌 우편에 계시면서 대적 마귀가 우리를 참소할 때에 우리를 위해 변명해 주시고 두둔해 주시며, 우리의 어눌한 기도까지도 받으셔서 아버지께 올려 드립니다.

믿음의 선진들과 예수님이 중보기도를 하셨다면 우리도 마땅히 중보기도를 해야 합니다. 주님의 중보가 효력이 있었듯이 우리의 이웃을 위한 중보기도도 강력한 효력이 있습니다. 우리나라에 복음이 전해지고 오늘날과 같이 부흥을 이루게 된 것은 물론 선교사들의 피와 땀의 결과이지만, 선교사들을 파송하고 뒤에서 부르짖으며 기도하던 미국과 유럽의 많은 교회 목사님들과 성도들이 베푼 오랜 중보기도의 결과도 무시할 수 없습니다.

우리나라가 일제의 압박과 한국전쟁의 폐허, 그리고 오랜 군사독재 정권의 압박에서 벗어나 자유민주주의 체제 하에서 평화와 풍요를 누리고 사는 것도 모두 세계 각국의 기도자들과 우리 믿음의 조상들의 중보기도 덕분입니다. 그러므로 우리는 중보기도에 빚진 자들로서 우리나라와 민족을 위해서, 그리고 세계 각국, 특히 후진국들의 선교와 경제, 사회 발전을 위해서 쉬지 않고 중보기도를 해야 합니다.

중보기도가 응답되는 순간은 자신이 기도 응답을 받은 것보다 몇 배나 기쁩니다. 특히 영혼 구원은 더욱 그렇습니다. 저는 중보기도로 형제자매들과 그 가족들을 구원했을 때 정말 기뻤습니다. 오래전에 복음을 전했으나 거절한 사람들을 놓고 계속 기도해 온 결과 그들이 멀리 떨어져 있는데도 불구하고 다른 사람을 통해서라도 결국 그들을 구원하시는 하나님의 역사를 경험할 때, 그 기쁨은 형언할 수 없을 정도로 컸습니다.

주위를 둘러보면 기도가 필요한 일들이 너무 많습니다. 가족과 친척과 친구들로부터 시작해서 교회, 민족의 구원과 나라의 장래, 통일, 직장과 사는 도시, 세계 선교, 세계 평화, 기아, 질병, 경제 회복, 빈민구제 등 시간이 부족해서 기도를 못 하지, 기도 제목이 부족해서 기도를 못 하는 것은 절대 아닙니다.

기도줄이란 무엇인가?

저는 '기도줄'이라고 하면 야곱의 사다리가 생각납니다. 야곱이 형 에서를 피해 고향을 떠나 밧단아람의 외삼촌에게로 도망가다가 벧엘에 머물렀을 때 너무 외롭고 두려워서 하나님의 이름을 부르다가 사다리 꼭대기에 있는 하나님의 보좌를 바라보는 놀라운 은총을 경험했습니다(창 28:12).

기도줄은 자신과 하나님 사이에 연결된 무선전화의 전파와 같은 것인데 수신장치와 송신장치가 되어 있어서 기도와 응답이 오르내리는 영적 통로라 할 수 있습니다. 우리가 기도해야겠다고 굳게 마음을 먹고 성령의 도우심을 구하면 성령께서 입을 열어 주십니다. 시간이 갈수록 기도 제목이 많아져도 기도의 내용이 정리가 되고,

오랜 세월이 흐르면 튼튼한 동아줄같이 되어 웬만한 장애가 있어도 용솟음치며 하늘 보좌를 향해 힘차게 나아갑니다.

기도줄은 가설된 지 얼마 안 된 상태에서 방치하면 금방 없어져 버리고, 가끔씩 사용하면 가늘어지고 끊어져 버려서 사용할 수 없게 됩니다. 기도줄은 매일매일 성령께서 손질하고 보수해야 튼튼해지고 굵어져서 인생의 어떤 무거운 짐도 매달 수 있고, 우리나라와 민족, 나아가 전 세계의 문제를 매달아도 절대로 끊어지지 않습니다.

자신의 기도를 글로 적어 보는 것은 쉽지 않으나 오랜 시간을 어떻게 쉼 없이 기도했을까 생각할 때, 역시 기도는 사람이 하는 것이 아니고 성령께서 우리의 마음과 입술을 통하여 직접 하신다는 확신이 듭니다. 평상시에 기도에 대하여 제목이나 내용을 글로 적어 배열해 보거나 계획을 세우지 않았는데도 오래 기도하다 보면 성령님께서 기도를 아름답게 배열해 주셔서 인도하시는 대로 따라 입술을 벌리기만 하면 되는 형태로 기도줄이 형성되어 갑니다.

저의 경우 하나님의 임재를 소원하는 찬양을 통해 주님을 보좌에 모신 후 이런 연상을 합니다. 제 머리를 중심으로 오른쪽 가장자리의 기도줄의 실마리로부터 나의 연약함과 주님의 위대하심에 대한 고백을 시작하면 기도줄은 저절로 좌측으로 이동합니다. 좌측단에서 하늘문을 열어 달라고 하면서 기도줄은 수직 상승합니다. 그리고 최상단에서 주님의 모든 충만한 것으로 나를 채워 달라고 하면 기도줄은 급속히 중앙의 한 지점으로 이동합니다. 여기서 우측으로 진행하면서 감찰하시는 주님 앞에 드러난 모든 큰 덩어리의 죄악들을 회개합니다. 그리고 그 끝단에서 사랑과 사명에 실패한 저를 인정하면 그 하단에서부터 사랑하지 못한 갖가지 죄들을 회개하며 위로 솟구쳤다가 다시 내려옵니다.

다음으로 기도줄은 급속히 좌측 끝단으로 이동하여 말씀을 만홀히 여기고 순종하지 못한 온갖 죄들을 회개케 하며 우측으로 이동하고, 다시 그 좌측 하단으로 깊숙이 내려가 갖가지 사명(사역)에 실패한 저를 회개하게 하며 우측으로 이동하다가 용서와 치유와 회복을 받기 위해 오른쪽 가장자리 상좌에 좌정하신 하나님 아버지의 보좌로 나아가다가 자격이 없음을 깨닫고 그 한참 아래에 있는 십자가 앞에 먼저 무릎을 꿇고 고개를 더 깊이 숙입니다.

죄와 연약함을 고백하며 보혈의 은총과 치유를 구하며 주님의 품에 안기기를 소원할 때 주님의 안아 주심과 사랑과 은혜를 맘껏 누리다가 좌측단에서부터 솟구쳐 오르면서 결단의 기도를 합니다. 계속해서 최상단까지 올라가면서 성령의 충만함과 은혜, 동행하심을 구하다가 사랑과 사명에 재도전하며 점점 내려와 하단의 좌측단으로 이동하여 말씀과 사역에 어떻게 최선을 다할 것인지 주님 앞에 맹세하면서 우측으로 계속 전진합니다.

이런 식으로 성령님이 인도하시는 의미단락으로 연결되어 구성된 기도줄을 따라 영안을 쉼 없이 이동시켜 가며 마음과 입술을 움직여 기도하기만 하면 됩니다. 만일 한두 시간 동안 하는 이 기도를 누군가가 워드로 입력하여 프린트해서 제게 주며 기도시간마다 앉아서 읽으라고 한다면 저는 벌써 새벽기도를 그만두었을 것입니다. 그러나 컨디션이 안 좋은, 특히 두뇌 상태가 좋지 않은 어떤 새벽이라도 기도 자리에 앉기만 하면 성령님께서 이런 식으로 기도를 인도해 주시니 기도하기가 참 쉽습니다.

우리의 기도는 성령님께서 탄식하시면서까지 도우시는 것이 분명하다고 확신합니다(롬 8:26). 이런 이유로 저는 사실 이 책의 제목을 "새벽기도가 가장 쉬웠어요!"라고 할까도 생각해 보았습니다. 기도줄은 국내외 정치, 경제 등의 환경과 조건에 따라 가끔씩 그 구체적인 내용이 바뀌기도 하지만 큰 틀에서의 기도줄은 이미 든든히 정착되어 있으니, 이보다 더 크고 감사한 하나님의 선물이 어디 있겠습니까?

어쨌든 기도줄의 형태는 땅에서 하늘로 뻗은 수직의 형태는 아니고 좌우 전후 상하로 뻗어 가며 아름다운 형태로 고목을 휘감으며 기어오르는 담쟁이넝쿨 같습니다. 이에 대한 자세한 내용은 후반부의 기도줄 분석에서 다시 다루기로 하겠습니다.

체질화가 우선이다

새벽기도
체질화를 위한 변수

이상과 같은 조사를 통해 밝혀진 새벽기도의 실패 요인들은 기도 동기(갈급한 마음/기도 제목) 결여, 결단력 부족(도로 잠), 기도 방법과 내용의 미숙지, 게으름, 늦게 자는 습관, 적당한 수면시간에 대한 잘못된 선입관, 밤의 문화, 음주, 회식문화, 내일(다음달/내년)로 미룸(느긋함), 늦은 퇴근 시간, 교회와의 거리, 기도 후 직장에서의 피곤함, 직장에서의 낮잠, 응답에 대한 확신 결여, 일방적 기도, 기도시간의 졸음과 잠, 지속성 부족, 동원에 의한 일시적 기도, 기도시간의 시끄러움(타인의 통성기도 소리), 훈련 부족, 시계 소리 미흡, 출장·여행·명절 등 외지 숙박, 기도시간에 늦음, 과도한 스포츠·오락, 부부싸움, 나쁜 인간관계, 직무 불성실, 밤늦은 부부 대화, 하나님께 득죄, 목회자와의 나쁜 감정, 건강 상실, 너무 큰 고난, 많은 저녁식사량, 문제 해결 후 느긋함 등임을 알 수 있습니다.

이 모든 것을 조합하고 재분류하여 새벽사람으로서의 체질화에 대한 성패의 변수를 정리해 보면 동기부여, 기상훈련, 기도 준비, 수면 지식, 수면시간 확보, 숙면의 확보, 기도의 골방, 식사 패턴, 절제훈련, 비상관리, 기도훈련으로 구분될 수 있습니다.

2장

체질화를 위한
변수 관리

1. 새벽기도 동기부여

　교회에서 절기 때나 교회 자체적인 필요에 의해 일정한 기도 제목을 내걸고 기도행사를 할 때 동원된 성도들의 기도에 의한 동기부여는 약하다고 할 수 있습니다. 목회자나 구역장들이 주일예배 때 광고를 하고 전화나 대화로 독려해서 나온 새벽기도이기 때문에 자신에게 갈급함이 있어서 나왔다고 볼 수 없습니다.

　우선 새벽기도의 동기를 부여받기 위해서는 기도, 특히 새벽기도에 관한 책을 몇 권 사서 보는 것이 좋습니다. 그 책들 속에는 저

자들의 새벽기도에 대한 동기와 새벽기도 후의 변화된 삶과 예수님과 많은 신앙의 위인들이 새벽기도를 통해 하나님의 손에 붙들려 역사를 바꾸어 놓은 사역들이 소개되어 있습니다.

주님과 믿음의 선진들이 새벽기도를 했다면 주님의 제자인 우리도 새벽기도의 교두보를 점령함으로써 현재의 부진한 신앙생활에서 탈피하여 세상을 능히 이기는 능력 있는 신앙생활을 해야 합니다. 이제 주님이 오실 날까지, 주님을 만날 날까지 몇 해가 남아 있습니까? 죽을 때까지 현재의 모습대로 있다가 갈 수는 없습니다. 한번 과감하게 새벽기도에 도전해 보겠다는 의지적인 결단이 필요합니다.

기도는 호흡입니다.

호흡이 끊기면 사람이 죽듯이 기도가 끊기면 죽는다고 생각해야 합니다. 매일매일 충전해야 사용할 수 있는 휴대폰처럼 기도로써 하나님의 능력을 충전받지 못하면 단 한순간도 살 수 없다고 생각해야 합니다. 그렇게 되면 실제로 기도하지 않은 날은 하나님의 도움이 끊기고 두렵고 불안하고 일에 자신감이 없어서 실수를 하게 됩니다. 사람들에게 친절하게 대하고 사랑을 해주고 싶어도 심령에 기쁨이 없으니 나눠줄 수가 없습니다. 이런 때 저는 하루를 무기력하게 보내게 되고 다음날 새벽이 애타게 기다려집니다. 그리고 새벽이 되자마자 하나님께 나는 듯이 달려가서 열심히 기도함으로써 영적 배터리를 충전하면 예전의 활기찬 상태로 다시 돌아옵니다. 기도를 하지 못한 날은 하나님의 동행하심도 없는 것 같습니다. 새벽기도를 하지 않았는데도 아무 탈 없이 살아간다면 그것은 오히려 위험한 상태인 것입니다. 새벽기도를 하지 않은 날에는 무력한 존재가 된다는 긴장감과 절박감이 있는 것이 기도자에겐 오히려 유익합니다. 그래야만 기도가 발전합니다.

우리 조상들도 이른 아침에 일어나 부모님께 문안을 드렸습니다. 그러므로 하나님의 자녀 된 우리가 하루 중 첫 시간을 아버지 하나님께 드리는 것은 당연한 일입니다. 교회에 가서 아버지 되신 하나님을 경배하고, 자신의 영혼을 목사님의 설교 말씀으로 새롭게 하며, 기도를 통해 자신의 심령을 하나님의 사랑과 소망과 비전으로 가득 채우면 하루 종일 성령이 충만한 가운데 담대하고, 기쁘고, 사랑이 넘치는 하루를 살아갈 수 있습니다. 하루의 승패는 자기 자신을 맨 먼저 하나님께 드리느냐 못 드리느냐, 성령님(하나님)께 선점당하느냐 육체(사단)에 선점당하느냐에 달려 있습니다.

새벽기도를 체질화하기 위한 또 한 가지 방법은 새벽기도를 잘하는 집사님의 간증과 노하우를 직접 듣고 동기를 부여받는 것입니다. 분명한 것은 그들 모두 새벽기도를 하게 된 특별한 하나님의 인도나 동기, 말하자면 특별한 사연이나 간증이 있는 분들이기 때문입니다.

2. 기상훈련

새벽기도를 체질화하기 위해서는 기상훈련을 해야 합니다.

이때 직장이나 교회에 가서 졸거나 자는 것은 문제 삼지 말고 10시 반에 무조건 잠자리에 들고 4시 반에 일어나는 훈련을 해야 합니다. 자기 전에 하나님께 감사기도를 드릴 때 4시 반에 깨워 주실 것을 간구한 후에 4시 반에 맞춘 알람시계를 머리맡에 두고 또 한 개의 시계는 33분에 맞춰 둔 다음, 마지막으로 휴대폰을 35분에 맞춰 조금 멀리 둡니다.

첫 번째 알람 소리를 듣지 못하면 두 번째, 세 번째 소리를 듣고 귀찮아서라도 일어나게 됩니다. 또 첫 번째 알람시계의 스위치를 눌러도 두 번째 시계가 울고, 두 번째 알람시계의 스위치를 눌러도 멀리 있는 휴대폰이 울어대면 그것을 끄기 위해서라도 일어나게 되므로 잠에서 확실하게 깨어날 수 있습니다.

다음 단계는 시계 소리를 듣는 순간 벌떡 일어나는 것입니다. 일어나자마자 "하나님, 감사합니다" 하면서 미소를 지으며 정한 찬송(저의 경우 64장, "기뻐하며 경배하세")을 부르는 것을 습관화하는 것이 좋습니다.[20] 평소에도 자신이 시계 소리를 들으면 벌떡 일어난다고 늘 입으로 시인하고, 일어나서 미소를 지으며 찬송하는 모습을 이미지로 훈련하면서 기회 있을 때마다 연습을 해 본다면 1주일 이내에 습관화될 것입니다.

최근에 저는 스마트폰 알람곡(whistle)이 너무 아름다워서 거기에 즉흥적으로 찬송가 가사를 작사하여 부르고 있습니다.

---

20) 평촌 열린교회의 김남준 목사님은 새벽에 피곤하여 일어나기가 힘들 때 하나님께 거수경례하며 "충성!" 하고 외친다고 한다(김남준, 『새벽기도』, p. 124).

새벽이 됐네 기도하러 가

새벽기도는 생명의 기도

우리 아버지 기다리신다

빨리 일어나 달려가야지

아버지 품은 너무 따뜻해

예수님 사랑 십자가 사랑

사랑의 주님 나를 기다려

감사합니다 감사합니다

3. 기도준비

새벽기도를 준비할 때에 시계도 맞춰두어야 하지만 자동차도 언제든지 쉽게 교회로 향할 수 있도록 주차해 놓아야 합니다. 그리고 입고 갈 옷과 신발, 성경책도 준비해 놓습니다. 집을 나서서 교회로 향하는 동안에도 온 마음을 하나님께만 집중합니다. 막연하게 하나님의 존재만 생각하지 말고 구체적으로 집중해야 합니다. 필자의 경우 요한계시록 4장에 표현된 바와 같이 무릎 꿇은 24장로의 경배와 천사들에게 둘러싸여 찬송을 받으시는, 하늘 보좌에 앉으신 하나님 아버지와 그 우편에 서신 예수님께(행 7:55 등) 집중하며 기도자리를 향하여 마음속으로 찬송을 하며 교회로 향합니다.

이는 주일예배를 드릴 때도 마찬가지입니다. 경배와 찬양이 끝나고 찬양대에서 개회 송영을 할 때 저는 의례적으로 감은 눈을 높이 들어 하늘 보좌를 바라봅니다.

영안으로 하나님의 영광을 바라볼 때에 그 영광이 내 심령에 비추이면 그 크신 영광에 비해 초라한 내 모습을 인지하게 되고, 그러면 얼른 고개를 숙여 마음의 무릎을 꿇고 연약하고 죄악된 저에게 밀려오는 그 크신 사랑을 생각하고 눈물을 머금은 채로 찬양과 기도의 순서를 이어갑니다. 이렇게 해야 목사님께서 베푸시는 설교 말씀 한 마디 한 마디가 가슴 깊이 새겨집니다. 새벽에 주차장에 주차한 후 차에서 내려 성도들과 마주쳐도 너무 큰 소리로 인사하거나 대화하지 않고 조용히 목례를 하는 것이 좋습니다. 하나님께 마음을 드리기 전에 사람과 주위 환경에 마음을 빼앗기지 않는 것은 매우 중요합니다.

우리는 새벽에 하나님께 자신을 드릴 때는 흠 없고 완전한 것으로 드리겠다는 마음가짐을 가져야 합니다. 가장 건강한 자신을 드리기 위해서는 평상시에 무리하지 않고 규칙적으로 생활하는 것이 좋습니다. 그리고 숙면을 취하고 아직 세상 생각으로 더럽혀지지 않은 순결한 영혼을 드리기 위해 정한 시간에 기쁜 마음으로 빨리 일어나는 것이 중요합니다. 잠자리에서 일어나면 가장 명징(明澄)한 상태의 심신을 하나님께 드리기 위해 찬송을 부르며 하나님의 보좌로 직행하십시오. 만약 자신의 영혼을 하나님께 먼저 내어드리지 못했을 때는 마치 악한 세력이 자신의 영혼을 붙잡는다고 생각할 정도로 집중하는 정성이 필요합니다.

4. 수면 지식

훌륭한 새벽기도자가 되려면 수면에 대한 올바른 지식과 체험적인 확신이 필요합니다. 사람들은 흔히 오랫동안 자면 피곤함이 풀릴 것이라고 생각하지만 오히려 더 피곤하고 불쾌할 수 있습니다. 특히 우리는 어렸을 때부터 건강한 삶을 위해서는 8시간 정도의 수면이 필요하다는 말을 많이 들어왔기 때문에 그 이하로 자게 되면 피곤할 것이라는 인식이 지배하고 있어 잠을 적게 자면 피곤할 수밖에 없습니다.

기도자는 이런 세상 지식의 구속에서 과감히 벗어나야 합니다. 과학적 지식 중에는 우리를 얽매는 사탄의 궤계가 많이 숨어 있습니다. 우리는 이러한 궤계에 절대 속지 말아야 합니다. 이런 낡은 사고방식의 짐은 이미 예수님께서 십자가 위에서 해결하셨습니다. 수면시간은 5시간 반, 길어야 6시간이면 충분합니다. 수면은 양보다는 질이 중요합니다. 새벽기도를 위해서는 10시 반에 잠자리에 들어서 11시 이전에 잠이 들고, 4시 반에 일어나는 것이 좋습니다.

수면에는 오르토(ortho) 수면과 파라(para) 수면이 있습니다.

오르토 수면은 뇌파가 주변 자극을 각성하지 못하고 신체 근육의 긴장이 이완되어 꿈도 잘 꾸지 않을 정도로 깊은 수면을 이루는 시간입니다. 반대로 파라 수면기에 들어가게 되면 잠재의식이 꿈틀거리고 꿈을 꾸게 되어 급속안구운동(REM: Rapid Eye Movement)을 일으키게 됩니다.[21] 그런데 새벽에는 주로 파라 수면이 많으므로 새벽에 빨리 일어나지 않고 더 누워 있으면 잠재의식 중 좋지 않은 기억들, 과거의 상처 등이 꿈이나 잡념이 되어 오르토 수면을 취해 회복되고 맑아진 뇌를 공격하여 지치고 피곤하게 만듭니다.[22]

저의 경우는 젊어서 면서기를 할 때 저수지에 빠져 죽을 뻔한 기억, 군대에서의 고된 훈련(큰 나무에 낙하산이 걸려 고통을 받음), 기합을 받거나 구타당하던 기억, 행정고시에 낙방한 기억 등이 주로 떠오르는데, 이런 잡동사니 같은 생각들은 하나님이 주시는 것이 아닐 것입니다. 이런 생각들에 사로잡혀 있다가 늦게 일어나면 머리가 아프고, 불쾌하고, 몸이 나른한 채로 무기력하게 하루를 시작하게 됩니다. 그리고 나이를 먹을수록 전체 수면시간이 줄고 파라 수면시간도 줄게 되어 빨리 일어날 수밖에 없다고 합니다.[23] 그래서 젊은 층보다는 40대 이상이 새벽기도 체질화에 쉽게 도전할 수 있을 것입니다.

그리고 『잠의 과학』의 저자인 미국의 헐트만은 6시간 이하로 자는 사람과 9시간 이상 자는 사람 두 집단을 조사하여 실험 결과를 발표했는데, 짧게 자는 사람이 오래 자는 사람에 비해 빨리 잠들고 깊은 수면을 취했다고 했습니다. 또 그들은 오래 자는 사람에 비해 정력적이고 야심적이며, 조직 내에서 능력을 발휘하는 사람이 많았고, 근면하고 무척 바쁘며 매사에 긍정적이고 자신감이 넘쳤다는

---

21) 사이쇼 히로시는 『아침형 인간』에서 '파라 수면'을 '렘 수면'이라고 하였다. p. 144.
22) http://home.pusan.ac.kr/~yobi/jam.html
23) 위 인터넷 주소

것입니다.[24] 모세나 여호수아, 바울, 베드로, 이순신 장군과 정주영 회장 같은 분들이 이런 타입이 아니었나 생각합니다.

요컨대 정한 시간을 자고 나면 벌떡 일어나 교회에 가서 하나님께 경배하고 목사님의 설교를 통해 자신의 영혼을 하나님의 말씀으로 새롭게 하고, 기도를 통해 하나님의 사랑과 소망과 비전으로 가득 채우는 것이 좋습니다. 그래야만 하루 종일 머리가 맑고 기쁘고 성령이 충만한 가운데 지혜가 솟아나고 담대하고 사랑이 넘치는 하루를 경영해 나갈 수 있습니다.

5. 절대수면시간의 확보

새벽기도 성패의 변수 중 수면이 핵심인데 이는 사실 다른 변수들과 직간접으로 연결되어 있습니다. 밤의 사람이 새벽사람으로 변화되는 것은 쉽지 않습니다. 즉 본래 자기 권속이었던 세상 사람이 하나님의 사람으로 변화되는 만큼 사탄의 방해도 끈질기게 계속될 것이기 때문입니다. 그러므로 먼저 자신이 정한 취침시간을 세상으로부터 쟁취하기 위해 하나님의 도우심을 간절히 구해야 합니다.

목표는 10시 반에서 11시 사이에 잠자리에 들고 4시 반에 일어나되 정신이 맑은 상태로 새벽기도에 나가는 것입니다. 졸음을 이기지 못하면 새벽기도를 제대로 할 수 없기 때문입니다. 이 목표를 이루는 데 가장 필요한 것은 일정한 수면시간 확보와 숙면입니다.

---

24) 사이쇼 히로시(최현숙 역), 『아침형 인간』, 2001, pp. 147-148.

눕자마자 곧바로 잠이 드는 것이 이상적이지만 그러지 못한 경우도 있기 때문에 5시간에서 5시간 반 정도의 수면시간이 확보되고 숙면을 취할 수 있다면 충분히 새벽기도를 할 수 있습니다.

절대수면시간을 확보하기 위해서는 9시, 늦어도 10시까지는 귀가해야 합니다. 그래야 샤워 등 취침 준비를 하고, 늦어도 11시까지는 잠자리에 들 수 있기 때문입니다. 수면에 대한 지식이 생기고 숙면의 방법을 알고 있다 해도 수면시간을 확보하지 못하면 새벽기도에 필요한 신체조건을 확보할 만큼 숙면을 취하기 힘듭니다.

그래서 어느 곳엘 가든지 항상 새벽기도를 염두에 두고 행동을 해야 합니다. 절대수면시간을 확보하기 위해서는 머뭇거리면서 세상 사람들에게 질질 끌려다니지 말고 정한 시간에 과감하게 그들과 결별해야 합니다. 그로 인해 인간관계가 깨어지고 신분이나 재산상에 손해가 생길지라도 순교하는 자세로 결연하게 선을 그어야 합니다. 특히 회식 자리에 참석할 경우 10시까지 집에 도착할 것을 고려하여 적당한 시간에 과감하게 자리에서 일어나야 합니다.

그때는 다른 사람들에게 집에 간다고 이야기할 필요도 없습니다. 보통은 회식 자리에 참석한 사람들이 술에 취해 한 사람이 빠져나가도 모를 수가 있고, 또 먼저 간다고 공연히 주의를 환기시켜 분위기를 망가뜨리는 것은 예의가 아니므로 그냥 단호하게 일어서서 가면 됩니다. 평소에 신뢰를 얻은 사람이라면 크게 비난을 받지 않고 신앙 문제로 늘 그리한다고 인정해 줄 것입니다.

업무가 늦게 끝나서 귀가가 늦어지는 경우는 어떻게 해서든지 양해를 구하고 귀가시간을 지키는 것이 중요합니다. 오전에 1시간 일하는 것이 밤늦은 시간에 3시간 일하는 것보다 훨씬 능률이 높기 때문에 수면시간을 침범하면서까지 꼭 밤늦게 일할 필요가 있는지 재고해 봐야 합니다. 현대인들 중에는 일에 중독된 사람들이 많습니다. 회사의 일을 집에까지 가져와서 밤늦게까지 잠을 안 자고 일을 하는 것입니다. 그리고 오락이나 게임에 빠져 날이 새는 줄도 모르는 사람도 많습니다. 하나님은 일보다 하나님이 주신 육체를 사랑하기를 원하십니다.

육체를 함부로 다루는 사람은 절대로 새벽기도를 할 수 없습니다. 일을 열심히 하되 휴식을 잘 취하는 것이 하나님의 뜻에 합당한 것입니다. 몸을 너무 피곤하게 만드는 것은 거룩한 하나님의 성전을 훼손하는 불경한 일입니다. 늘 자신의 몸이 기도와 예배와 헌신의 도구로 하나님께 쓰임받는다는 것을 생각하고 건강과 성결에 유의해야 합니다.

우리는 하루의 모든 생활을 새벽기도의 성공을 위해 준비하는 시간이라고 생각해야 합니다. 정한 시간에 새벽기도에 참석하지 못하면 기도에 실패할 뿐만 아니라 인생이 실패한다고 생각하고 정한 시간에 사모하는 그곳-주님이 기다리시는 곳-기도의 골방으로 돌아가기 위해 태어난 곳으로 회귀하는 연어들처럼 사력을 다해야 합니다.

6. 숙면의 확보

　수면시간 다음으로 중요한 것이 바로 숙면입니다. 아무리 수면시간대를 확보했다고 하더라도 숙면을 취하지 못하면 기도를 제대로 할 수 없기 때문입니다. 숙면과 관계되는 요소는 아주 많습니다. 마음의 평안, 적당한 피곤함, 건강이 절대적으로 필요하고, 그리고 영적으로 안정되지 못하면 숙면을 취하기 어렵습니다.

　먼저 마음의 평안을 위해서는 욕심을 자제하고, 인간관계를 원활히 하며, 직무에 성실해야 합니다. 야고보서 1장 15절에 "욕심이 잉태한즉 죄를 낳고"라고 하였듯이 과도한 재산상, 신분상의 욕심은 다른 사람에게 상처를 주거나 스스로 상처를 입어 마음이 불안하고 분노나 염려, 근심에 휩싸일 수 있습니다. 죄를 지어 하나님과 불화하면 마음에 참 평안이 없습니다. 그러므로 회개하고 돌이켜야 합니다. 다윗은 시편에서 다음과 같이 하나님과의 불편한 마음을 토로했습니다.

　"내가 내 마음에 죄악을 품으면 주께서 듣지 아니하시리라"(시 66:18),

　"내가 토설치 아니할 때에 종일 신음하므로 내 뼈가 쇠하였도다"(시 32:3).

　또 숙면을 위해서는 인간관계에서 성공해야 합니다.

　자신에게 상처 준 사람을 위해 기도하고 용서해야 합니다. 예수님께서는 일곱 번씩 일흔 번이라도 용서하라고 하셨는데(마 18:22), 이것은 무한대로 용서하라는 뜻입니다. 이 세상에는 용서 못 할 사람이나 행동은 없는 것입니다. 미워하는 사람이 있어서는 안 됨니다.

하나님은 다른 사람에게 상처를 준 사람의 기도를 들어주지 않는다고 하셨기 때문에(마 5:23-24) 만일 그런 일이 있다면 반드시 상대방에게 용서를 빌고 화해해야 합니다. 특히 부부는 서로 순종해야 하고, 분노가 있더라도 해가 지기 전에 관계를 회복해야 합니다. 그렇지 않으면 기도가 막히고 어려워집니다. 뿐만 아니라 다른 사람에게 불성실하게 대하여 불신을 주는 일이 있어도 마음이 불안하고 염려하게 됩니다. 그러므로 "아무 일에든지 다툼이나 허영으로 하지 말고 오직 겸손한 마음으로 각각 자기보다 남을 낫게 여기고"(빌 2:3) 화평을 이루고 하나님과 이웃을 사랑하는 마음으로 가득 채워 거리낌이 없을 때에만 하나님의 보좌로 담대히 나아갈 수 있습니다.

직무에 있어서의 불성실도 숙면에 방해가 될 수 있습니다. 그러므로 온전한 새벽기도를 위해서는 1년, 한 달, 1주, 그리고 당일의 계획을 세우고 성실히 노력하여 끝맺음을 잘 해야 합니다. 불성실한 태도로 근무하다가 일을 그르치거나 일을 마무리하지 못하고 내일로 미루면 걱정이 되어 숙면을 취하지 못하기 때문에 계획을 잘 세워야 합니다. 그리고 다른 사람에게 휘둘리지 말고 시간을 선용하여 일을 성취해 나가는 것이 정신건강에 좋고, 정신이 건강해야 숙면을 취하고 숙면을 취해야 머리가 맑아져서 기도를 잘 할 수 있게 됩니다.

다음으로 규칙적인 운동을 하여 적당히 피곤해야 숙면을 취할 수 있습니다. 일을 열심히 하는 것도 도움이 되지만 하루 중 운동 시간을 정해 놓고 운동을 꾸준히 하면 생활에 활력이 솟고 건강을 유지할 수 있습니다. 뿐만 아니라 근육이 강화되어 노화를 방지할 수 있고, 신진대사가 원활해져 위장에 자극을 줌으로써 정기적이고 완벽한 배설을 통해 원하는 체중을 만들고 유지할 수 있습니다.

한 가지 중요한 것은, 새벽에 일찍 일어났기 때문에 피곤하다고 해서 출근하기 전에 잠을 자거나 사무실에서 잠을 자지 말아야 한다는 것입니다. 이것은 싸워 보지도 않고 적군에게 손을 내밀어 포박을 당하는 것과 같습니다. 그러므로 졸음이 오고 피곤이 몰려와도 끝까지 견뎌야 합니다. 처음에는 당연히 졸음이 올 것입니다. 그러나 그때 절대로 눕지 말고 앉아서 5~10분 정도만 졸아야 합니다. 근무 중에 피곤하다고 해서 낮잠을 자는 것은 그만큼 저녁의 숙면을 방해하고 기도의 실패로 이어질 수 있으므로 낮잠이 새벽기도 체질화의 최대의 적이라고 생각하고 경계해야 합니다.

저는 새벽기도에 한참 익숙해졌을 때에 새벽기도에는 성공했지만 삶은 실패한 경험이 있습니다. 한동안 무릎수술로 건강이 안 좋아지면서 새벽기도를 마치고 나서 출근하기 전에 한 시간 정도씩 잠을 잔 것입니다.

이때 눕자마자 잠을 잔 것이 아니고 기분 나쁜 꿈을 계속해서 꾸다가 일어나기 싫은 몸을 일으켜 억지로 식사를 하고 겨우겨우 9시에 출근했는데 그런 날은 활력도 없고 피곤한 상태로 귀한 오전 시간을 허비했습니다. 새벽기도 후에 식사만 하고 출근하는 때보다 잠을 더 많이 잤는데도 컨디션이 엉망이 되는 이유가 무엇인지 숙고해 본 결과, 사탄이 하나님과 새벽시간에 깊이 대화하며 사랑을 나누다가 집에 와서 무방비 상태로 잠들어 있는 저를 기다렸다는 듯이 마음껏 공격한 것이라는 결론을 내렸습니다. 이런 사실을 깨달은 후 저는 절대로 새벽기도 후에 토막잠도, 낮잠도 자지 않았습니다.

그리고 숙면을 위해서는 무엇보다도 건강해야 합니다.

건강하지 못하면 기도생활 자체가 힘들어집니다. 저는 가끔 암환자를 방문하는데 그분들 중에는 기운이 점점 쇠약해져서 기도할 힘이라도 있었으면 하고 간절히 바라는 분들이 많았습니다. 몸이 약하면 새벽기도를 위해 교회에 가는 것조차 어려워지기 때문입니다. 그러므로 늘 자신의 몸이 기도와 예배와 헌신의 도구로 하나님께 쓰임받을 것을 생각하고 올바른 식사습관을 가지고 운동을 꾸준히 하고 성실한 신앙생활을 통해서 영육간에 강건함을 유지해 나가야 합니다.

끝으로 잠들기 전에 TV나 스마트폰으로 뉴스나 드라마를 보는 것은 좋지 않습니다. 최근에는 우리의 심령을 의도적으로 공격하는 TV 채널의 저질영화(bad movie)도 많고, 드라마 중에도 인간의 심성이 뒤틀려 악한 말을 쏟아내는 대사가 너무 많은데 이런 것들이 나쁜 꿈으로 이어질 수도 있습니다. 우리는 한번 잠들면 자신을 절대 지키지 못합니다. 우리가 잠자는 시간은 사탄에게 완전히 노출되어 무방비 상태가 되기 때문에 잠들기 전에 영적으로 무장되어 있어야 합니다. 그러기 위해서는 가정예배를 드리는 것이 가장 좋고, 여건이 안 된다면 성경을 읽다가 잠자리에 드는 것이 좋습니다.

그것도 안 되면 기도하고 자야 합니다. 하루 동안 도와주신 주님을 기억하고 감사하고 찬송하며, 잠자는 동안 지켜 주실 것을 부탁드리고 천국에 가서 주님 품에 안기는 것을 상상하면서 잠을 청하면 숙면을 취할 수 있습니다. 때로 잠이 오지 않거나 자다가 중간에 깨어 잠을 이루지 못할 때가 있습니다. 그럴 때 저는 눈을 감고 누운 채로 창세기부터 요한계시록까지 역사서를 중심으로 묵상을 합니다. 그러다 보면 어느덧 잠이 들고 숙면을 취하게 됩니다. 기도자는 잠들었을 때에도 절대로 주님의 손을 놓으면 안 됩니다.

7. 기도골방의 구축

예수님은 제자들에게 기도하는 방법(주기도문)을 구체적으로 가르쳐 주시고(마 6:9-13), 시간이 있을 때마다 기도하라고 수없이 권고하고 명령하셨습니다. 그리고 기도의 중요한 요소로서 각자의 기도골방을 만들 것에 대해 특별히 당부하셨습니다.

"너는 기도할 때에 네 골방에 들어가 문을 닫고 은밀한 중에 계신 네 아버지께 기도하라"(마 6:6).

여기서 기도의 골방은 아무에게도 방해받지 않는 은밀한 자기만의 물리적인 공간을 의미하기도 하지만, 다음의 3가지 요소를 의미하기도 합니다. 첫째로, 일반인들에게 방해받지 않는 예배 처소인 교회라는 공간(혹은 가정의 한 처소)으로서 매일 변하지 않는 동일한 자리를 말합니다. 이곳은 예수님이 기도하셨던 '한적한 곳'(감람산 숲속의 겟세마네)에 해당합니다. '한적한 곳'은 원어로 '에레오스'인데 '외로운 장소', '고독한 처소'를 의미합니다.[25] 저는 우리 교회의 맨 앞줄 오른쪽 가장자리에 이 골방을 만들어 놓았습니다. 저는 10년 이상 기도하고 있는 이 골방을 빼앗기지 않기 위해 맨 먼저 교회에 도착합니다. 이 자리는 누구에게도 양보하고 싶지 않은 자리인데 아마 1억 원을 준다고 해도 내주지 않을 것입니다. 둘째로, 골방은 여러 가지 일과 사람들로부터 방해받지 않고 자유로운 구별된 시간을 의미합니다. 새벽이 바로 그런 시간입니다. 셋째로, 골방은 우리 마음의 구별된 공간입니다. 주위 환경과 마음속에 일어나는 모든 상념을 지워 버리고 온몸의 세포 하나하나, 마음의 끝자락 하나까지 하나님을 향하고, 오로지 그분의 영광과 존재 자체에만 몰두하고 집중하는 상태가 바로 '골방'이라 할 수 있습니다. 이 골방 만들기에 대해서는 "제4부 새벽기도 훈련" 편에서 자세히 다루도록 하겠습니다.

8. 식사 패턴

식사 패턴은 기상시간과 기도시간의 컨디션에 영향을 주는데, 특히 새벽기도에 많은 영향을 줍니다. 보통 사람은 늦게 일어나고 아침식사를 대충 때우기 때문에 점심을 많이 먹게 되고, 저녁에 회식이 있는 날에는 더 많이 먹게 됩니다. 이렇게 되면 새벽에 억지로

---

25) 김남준, 앞의 책, pp. 176-177.

일어난다 하더라도 잠이 덜 깨고 위장이 더부룩해서 기도할 마음이 생기지 않고, 억지로 기도를 한다고 해도 기도가 잘 되지 않습니다. 그러므로 식사 패턴을 바꾸는 것이 중요합니다.

위에서 언급한 바와 같이 새벽기도 후에 부족한 잠을 보충하려고 자리에 눕는 것은 금물입니다. 그 시간에 오히려 운동을 하는 것이 좋습니다. 운동을 해야 온몸의 세포들이 깨어나고, 육체와 정신이 깨어나기 때문입니다. 새벽기도를 한 후에 운동까지 하고 나면 무척 배가 고픈데 이때 식사량은 하루 분량의 절반 정도로 하는 것이 좋습니다.

중요한 업무는 대부분 오전에 처리하기 때문에 많이 먹어야 뇌로 에너지가 전달되어 두뇌 회전이 빨라져서 활기찬 아침과 오전을 보낼 수 있습니다. 강건하고 힘이 넘쳐야 상사도 기쁘게 섬길 수 있고, 동료들에게도 기쁜 마음으로 인사하고 대화를 할 수 있기 때문에 직장에서 신뢰를 얻을 수 있습니다.

점심때는 아직 배가 꺼지지 않았기 때문에 보통으로(평상시의 2/3 정도) 먹고, 저녁에는 짧은 수면시간을 고려하여 아주 적게(절반 이하) 먹습니다. 그러나 아주 안 먹거나 너무 적게 먹으면 숙면에 방해가 될 수도 있으므로 주의해야 합니다. 적게 먹어야 새벽에 일어날 때 몸이 가뿐하고 기분도 상쾌하여 얼마든지 기도할 수 있는 태세가 갖추어집니다. 특히 회식 때에는 배가 고프기도 하고 시간이 길다 보니 많이 먹기 쉽습니다. 그러나 이때도 "새벽기도 성공"이라는 대전제를 기억하고 식욕대로 먹지 말고 적당히 먹어야 합니다.

9. 절제훈련

새벽사람으로의 체질화는 육체의 정욕과의 끝없는 싸움으로 얻어지는 보화입니다. 성경은 육체를 따라 사는 사람들은 육체적인 것에 마음을 쓰고, 성령을 따라 사는 사람들은 영적인 것에 마음을 쓰며 살아간다고 말합니다(갈 6:8). 또한 육체를 따라 살면 죽고, 성령의 힘으로 육체의 악한 행실을 죽이면 산다고 말합니다(롬 8:13). 사실 새벽기도는 성령의 힘으로 육체의 정욕을 다스리는 작업이기도 합니다.

연약한 성도를 괴롭히는 것은 주로 술과 세상 쾌락입니다. 술은 기도생활의 천적입니다. 그러나 새벽기도인도 신앙인이기 이전에 조직인입니다. 새벽기도자도 조직생활을 하는 사람인만큼 직원들과 대화와 화합의 장이고 중요한 정보의 진원지가 되고 관계가 형성되는 술자리를 피할 수만은 없을 것입니다. 술이 싫다고 해서 혼자 외로운 섬에 떨어져 있어서는 직장생활을 제대로 할 수 없습니다. 그러므로 담대하게 부딪쳐서 스스로 살아남는 법을 체득해야 합니다.

보통 회식을 할 때에는 초반부에 세리머니를 하는데 이때 잔을 받기는 하되 마시지는 말아야 합니다. 그리고 건배를 할 때는 물을 채운 잔이라도 들어서 건배를 같이 하는 것이 좋습니다. 술을 마시지 않는다고 해서 모든 직원이 함께하는 건배 세리머니마저 거부하는 것은 왕따가 되는 지름길이고, 교만하다거나 무례하다는 오해를 받아서 기독교인 전체를 욕먹게 할 수 있습니다.

단체의 결속을 다진다는 명분으로 돌리는 술잔이나 폭탄주는 새벽기도를 위해서 끝까지 "성령의 전"(고전 6:19), 우리의 몸을 술폭탄으로부터 지켜내야 합니다. 비난과 회유와 협박이 있더라도 얼굴을 붉히지 말고 미소띤 얼굴로 정중하게 사양하다 보면 술을 마시지 않는 사람으로 인정받게 되고, 이후로는 사람들이 술을 권유하지 않게 됩니다.

그러나 이때 한 모금이라도 수용하면 협박과 회유가 계속될 것이고, 그렇게 되면 새벽기도에 도전하여 믿음을 키워 나갈 수 없게 됩니다. 술을 마시면 시간관념, 도덕관념이 없어지고 본의 아니게 실수하여 신뢰를 잃을 수도 있지만 무엇보다도 새벽시간을 준비하기가 어려워지는 것이 더 큰 문제입니다.

그리고 술을 안 마시는 특권을 얻기 위해서는 특별한 노력이 필요합니다. 직장에서 힘든 일을 도맡아 하고, 모든 사람에게 친절하고 사랑을 베푸는 등 크리스천이라는 자부심을 가지고 누구도 흉내낼 수 없는 탁월한 성실성과 섬김으로 신뢰를 얻어야 합니다. 또 술을 마시는 사람에 대해 마음속으로라도 정죄하지 말고 '오죽하면 술을 마시겠는가' 하는 긍휼의 마음을 가져야 합니다. 사실 오늘날과 같이 경쟁이 고조된 사회를 살아가면서 날마다 쌓여가는 스트레스를 술로써 해결하지 않으면 오히려 큰 병이 생길 것입니다. 그들이 예수를 영접하고 신실한 크리스천이 되기 전에는 사실상 술이 필요한 것입니다.

그러한 긍휼의 마음을 가지고 비록 자신은 술을 마시지 않았더라도 숙취에 좋은 약이나 해장국 정도는 사줄 줄 알아야 아량이 있고 멋진 크리스천이라 할 수 있습니다. 저는 공무원으로 재직할 때도 술을 마시지 않았지만 술자리가 있는 다음날 상관이나 동료들에게 해장국을 사주는 것은 열심히 실행했습니다.

이렇게 우리가 불신자들을 위해 성심을 다할 때 그들은 우리를 진정한 크리스천으로 인정하고 음주의 책무를 면제해 줄 것입니다. 그러고도 술을 마시지 않는 것 때문에 직장에서 쫓겨난다면 어쩔 수 없습니다. 하나님께서 분명히 더 좋은 직장을 예비하실 것이기 때문입니다. 그러나 그리 아니하실지라도 성령이 머물러 계시는 하나님의 성전인 우리 몸에 술을 집어넣어서는 절대로 안 됩니다. 디모데전서 3장 8절에도 "이와 같이 집사들도 단정하고 일구이언을 하지 아니하고 술에 인 박이지 아니하고 더러운 이를 탐하지 아니하고"라고 하였고, 심지어는 "술을 쳐다보지도 말라"(잠 23:31)고 한 것입니다.

또한 방만한 육체의 쾌락이나 밤늦게까지 TV를 시청하고 오락이나 게임을 하여 기도할 수 없는 상황을 초래하지 말아야 합니다. 하나님의 일 중 가장 중요한 것이 예배입니다. 늘 좋은 컨디션과 흠 없는 최상의 상태로 예배하고 헌신하려면 육체의 정욕을 이기고 잘 다스려 절제해야 합니다. 새벽기도는 하나님을 예배하는 하루의 첫 시간인만큼 더욱 최상의 자신을 드려야 한다고 생각하고 철저히 준비해야 합니다.

10. 비상상황 관리

위에서 언급한 경우 이외의 비상상황에 대해서는 지혜로운 대응이 필요합니다. 며칠 동안 기도를 하지 못해서 기도줄을 놓쳐 버리고 영적으로 흔들리면 기도를 회복하는 데 큰 고통이 따릅니다. 그러므로 우리는 하나님과 사람을 기쁘게 하는 것 사이에서 방황해서는 안 됩니다. "이제 내가 사람들에게 좋게 하랴 하나님께 좋게 하랴 사람들에게 기쁨을 구하랴 내가 지금까지 사람의 기쁨을 구하는 것이었다면 그리스도의 종이 아니니라"(갈 1:10)라는 말씀을 기준으로 삼으면 결단이 흔들리지 않을 것입니다.

첫째로, 여행입니다. 출장을 가거나 여행을 가면 도착하자마자 먼저 새벽기도 장소를 물색해야 합니다. 국내 출장의 경우는 되도록 대형교회와 가까운 곳에 숙소를 잡아 새벽기도 장소로 이용하면 좋습니다. 낮에 교회 사무실에 들러 미리 얘기를 해 놓는 것도 예의일 것입니다. 외국에는 새벽기도가 없기 때문에 외국으로 출장을 갔을 경우는 숙소에서 기도하는 것이 좋습니다. 새벽에 교회에 들어갔다가는 도둑으로 몰릴 수 있고, 범죄자들의 표적이 될 수도 있기 때문입니다.

여행 중엔 가능한 한 독방을 사용하고, 여의치 않아서 동료들과 함께 방을 쓰게 된다면 화장실을 기도 장소로 사용하는 것이 좋습니다. 화장실에서 성경을 읽고 찬송과 기도는 동료의 수면을 방해하지 않을 정도의 최저음 또는 묵음으로 해야 합니다.

둘째로, 명절이나 기념일에 친척집에 갔을 때도 낮에 미리 교회의 위치를 파악해 놓고 양해를 구하고 일찍 자야 합니다. 친척이나 친구가 자신의 집에 왔을 때도 마찬가지로 하면 됩니다. 당직을 할 때도 새벽기도 시간에 일어나 교회에 갔다 와서 계속 당직을 하면 됩니다. 그러나 근무 위치를 떠나는 것이 거리낀다면 사무실이나 다른 조용한 장소로 가서 기도하면 됩니다.

셋째로, 부부의 밤늦은 대화나 생활의 염려 같은 불가피한 이유로 정해 놓은 수면시간을 넘겨 잠이 들었을 때는 반드시 4시 반에 일어날 필요는 없습니다. 그러므로 시계의 알람을 끄고 잠자리에 들고, 생체리듬에 따라 일어나는 시간에 자연스럽게 교회로 갑니다. 새벽예배에는 늦더라도 설교 말씀이 끝나고 이어지는 기도시간에는 늦지 않도록 유의합니다. 이렇게라도 하는 것이 4시 반에 일어나 교회에 가서 머리가 복잡하고 피곤한 상태에서 중언부언하는 것보다 훨씬 낫습니다. 기도에 실패하는 것은 안 하는 것보다 더 큰 정신적 타격을 주기 때문입니다.

너무 늦게 일어나서 완전히 늦어버렸을 때는 자신만이 정해 놓은 비상기도 장소로 가서 기도를 합니다(제 경우는 직장 신우회의 기도실이나 제 방, 사무실, 그리고 지하주차장 제 차의 운전석). 정규기도시간보다 짧게 기도해도 좋습니다. 이런 날은 낮 시간에 보충기도를 하든지 일과중에 다른 날보다 찬송을 많이 하여 부족한 영력을 보충하는 것도 좋습니다. 기도를 쉬면 쉬는 만큼 하나님이 서먹서먹하고 기도하기가 어렵게 됩니다.

3장

필자의 성공 체험

저는 6개월 동안의 우여곡절 끝에 결국 새벽기도 체질화에 성공했습니다. 그때 저는 교통사고로 고난 중에 있었는데 초반에는 고통스러운 육체가 새벽기도를 방해하는 가장 큰 요인이었습니다. 그로 인해 새벽기도를 한 달 이상이나 포기해야 했습니다. 몸이 부서지고 무릎조차 꿇을 수 없는 상황에서 병원이라는 특수한 환경에 있다 보니 기도를 할 수 없게 되고, 수개월 동안 장기 입원을 한 결과, 신앙을 포기할 위기에 이르렀습니다.

영적인 침체 속에서 저는 육체적인 온전함보다 하나님에 대한 사랑의 회복이 절실했기 때문에 새벽기도가 어려운 병원에서 조기퇴원을 했습니다. 목과 허리가 너무 아파 운전하기도 힘들었지만 영적 환경이 좋지 않은 병원에 있는 것보다 통원치료를 하며 기도하는 것이 훨씬 좋다고 생각했기 때문입니다. 그러나 문제는 기억력 감퇴였습니다. 한 시간 전에 결재한 문서의 내용을 기억할 수 없을 만큼 머리에 이상이 생겼습니다. 조금 그러다가 나아질 것이라고 생각했지만 그 증상은 계속되었습니다. 아무리 기도를 해도 나아지는 기색이 없었습니다. 이미 윗사람에게도 제 상태가 알려져서 업무를 지속하는 것이 곤란해졌습니다. 저는 더 이상 견딜 수 없어서 모든 것을 포기하고 새벽마다 하나님께 나아갔습니다.

저는 하나님께 건강도 잃었고, 재산도 없고, 두뇌마저 이상이 생겼고, 직장도 잃게 되었으며, 아무에게도 위로를 받을 수 없으니 살 소망이 없다고 하소연했습니다. 원망과 분노로 기도를 포기하고 세상으로 돌아가고자 한 적도 여러 번 있었습니다. 그러나 하나님께서 끝까지 붙잡아 주셔서 결국 기도를 계속할 수 있었고, 모든 것을 극복하고 승리할 수 있었습니다.

다음으로는 집에 손님이 와서 늦게 돌아갈 때, 그리고 친척집을 방문했을 때나 외국 출장 중에 여건이 좋지 않을 때 며칠씩 새벽기도를 빼먹기도 했습니다. 또 A매치급 축구나 PGA, LPGA골프 같은 것은 밤늦은 시간에 중계를 해 주는데 이 또한 유혹을 끊기가 어려웠습니다. 일단 볼 것은 보고 새벽이 되면 어떻게 해보자고 하지만 그런 유혹에 대한 굴복은 번번이 기도의 실패로 이어졌습니다.

그리고 기도골방 구축의 실패도 새벽기도의 방해요소가 되었습니다. 주변에서 기도하는 분들의 부르짖는 기도 소리가 기도에 큰 방해가 되었던 것입니다. 저는 처음에는 귀를 막고 기도하려 했으나 그것이 마음대로 되지 않았고, 하는 수 없이 기도를 잘하는 사람의 곁에 붙어 앉아 "아멘! 아멘!" 하며 기도를 배웠습니다. 특히 목사님과 가까이 앉아서 주옥같은 기도를 많이 배웠습니다.

물론 반가운 사람을 만나면 몇 시간이고 이야기를 나누듯이 하나님께 일방적으로 아무 얘기나 막 하는 것도 좋습니다. 그러나 기도는 의미가 있어야 되고, 하나님께 상달될 만한 합당한 기도여야 합니다. 인풋이 있어야 아웃풋이 있습니다. 성경은 가장 탁월한 기도서입니다. 성경에는 기도의 사람들이 많이 나옵니다. 그들은 사실상 기도에 있어서 목회자보다 더 프로입니다. 목사님들도 아마 성경 속의 믿음의 선진들에게서 기도의 내용과 요령을 배우고 실전에서 성령의 도움을 받아 기도를 잘할 수 있었을 것입니다.

이러한 모든 어려움에도 불구하고 저는 어떻게 해서든지 새벽기도에 성공하고야 말겠다는 의지를 불태우며 하나님의 도우심을 간절히 구한 결과 마침내 새벽기도가 체질화되었습니다. 돌아보건대 새벽기도 체질화는 누구든지 하나님의 도우심을 온전히 믿고 실패하고 또 실패해도 언젠가는 이룰 수 있을 것이라는 불굴의 의지를 가지고 결단하고 끊임없이 실천해 나가면 성령님이 도우셔서 이루어 주실 것입니다.

새벽기도 체질화 7대 수칙

지금까지 장황하게 늘어놓은 설명을 통해서 독자가 '나도 새벽 사람으로 체질화되는 것이 가능하겠구나!' 하고 느꼈다면 더 이상의 바람이 없겠습니다. 그러나 이 많은 것들을 다 지키려고 한다면 곧 '새벽기도는 과연 힘든 것이 틀림없다'고 느낄 수도 있을 것입니다. 그래서 여기서는 다른 것은 다 잊어버려도 반드시 잊어서는 안 될 중요한 포인트를 제시합니다. 책상 위에 붙여 두든, 성경에 붙이든, 암기를 해 버리든 이 7가지 수칙을 기억하고 지키는 것이 좋습니다.

1. 기도는 호흡이다. 새벽기도를 하지 않고는 숨쉬는 것조차 불법
   이다.

2. 시계 소리를 들으면 벌떡 일어나 하나님께 감사하고 찬송한다.

3. 숙면을 취한다면 5시간만 자도 족하다. 더 이상은 새벽인의 수
   치다.

4. 대통령이 불러도 11시면 잠들고 4시 반이면 일어난다.

5. 거꾸로 매달아 놓아도 5시가 되면 어디서라도 기도를 시작
   한다.

6. 새벽기도를 위해서라면 나를 죽인 사람이라 할지라도 용서
   한다.

7. 새벽기도를 위해서라면 모든 것을 포기한다.

제4부

새벽기도 훈련

1장

새벽기도를
잘 하는 비법

1. 열정적으로 정보를 수집한다

기도는 살아 있는 생명체와 같습니다.

모든 생명체는 언어와 같이 발생하고 변하고 소멸합니다. 기도도 언어로 이루어지고 생명체의 특성을 가지고 있어서 언어처럼 발생하고 변하고 소멸됩니다. 정확히 말하자면 소멸되는 것이 아니고 천국의 기도창고에 쌓입니다. 처음에는 5분을 넘기기도 힘들지만 점점 기도가 익숙해지고 계속해서 정보가 유입되고 이루어진 기도 제목들이 소멸되면서 나중에는 3시간 이상도 기도할 수 있게 됩니다. 기도의 소재는 언어로 이루어진 정보입니다. 가장 큰 정보의 저수지는 성경인데 그 속에 하나님의 뜻과 약속의 말씀, 그리고 선진들의 주옥같은 기도문들이 있습니다. 그러므로 성경을 10번 읽은 사람과 30번 읽은 사람의 기도는 분명히 다를 것입니다.

저는 처음에 하나님의 존재에 대하여 약간의 의문을 가지고 신앙생활을 하다가 38세 때 부흥회를 통해 하나님을 깊이, 확실하게 만난 후 신앙이 업그레이드되었습니다. 즉 하나님이 나의 아버지가 분명하다면 아버지께 효도를 해야겠고, 그러려면 아버지의 뜻을 온전히 알아야 하겠기에 아버지의 뜻을 가장 잘 알 수 있는 성경을 읽기 시작한 것입니다. 여러 번 시도해 보았지만 번번이 실패했는데 당시에는 성경을 1주일 만에 다 읽었습니다. 이후 하루에 3시간씩 6개월 동안 고시공부 하듯 성경(라이프성경)을 정독하고 분석했고, 이후 계속하여 성경을 통독했습니다. 또한 수년 동안 일반서적을 거의 읽지 않고 신앙서적에만 몰두했습니다.

특히 성경 통독을 늘 권면하는 새로남교회에 와서 2년 동안 제자훈련, 사역훈련을 받으며 신학도 수준의 성경 공부를 한 후 바쁜 일상 중에도 1년에 2, 3독 정도를 하고 나니 성경이 환히 보이는 듯하여 제 기도는 마침내 성령님의 인도하심을 따라 창세기부터 요한계시록까지 마음껏 넘나들게 되었습니다. 특히 시편은 그 자체가 기도의 보고입니다. 시편의 곳간을 열면 찬란한 기도의 보화들이 가득 쌓여 있습니다. 또한 이사야서를 비롯한 선지서에도 좋은 기도들이 넘쳐납니다.

다음으로 예배나 훈련 때의 목사님의 말씀과 기도의 내용도 주옥같은 소재가 됩니다. 특히 특별새벽기도 때 나누는 성경 말씀과 중보기도의 정보들은 기도를 깊이 있고 의미 있게 하는 데 큰 도움이 됩니다. 선교사님들의 선교보고회는 선교지역에 대한 구체적인 정보를 제공하므로 구체적이고 정확하게 기도할 수 있습니다. 새벽기도 때는 목사님의 말씀을 필기하면서 정확히 이해하고 그 내용을 가지고 기도하다 보면 감동적인 내용들은 자연스럽게 마음에 새겨지고 기도줄에도 매달리게 됩니다.

교회 주보와 신문, 언론매체에서도 기도의 제목들을 찾을 수 있습니다. 마음에 감동이 오는 대로 머리에 입력해 놓거나 조용히 읊조리며 기도를 하기만 해도 새벽기도 때 성령의 인도하심을 따라 자연스럽게 기도줄에 흡수됩니다.

그러므로 기도자라면 성경을 확실하게 이해하고 예배와 훈련, 또한 기도회에 열심히 참여하며 평상시 정보를 대할 때 영적 안테나를 세워 기도 제목을 캐치하는 것이 중요합니다. 또한 다른 사람들에게서 중보기도를 부탁받았을 때에는 머리와 마음에 기도 제목을 새겨 놓고 성령님을 의탁하면 기도시간 중 타인을 위한 중보기도 시간에 자연스럽게 중보기도를 할 수 있을 것입니다. 그러면 신기하기도 하고 놀랍기도 하겠지만 기도는 사람이 하는 것이 아니라는 것을 확실히 느끼게 되고 중보기도자로서 맡겨진 사명을 더욱 잘 감당해야겠다는 의지를 굳건히 하게 됩니다.

2. 현장에서 기도를 베푼다

　새벽기도는 모든 기도의 모집단이고 원천입니다. 새벽기도가 영혼에 가득 차 있는 사람은 어느 곳에 가서든지 이 기도의 원천에서 개인이나 가정, 기관에 적절한 기도의 부분을 퍼내어 나누어 줄 수 있습니다. 이 기도의 저수지는 퍼낼수록 더 새로워지고, 맑은 샘물이 힘 있게 나오게 됩니다. 그러므로 우리는 기도의 샘물을 자꾸 퍼내야 합니다. 자녀를 위해 기도했다면 실제로 그 내용을 가지고 자녀를 안수하거나 껴안고 기도해 주십시오. 자녀가 기도한 대로 되어 가는 것을 볼 때 살아 계셔서 역사하시는 하나님을 알게 되고 기쁨을 가지고 계속해서 열심히 기도할 수 있을 것입니다. 그러려면 기도의 저수지를 확보하고 일관성 있는 기도를 해야 합니다. 기도에 갈피를 못 잡고 부모가 더듬거리며 기도하거나 매번 다른 기도를 한다면 자녀는 이렇다 할 비전을 갖지 못한 채로 살아가게 될 것입니다. 새벽기도의 기도 대상을 만나면 비록 목회자는 아니더라도 "당신을 위해 기도하고 있다"고 말하고 기회를 보아 자연스럽게 실제로 축복하며 기도해 주는 것이 좋습니다.

　기도는 생명체이기 때문에 계속해서 흘러가야 썩지 않고 더욱 생명력이 있는 것입니다. "주라 그리하면 너희에게 줄 것이니 곧 후히 되어 누르고 흔들어 넘치도록 하여 너희에게 안겨 주리라"(눅 6:38)라는 말씀은 축복기도에도 적용되는 말씀 같습니다.

　교회에서 하는 대표기도는 위로는 하나님을 감동시키고 모든 성도들에게 영적 자양분을 공급한다는 생각을 가지고 새벽기도를 졸이고 졸여서 에센스를 추출하여 정성껏 조제해야 합니다. 자신만의 기도가 아니라 기도서적이나 다른 사람의 기도문을 적당히 베껴서 기도문을 만들면 청중에게 감동을 주기 어렵습니다. 대표기도를 들으면 그 사람의 새벽기도 전반, 즉 기도 저수지의 모습이 어렴풋하게나마 투영되어야 합니다. 여기서 대표기도의 예를 들어 보겠습니다.

〈2016. 8. 28(일) 예배 대표기도〉

자비와 긍휼이 풍성하신 하나님 아버지, 변함없고 신실하신 사랑과 은혜를 감사드립니다. 오늘도 대예배를 통하여 한 주간 삶의 회개와 감사를 받으시고 치유와 회복으로 풍성한 은혜를 베푸신 주님, 이 저녁 다시 아버지의 따스한 품을 사모하여 보좌로 달려나온 주의 자녀들 한 심령 한 심령을 크신 사랑으로 안아 주시옵소서.

사랑의 주님, 이 시간 저희들 주님의 고난과 흘리신 보혈을 묵상하며 십자가 앞으로 나아갑니다. 소중한 생명을 주신 주님의 뜻대로 순종하며 살지 못한 저희들을 용서하여 주시옵소서. 이 시간 죄로 상한 심령을 십자가 앞에 내려놓사오니 주님의 보혈로 깨끗하게 씻어 주시옵소서.

하나님 아버지, 여전히 물질 우상을 섬기며 죄악 가운데 빠져 멸망당해 마땅한 이 민족을 끝까지 사랑하시고 붙들어 주시니 감사합니다. 남북이 분단되어 우리 국민들, 이념과 계층과 지역 갈등, 정치인들의 극한 갈등으로 고통받고 있습니다. 대통령을 비롯한 모든 위정자들이 하나님을 알고 주님의 공의와 사랑으로 백성을 잘 섬기게 하여 주시옵소서.

주여, 이 민족을 핵과 전쟁의 위험으로부터 지켜 주시고, 오늘도 지하교회에서 기도하는 침묵의 절규를 들으셔서 긍휼히 여기사 복음통일을 앞당겨 주시옵소서. 마른 뼈가 가득한 저 황폐한 북녘 땅에 생명수가 다시 흐르게 하여 주시옵소서. 무너졌던 교회들이 다시 수축되고 남북의 모든 백성이 하나 되어 하나님을 예배하는 진정한 광복의 날을 속히 허락하여 주시옵소서.

30년을 하루같이 우리 교회를 눈동자처럼 보살피시고 사랑해 주신 주님, 담임목사님을 붙들어 주셔서 정도목회와 목양일념, 평신도 훈련에 매진하게 하심으로 오늘의 큰 부흥을 이루게 하심을 감사합니다. 목사님께 여호수아의 담대함과 갈렙의 강건함을 주시옵소서. 모세의 지도력도 허락하시고, 베드로와 바울의 뜨거운 복음의 열정과 영혼 사랑의 마음을 주셔서 우리 교회와 나라와 열방의 교회를 위해 더 크고 아름답게 사용하여 주시옵소서. 기도로 동역하시는 사모님께도, 부서와 교구를 맡아 수고하시는 부교역자님들께도 같은 은혜를 주시고, 영력과 강건함을 충만하게 채워 주시옵소서.

주여, 특별히 우리 교회가 선교의 사명을 더욱 잘 감당하기를 원합니다. 모든 성도들에게 건강과 가정의 화평을 주시고, 사업과 직장의 형통함을 허락하사 맡겨진 기도의 분량, 물질의 분량을 잘 감당케 하여 주시옵소서. 파송된 선교사님들과 협력하는 선교사님들을 장중에 붙드시사 늘 강건함과 복음의 열정, 담대함을 가지고 맡겨진 많은 영혼들을 구원케 하여 주시옵소서.

세밀한 인도하심으로 잘 설계된 중등센터를 아름답게 건축하게 하실 하나님을 찬양합니다. 주여, 이 건물을 통하여 나라와 세계 열방을 하나님의 사랑으로 섬길 많은 지도자들, 특별히 많은 목회자와 선교사들을 배출시켜 주시옵소서.

사랑의 주님, 특별히 오늘 말씀을 전하시는 양창근 선교사님을 성령의 능력으로 붙잡아 주옵소서. 은혜로운 말씀을 전하실 때 우리 모두의 마음에 성령의 감동이 있게 하시고, 회개와 변화와 성숙, 축복받는 삶으로 열매 맺게 하여 주시옵소서.

사랑의 하나님, 오늘 월드비전합창단이 준비된 찬양을 올려 드립니다. 저희들도 마음을 같이하여 기쁨으로 찬양 올려드릴 때에 큰 영광 받으시고 한없는 주님의 은혜와 헌신의 마음을 우리게 주시옵소서.

감사드리옵고 이 모든 말씀을 십자가에 오르사 죽기까지 우리를 사랑하신 예수님의 이름으로 기도드리옵나이다. 아멘.

3. 새벽예배를 적극 활용한다

새벽예배는 기도훈련에서 빼놓을 수 없는 귀중한 코스입니다. 10~20분 먼저 교회에 가서 하나님의 영광을 묵상하고 하나님의 임재 속으로 들어가며 찬송과 말씀을 사모하는 마음으로 예배를 준비합니다.

다음에 목사님의 인도에 따라 임재하신 하나님 앞에 목소리를 마음껏 높여 신령과 진정으로 찬송을 합니다. 말씀을 받고 나서 감동이 오는 대로 목사님의 인도에 따라 정성껏 기도하면 우리의 잠재의식 속에 그 기도의 언어들이 눈처럼 내려와 쌓이고 목사님의 마무리 기도를 잘 듣고 개인적으로 기도하는 시간에 그와 비슷하게 기도를 해 보면 시간이 갈수록 영적 지도자의 패턴으로 기도 내용과 스타일이 바뀌어감을 알 수 있습니다.

물론 국가와 민족, 교회, 지역사회, 세계 선교를 위해 합심으로 중보기도를 할 때도 목회자의 기도를 따라 하다 보면 결국 목사님의 기도 스타일을 닮아가게 됩니다. 기도를 배우겠다는 열정을 통해 가르치는 목사님과 영적 사이클이 맞아 들어가는 것입니다. 기도는 훈련입니다. 예수님의 제자들도 예수님에게 기도를 가르쳐 달라고 해서 배웠으므로 우리 성도들이 목사님에게 기도를 배우는 것은 당연한 일입니다.

4. 기도의 골방을 만든다

기도자리에 앉아 하나님의 임재를 느끼려면 온 정신을 집중해야 합니다. 사도 요한이 보았던 요한계시록 1장의 하나님이나 자신이 과거 어느 시점에서 만났던 하나님을 깊고 강렬하게 생각해야 합니다. 하나님의 모든 성품을 입으로 시인하며 감사하고 영광을 돌리고 찬양과 경배를 드려야 합니다. 본격적인 기도를 시작하기 전에 하나님이 보좌 위에서 자신에게 내려오시든지 자신이 하나님 보좌로 올라가든지 양단간에 결단이 나야 합니다. 마음문을 활짝 열고 임재하신 성령 하나님을 인정하고 환영하고 모셔들여야 합니다.

만약 이때 실패한다면 찬송 중에, 중보기도 시간에 또는 개인기도 시간까지 노력을 해서 하나님의 임재 속으로 들어가야 합니다. 그러기 위해서는 예배당에서 다른 사람들이 선호하는 자리가 아니더라도 방해를 받지 않는 곳을 선택해야 합니다. 그러나 현실적으로는 가까이 붙어 앉아서 기도할 수밖에 없기 때문에 특별히 집중할 수 있는 방법을 나름대로 강구해야 합니다.

제 방법이 정답은 아니지만 제 나름대로 기도골방을 마련하는 방법을 소개해 봅니다. 저는 새벽에 일어나서 잠깐 하나님께 감사기도를 드리고 교회에 도착하여 기도자리에 앉기까지 오로지 하나님만 생각합니다.

전술한 대로 요한계시록 4장에 표현된 바와 같이 무릎 꿇은 24장로의 경배와 둘러싸인 천사들의 찬송을 받으시는, 하늘 보좌에 앉으신 하나님 아버지와 그 우편에 서신 예수님께(행 7:55 등) 집중하며 기도자리를 향하여 나아갑니다.

기도자리에 앉기 전에는 첫 음성을 하나님께 드리기 위해 가능한 한 누구와도 얘기하지 않으려고 노력합니다. 만일 교회로 오는 중에 아는 사람을 만나면 목례와 밝은 얼굴로 인사를 대신합니다. 목사님이 설교 말씀을 할 때에도 오로지 목사님의 목소리에만 집중하면서 성경 구절들과 노트 필기에 집중하여 말씀과 관련된 기도 제목을 캐치하는 일에 집중하고 그중 중요한 개념(단어)을 체크하여 암기한 후 말씀이 끝나는 대로 선포된 말씀대로 살기를 결단하는 기도를 합니다.

교회에 와서도 바로 옆 사람이 누구인지 알려고 않습니다. 잘못하면 기도할 때 하나님 대신 옆 사람의 얼굴을 떠올리고 마음보다 입술만 하나님께 드릴 수 있기 때문입니다. 이런 날은 기도하고 나면 머리가 아픕니다.

또한 옆 사람의 기도 소리로부터 벗어나는 저만의 특유한 방법이 있는데 그것은 약간 큰 소리로 기도하거나 빠른 속도로 기도하는 것입니다. 저는 문장이 끝나고 숨을 길게 쉬면 옆 사람의 기도 내용이 들리기 때문에 이를 방지하기 위해 의미단락이 지나가는 사이사이에 짧은 호흡을 통해 빠르게 기도를 이어가며 제 기도를 듣고 계시는 하나님께만 집중합니다.

기도에 있어서 호흡 방법의 숙달은 매우 중요합니다. 마라톤에서 호흡이 중요하듯 새벽기도도 쉼없이 달려가야 하기 때문에 호흡 방법에 익숙해야만 오래 기도할 수 있습니다. 따라서 평소에 호흡을 관리하는 것이 매우 중요합니다.

저의 특유한 호흡관리 방법은 새벽기도를 시작하고부터 지금까지 27년 동안 거의 감기에 걸리지 않는 효험도 있었습니다. 저는 평소에 식사나 말을 할 때를 제외하고는 철저하게 입을 다물고 코를 통해 호흡을 합니다. 감기에 걸리면 코가 막혀 호흡하기도 힘들고 목도 컬컬해서 뚜렷한 소리를 내어 기도하기가 매우 어렵습니다. 만일 코가 막히면 준비된 소금물을 코로 흡입하여 콧물 덩어리를 녹여 숨길을 열어둡니다.

잘 때에도 입을 벌리지 않아야 코가 막히지 않기 때문에 때론 짧게 자른 테이프로 입을 봉하고 자기도 합니다. 이런 뻥 뚫린, 코와 가래가 끼지 않은 청정한 목청을 가지고 하나님께 나아가 찬송을 몇 곡 부르는 동안 순간적으로 입을 다물고 짧고 굵게 호흡합니다. 결국 기도도 찬송이기 때문에 찬송의 연장선상에서 같은 방법으로 호흡하면서 계속 기도하면 아무리 오래 기도해도 기도하는 데 불편을 느끼지 않습니다.

또한 목보다는 배로부터 나오는 목소리를 사용하기 때문에 목청이 상하지 않고 오히려 오래 기도할수록 목청이 시원하게 터져서 하루를 낭랑한 목소리로 살아갈 수 있게 됩니다. 이런 신체적인 면에서의 기도골방을 빨리 만들수록 새벽기도에 익숙해질 수 있습니다.

다음으로 저만이 사용하는 실제적인 기도골방의 수축 방법을 소개합니다. 예배실 문을 열고 들어와 자리까지 가는 중에도 보좌에 계신 하나님께 집중합니다. 자리에 앉으면 하늘 보좌를 집중하여 묵상하며 마치 아이가 오랜만에 일찍 퇴근해서 온 아빠를 만난 것처럼 보고 싶고 반가웠다고 고백하고 하루 동안 살면서 힘들었던 일, 아버지께 잘못하여 죄송했던 일, 기쁘고 감사한 일을 생각나는 대로 짧게 되뇌입니다. 그리고 곧바로 사도신경을 고백한 후 천천히 마음의 빗장을 열고 하나님을 찬송하기 시작합니다. 기도하기 전의 이 찬송은 최근에는 6곡으로 늘어났습니다. 그때그때 성령의 인도하심을 따라 곡과 가사가 달라지기도 합니다.

이렇게 간절히 찬송하는 동안 주님은 어느새 제 자리 바로 앞에서 기도를 들으시고 계십니다. 이는 찬송하는 동안 제가 하늘 보좌로 올라갔든지, 아니면 보좌의 주님이 제게 내려오신 것이 분명합니다. 실제로 그러할 수 있고, 그것이 아니라고 해도 저는 그런 생각이 듭니다. 왜냐하면 하나님이 마치 미국에 있는 친구처럼 먼 하늘에 계시다면 국제전화를 하듯 오랫동안 대화하지 못하겠지만 마주 앉아 계신다면 최소한도 식사자리에서 나누는 시간만큼은 대화를 할 것이기 때문입니다.

우리가 하나님께 오래 기도하기 위해서는 우리가 보좌로 올라가든 하나님이 우리에게 내려오시든 하나님과 가까이 있어야만 기도가 진솔해지고, 대화를 오랫동안 이어갈 수 있습니다. 그래서 저는 그 한 가지 방법으로 이렇듯 찬양을 함으로써 기도의 골방을 마련하고 있습니다. 기도의 골방은 하나님과 함께 앉은, 하나님 아버지 앞에 무릎 꿇은 아들만 있는, 다른 어떤 사람의 방해도 받지 않는 그야말로 비밀스럽고 은혜로운 교제의 골방인 것입니다. 이런 골방에서는 아무리 오래 기도해도 지치지 않고, 오래 기도할수록 오히려 더 큰 힘과 은혜가 넘쳐납니다.

5. 약속의 말씀을 무기로 활용한다

성경 속의 인물들 중에 기도를 잘한 사람을 들라면 물론 다윗을 가장 먼저 꼽겠지만 모세도 대단한 기도지입니다. 그는 약속의 말씀을 사용하여 하나님의 응답을 이끌어냈습니다. 만약 어떤 아버지가 놀기만 하고 공부는 뒷전인 아들에게 시험 성적이 90점이 넘으면 휴대폰을 사주겠다고 약속했다고 합시다. 그런데 시험 점수를 92점을 맞았는데도 아버지가 "정말 잘했다"라는 말만 하고 슬쩍 넘어가려고 한다면 아들은 시험 전의 약속의 말씀을 언급하며 휴대폰을 사달라고 할 것입니다. 그럴 경우 정상적인 아버지라면 잊었던 약속을 상기하고 아들에게 휴대폰을 사줄 것입니다. 모세도 이와 같이 하나님의 마음을 움직이기 위해 약속의 말씀을 제시했습니다.

모세가 시내 산에서 40일 동안 기도하고 하나님께 율법을 받는 동안 이스라엘 백성은 송아지 형상을 만들어서 그것을 숭배하고 있었습니다. 이로 인해 하나님께서 진노하셨고 이스라엘 백성을 진멸하고자 하셨는데 이때 모세는 "…주의 백성에게 이 화를 내리지 마옵소서 주의 종 아브라함과 이삭과 이스라엘을 기억하소서 주께서 주를 가리켜 그들에게 맹세하여 이르시기를 내가 너희 자손을 하늘의 별처럼 많게 하고 나의 허락한 이 온 땅을 너희의 자손에게 주어 영영한 기업이 되게 하리라 하셨나이다"(출 32:12-13)라는 분명한 약속의 말씀으로 기도하여 하나님의 뜻을 돌이켜 백성을 구해냈습니다.

성경에는 약 32,500개의 약속의 말씀이 있다고 합니다. 자신에게 주어진 상황이 성경의 어떤 상황과 유사한지 파악하고 그때 이루어진 말씀들로 기도하면 하나님을 쉽게 설득할 수 있을 것이고, 하나님의 응답을 쉽게 얻을 수 있을 것입니다. 그러면 결국 성경 공부를 많이 하여 성구를 가장 많이 암송하고 하나님의 약속의 말씀을 가장 많이 알고 있는 사람이 가장 기도를 잘하는 사람이 될 것입니다. "하나님은 영이시니 예배하는 자가 영과 진리로 예배할지니라"(요 4:24)라는 말씀과 같이 기도도 예배의 한 부분이기 때문에 영과 진리로, 즉 성령님이 말씀을 통해 인도하시는 것입니다. 따라서 기도는 나의 정욕을 채우고 내가 바라는 것을 이루기 위해 하는 것이 아니라 성령님의 인도하심을 따라 하나님이 이루고자 하는 것을 이루어드리기 위해 하는 것입니다. 따라서 성령님의 인도하심을 따라 말씀으로 기도하면 점차 시간이 흐르면서 기도자는 그 말씀에 합당한 사람으로 변화되고 실천적인 훌륭한 신앙인격을 가진 자로, 주님 손에 들려 쓰임받는 자로 점점 바뀌어갑니다.

6. 하나님의 보좌를 계속 공략한다

천국은 침노하는 자의 것이라고(마 11:12) 했으므로 우리는 매일

기도로써 공략해야 합니다. 저는 공무원으로 재직할 때 직속상관에게 매일 문안을 드렸습니다. 처음에는 별로 할 말이 없었으나 그분의 장점과 인품을 알아갈수록 적절한 칭송을 할 수 있게 되었고, 대화도 점점 풍부해졌습니다. 그리고 그분의 호불호를 정확히 알기 때문에 무엇으로 그분을 섬겨야 할지, 일의 방향을 어떻게 잡아야 할지를 점점 분명하게 알게 되었습니다.

이렇게 한 결과 그분들은 저의 행동을 흡족해하셨고, 저의 열렬한 팬이 되어서 저의 모든 요구를 들어주셨습니다. 그러다가 분에 넘치게도 제가 계획한 것을 모든 부서에, 또는 온 나라에 실행할 수 있었습니다.

예를 들면 미국 유학 후 귀국하여 총무처의 국가상징기획단에서 근무할 때 우리나라에는 미국처럼 태극기가 많이 사용되지 않는데 대해 안타까움을 느끼고 상관을 설득하여 계획을 세우고 대통령의 결재까지 받아서 전국적으로 시행한 일이 있습니다. 전문가들로 위원회를 조직하여 태극기의 형상과 색상, 규격을 확정했으며, 이 태극기를 전국의 관공서에 모두 일정한 규격으로 달고 밤에도 조명을 해서 사람들에게 보이게 했습니다. 그리고 큰 청사에는 담장 주변에 태극기를 나열하여 배치시키고, 국경일에는 큰 도로에도 그와 같이 할 수 있도록 했습니다. 그때 저는 한 사람의 작은 생각이 정책화되어 전국적으로 행해지는 것을 보면서 큰 감동을 느꼈습니다.

이와는 반대로 상사를 너무 존중해 가까이하지 않다가 어쩌다 한 번 찾아가면 서먹서먹하고 할 말도 적어서 관계가 잘 이루어지지 않습니다. 무엇을 부탁하기에도 부담이 되어 주저하다가 그냥 물러나게 됩니다. 그리고 상사의 의도를 정확히 알지 못해 일하는 데 시간도 오래 걸리고 잘못된 판단으로 상사와 조직에 누를 끼칠 수 있습니다.

하나님의 보좌도 마찬가지입니다.

매일매일 하나님을 찾아뵈어야 그분을 정확히 알 수 있고, 그분의 성품에 합당한 찬양과 경배를 온전히 드릴 수 있습니다. 천국의 문지방이 닳도록 매일 새벽에 하나님을 찾아가면 대화도 점점 길어지고 풍부하게 되며 관계가 발전하면서 매일 새벽마다 문 앞에 나와서 사면을 보며 나를 기다리다가 내 모습이 보이기만 하면 손을 크게 벌리고 맞이하시는 하나님의 미소 띤 환한 얼굴을 보게 될 것입니다.

모세는 기도를 열심히 하고 자주 해서 하나님께서 친구와 이야기하듯이 얼굴을 마주하고 말씀하셨다고 합니다(출 33:11). 그는 고란과 다단, 아비람이 당을 짓고 반역했을 때 목숨이 경각에 달려 있는 위험한 상황에서도 즉각적으로 하나님께 엎드려 기도할 정도로 하나님과 친분이 있었습니다.

7. 기도의 내용을 순서를 정해 배열한다?

새벽기도도 기도이므로 주일 대표기도나 일반적인 기도처럼 찬양, 감사, 자백, 중보, 간구 순서로 하는 것이 좋습니다. 이 순서는 대단한 것 같지만 사실은 일상의 대화처럼 자연스러운 것입니다.

공직에 있을 때 제가 평소 자주 찾아뵙는 S 국장님을 찾아뵙고 대화하는 것으로 예를 들어보겠습니다.

"국장님, 오늘 아침 유달리 얼굴이 환하고 활기에 넘치십니다. 무슨 좋은 일이라도 있으십니까? 참, 업무보고는 잘 끝나셨습니까? 청장님이 칭찬을 많이 하셨다면서요.(찬양)

그리고 업무보고에 저희 과의 인력을 늘리는 것, 반영해 주셔서 감사합니다. 국장님이 늘 지원해 주시니까 저와 직원들이 늘 기쁜 마음으로 열심히 일하고 있습니다. 덕분에 제가 직원들을 통솔하기도 참 편하구요.(감사)

제가 너무 일 욕심이 많아서 국장님만 고생시키는 것 같습니다. 죄송합니다.(자백)

이번 업무보고 작성에 기획계장 H 서기관이 정말 고생한 것 같습니다. 제가 봐도 정말 유능하고 성실하고 인간성도 그만인 것 같습니다. 이번에 꼭 승진해야 할 텐데요. 국장님이 수완을 발휘하셔서 꼭 좀 승진시켜 주시지요.(중보)

그리고 저희 과 심사기간 단축을 위해서 장기적으로 많은 인원이 필요하겠지만 급한 대로 우선 파견 나가서 근무하는 사람들 2명을 복귀시켜야 할 것 같습니다. 그렇게 해도 좋겠습니까?(간구)"

그러나 꼭 틀에 얽매일 필요는 없고 열심히 하나님께 나아와 기도를 해 나가겠다고 생각하고 꾸준히 노력하다 보면 기도의 내용은 성령의 인도하심으로 점차 자기 자리를 찾아 들어가게 되어 소위 기도줄이 형성되고, 전술한 대로 고목을 휘감으며 기어오르는 담쟁이넝쿨처럼 끊임없이 하늘 보좌를 향하여 기어오르며, 끝내는 어떤 폭풍이나 폭우, 폭설이 몰아쳐도 이겨낼 수 있는 튼튼한 동아줄이 됩니다.

세계 선교를 위한 기도와 민족을 위한 기도의 순서가 바뀌었다고 해도 하나님은 시공을 초월한 분이기 때문에 그분 나름대로 순서를 정해 들으실 것입니다. 하나님은 모든 기도를 일시에 들을 수 있는 전능하신 분이기 때문에 사실상 순서는 큰 문제가 되지 않을 것입니다.

또한 실제적으로 기도를 해 보면 기도 제목마다 찬양부터 간구까지의 사이클이 돌아가고 있는 것을 알 수 있습니다. 그러니까 찬양부터 간구까지의 전체의 큰 사이클 속에 기도 제목별로 같은 형태의 작은 사이클들이 많이 담겨 있는 모습인 것입니다. 어쨌든 기도를 계속 해 나가다 보면 기도의 용량이 풍부해지고 성령의 역사로 기도의 제목들이 서로 이합집산하며 제자리를 찾게 되고, 천사들의 금 대접에 담겨 부지런히 올려져서 하늘창고에 차곡차곡 쌓여갈 것입니다.

나중에 우리가 천국에 갔을 때 우리의 기도를 담은 자루가 다른 사람들의 것보다 형편없이 작고 초라하다면 부끄럽고 후회스럽지 않겠습니까? 그러므로 우리는 헌금과 헌신뿐만 아니라 우리의 기도도 날마다 하늘창고에 쌓여 천국에서 엄청난 상급으로 보상받을 것을 믿고 기도의 정기적금을 열심히 부어 나가는 새벽기도자가 되어야 합니다.

8. 손에 잡힐 때까지 기도한다

예수님은 끈질기게 기도하는 사람의 본보기로 밤중에 떡 세 덩이를 빌리기 위해 친구에게 가서 끝까지 요구하여 마침내 떡을 얻어낸 사람(눅 11:8)과 예수님에게 "개" 취급을 당하면서도 끝까지 자녀의 병을 치유해 달라고 졸라서 결국 자녀의 병을 낫게 한 수로보니게 여인(마 15:28)을 말씀하셨습니다.

주님 자신도 십자가를 지기 전에 겟세마네 동산에서 세 번이나 기도하셨습니다. 즉 특정한 중요한 간구의 기도는 반복됩니다.

"너희가 내 안에 거하고 내 말이 너희 안에 거하면 무엇이든지 원하는 대로 구하라 그리하면 이루리라"(요 15:7).

그 간구가 정욕을 위해 자신의 이름으로 구하는 것이 아니고 하나님 뜻에 합당한 내용의 기도를 예수님의 이름으로 구한다면 하나님께서 당신의 영광을 얻기 위하여 들어주실 것입니다. 그러므로 우리는 끝을 볼 때까지 계속 간구해야 합니다. "아무것도 염려하지 말고 오직 모든 일에 기도와 간구로, 너희 구할 것을 감사함으로 하나님께 아뢰라"(빌 4:6). 자신이 구하는 것이 현재의 여건으로 볼 때 너무 크고 어려운 것이어서 도저히 응답받지 못할 것처럼 생각되더라도 염려하지 말고 이미 받은 것처럼 생각하고 끊임없이 기도하다 보면(막 11:24) 어느 때에 그 일이 다 이루어진 것 같은 느낌이 들 때가 있는데 그때 이미 하나님은 그 일에 개입하시고 다 이루어 놓으신 것입니다.

저는 그런 간증거리가 많습니다.

특히 미국에 유학하기 위해 기도할 때의 은혜가 정말 컸습니다. 당시 미국 유학은 저에게 망상과도 같은 것이었습니다. 왜냐하면 국방대학원을 졸업한 지 1년 6개월밖에 안 된 시점이라 자격(2년) 미달이었고, 어떻게 해서 그 관문을 통과한다 하더라도 교통사고 후유증으로 머리에 문제가 생겨 영어공부가 거의 불가능했기 때문입니다. 그러나 퇴직하지 않고 공직을 유지한 채로 교통사고 후유증을 치유받을 수 있는 길은 유학밖에 없다고 생각했기 때문에 갈급한 마음에 끈질기게 구했습니다.

다른 기도는 할 수 없었고, 엎드리기만 하면 울면서 오직 그 기도에만 매달렸습니다. 교통사고 후유증으로 공부를 할 수 없을 정도로 머리 회전이 되지 않았고, 그때마다 공부를 포기하고 엎드려 눈물로 하소연했습니다. 결국 기적적으로 유학시험 대상자로 선정이 되었는데 시험을 며칠 앞둔 어느 날 새벽, 하나님께서 응답하셨다는 사인이 물결치듯 제게 다가왔고, 미국 유학이 손에 잡힐 듯 가까이 있는 것을 느낄 수 있었습니다. 시험장에서도 많은 곤란을 겪었지만 원래 한 명을 뽑는 시험에서 두 명을 뽑도록 바뀌었고, 결국 네 명 중 아슬아슬하게 2등으로 합격하여 미국에 유학할 수 있었습니다.

또한 최근에는 정말 이기기 힘든 소송에서 승리했습니다.

2년 전에 1심에서 패소한 상표 사건을 항소하여 우여곡절 끝에 승소한 것입니다. 그러나 상대방 변리사는 우리나라에서 명성이 높은 변리사로, 곧바로 승소한 상표를 무효화하기 위해 공격해 왔습니다. 이 사건에서 패소할 경우 우리 측 기업은 망할 수밖에 없는 급박한 상황에서 1년 넘도록 수차례에 걸쳐 50쪽이 넘는 서면을 주고받으며 싸웠습니다.

하나님을 믿는 변리사가 가장 분별하기 어려운 것은 자신이 대리해서 싸워 주는 사람이 하나님 보시기에 옳은 사람이며 정당한 일로 싸우고 있는가, 아니면 악한 사람의 편에 서서 싸우고 있지는 않은가 하는 것입니다. 그러므로 저는 기도할 때 혹여라도 내가 악한 자의 편에 서서 싸우고 있다면 패소해도 좋으니 주의 뜻대로 판결하기를, 주님의 공의가 그 사건을 통해 드러나기만을 간구합니다. 하나님의 공의가 이루어지게 해 달라고 끊임없이 기도하던 어느 날 새벽에 내게 승소 판결문을 쥐여주시는 하나님의 미소를 보았습니다.

9. 예수님의 중보와 성령의 도우심을 믿는다

기도할 때는 하나님께서 나의 기도를 들으실 것이라는 확신을 가지고 해야 힘 있는 기도를 할 수 있습니다. 주님은 염소와 송아지의 피로 제사를 드려 죄를 씻던 번거로운 속죄의식을 없애기 위해 단번에 자신의 피를 가지고 성소에 들어가셔서 영원한 속죄를 이루신 우리의 대제사장이십니다. 또 영원히 하나님의 보좌 우편에 중보자로 계시면서 아무리 마귀가 우리를 참소하더라도 물리치시고 우리를 위해 변명하시고 두둔해 주십니다. 우리는 기도를 유창하게 하지 못할지라도 예수님은 우리의 마음을 잘 아셔서 하나님께 정확히 통변하여 주십니다.

"자기가 시험을 받아 고난을 당하셨은즉 시험받는 자들을 능히 도우시느니라"(히 2:18).

그렇습니다. 주님은 인간이 당한 그 어떤 심신의 고난보다도 큰 고통을 당하셨기 때문에 시험당하는 자들을 체휼하시는 참 좋으신 분입니다. 죄지은 백성을 구하기 위해 인류에게 친히 오신 주님은 특히 고난당하는 자가 기도할 때 성령으로 오셔서 도와주십니다. 왜냐하면 기도가 간단하고 쉬운 것만은 아니기 때문입니다. 로마서 8장 26절에 "이와 같이 성령도 우리 연약함을 도우시나니 우리가 마땅히 빌 바를 알지 못하나 오직 성령이 말할 수 없는 탄식으로 우리를 위하여 친히 간구하시느니라"라고 말씀하였습니다.

저는 30대 중반에 믿음이 없어서 기도를 하지 않았을 뿐만 아니라 통성기도 시간에 옆에서 유창하게 기도하는 사람들이 정말 미웠습니다. 기도는 골방에서 조용히 하거나 공공장소에서 하더라도 남에게 방해되지 않도록 조용히 해야지 왜 꼭 시끄럽게 해야 하는지 이해할 수 없었고, 당연히 불만을 가질 수밖에 없었습니다.

그러다가 38세 때 부흥회에서 하나님을 제대로 만나면서 방언을 경험했는데 그때 방언은 하나님에 대한 확신이 없는 사람이나 자신만의 힘으로 기도를 할 수 없는 사람을 성령께서 탄식하며 도와주는 역사인 것을 느꼈습니다. 제가 하나님께 하고 싶은 말을 생각하는 순간 성령께서 아주 짧은 시간에 그 생각을 언어로 변화시켜 신속히 보좌로 빨려 올라가는 느낌이 있었고, 그래서 기도가 아주 쉽다는 생각이 들었습니다.

그다음부터는 기도를 억지로 짜내지 않고 성령의 도우심에 맡기게 되니 기도하기가 매우 편해졌습니다. 그러나 꼭 방언의 방식이 아니더라도 성령님께서는 기도가 막혔을 때, 어떻게 기도할지 모를 때 순간순간 기도를 도와주시고 인도해 주십니다. 이러한 확신을 가지고 편안히 기도를 시작하고 끝까지 도전하다 보면 날이 갈수록 점점 더 기도가 심화되고 발전해 나가는 느낌을 체험하게 될 것입니다.

10. 기도시간을 점점 길게 한다

제 경험상으로는 오래 기도할수록 영성이 더 충만해지는 것 같습니다. 전술한 대로 기도자는 하나님과 교제하는 시간에 비례하여 그 누리는 영적 권세에도 차이가 있습니다. 5분 동안 대화하면서 친해지는 것과 1시간 동안 대화하면서 친해지는 친밀도의 차이는 큽니다. 모세는 40일 동안 하나님과 대화하여 백성들이 두려워할 정도로 하나님의 영광이 그 얼굴에 비치었습니다.

그러므로 기왕에 새벽기도에 나왔으면 처음에는 10분간 하더라도 20분, 30분으로 점차 늘려가고, 나중에는 적어도 한 시간 정도는 기도를 해야 합니다.

예를 들어 제가 기도하는 2시간 중에 세계 선교를 위해서 기도하는 부분을 지역별로, 선교사별로 세밀하게 나누어서 한다면 3시간도 걸릴 수 있고, 선교사님들의 형제자매와 자녀를 위해서 중보한다면 더 오랜 시간이 필요할 것입니다. 그리고 교회의 담임목사님과 사모님뿐만이 아니라 목사님과 성도들의 문제 해결을 위해 기도한다면 더 많은 시간이 필요할 것입니다. 실제로 이렇게 시간 가는 줄 모르고 몇 시간이고 철야로 기도해 온 나이 드신 권사님들, 장로님들, 집사님들 덕분에 이 민족의 교회가 유지되는 것입니다.

2장

새벽기도
40일 도전

"새 벽기도 40일 도전"의 목표는 30분 정도 부담 없이 기도하는 것으로 하겠습니다. 1장에서는 기도의 내용과 방법보다는 체질화와 간단한 방법에 중점을 두었고, 2장에서는 기도의 내용에 중점을 두었습니다. 이를 위해서 나름대로 기간을 정하여 "제3부 체질화가 우선이다"를 계속 읽고 7대 수칙을 암기하며 기상훈련과 골방 만들기 훈련을 계속하고 기도 리포트를 작성하면서 이 책의 1, 2부를 계속 읽고 기도 관련 서적이나 기도서들을 읽는 것이 필요합니다. 체크리스트를 활용하는 것도 효율적입니다.

1. 훈련의 목표

(1) 자신을 새벽사람으로 체질화시키고 기도의 기초적인 내용과
방법을 터득한다.

(2) 옆 사람의 기도가 방해가 되더라도 기도에 집중할 수 있는
수준까지 기도골방을 구축한다.

(3) 새벽기도에 나와서 30분 정도 기도를 하는 것이 부담이 안
되는 수준까지 도달한다.

2. 효과적인 훈련을 위하여

(1) 체크리스트를 성실히 활용한다

체크리스트의 사항을 성실히 수행해야 합니다. 자율적으로 체크
하므로 성실성 여부에 따라 승패가 결정됩니다. 부부가 서로 체크
해 주는 방법도 있고, 평소 친분이 있는 두 사람이 짝(기도 짝)을 이
루어 체크하고 느낀 점을 서로 토론하는 것도 좋습니다.

(2) 기도 후원자를 모집한다

하나님께 새벽기도에 성공할 수 있도록 간절히 도움을 청하는
것도 필요하지만 기도 후원자가 있어야 합니다. 기도 후원자를 3명
정도 모으고 자신의 계획을 설명한 후 기도로 격려해 주도록 부탁
합니다. 그러면 그분들의 격려와 감시로 용이하게 성공할 수 있고,
성도님이 성공하는 것을 보면 그분들도 분명히 새벽기도에 도전할

것입니다.

(3) 체질화 내용을 숙지한다

본서의 제3부 체질화 부분을 매일 읽고 자신을 세뇌시킵니다. 7 대 수칙은 첫날 암기해 버리고 식사기도 때마다 의무적으로 속으로 외쳐 봅니다. 그리고 새벽기도 때마다 기도 제목으로 서원하고 기도합니다.

(4) 본서를 정독한다

본서의 1, 2, 5, 6부는 새벽기도에 관한 중요한 부분이므로 동기 부여와 결단을 위해 2회 이상 정독합니다.

(5) 새벽기도와 관련된 서적을 읽는다

기도는 모방이기 때문에 새벽기도나 일반기도에 관련된 서적, 또 는 기도서들을 읽는 것이 좋습니다. 감동을 주는 구절은 줄을 치 고 자주 보도록 합니다.

(6) 끝없이 도전한다

혹시 실패하더라도 계속 도전하고, 기도를 빼먹은 날은 제외하고 끝까지 40일을 채웁니다. 늦게 일어났다 하더라도 교회에 꼭 가고, 주일이라고 쉬어서는 안 됩니다. 특히 아직은 젊으니까 나이 들어 서 한다는 등의 핑계로 뒤로 미루어서는 안 됩니다.

(7) 일정한 기간을 두고 기도의 발전 정도를 체크해 본다

전날 저녁 기도 제목을 확인하고 추가 기도 제목까지 적을 필요는 없습니다. 그러나 1주일에 한 번 정도는 자신이 무엇을 놓고 기도하고 있는지, 기도줄은 어느 정도 잡혀 있는지 정리해 볼 필요가 있습니다. 성령의 인도하심을 따라 기도를 했지만 기도한 내용을 워드로 쳐서 파일로 정리해두는 것도 중요합니다.

이때 이루어진 기도 응답을 확인하는 기쁨도 크고 새로운 기도 제목을 추가해 나가면 나중에 긴 기도줄과 큰 기도 pool(기도 저수지)이 형성됩니다. 이때 주의할 점은 기도 원본은 삭제하지 말고 매회마다 카피하여 새롭게 작성하고 저장해 나가는 것입니다. 마지막 40일째 되는 날까지 1주일에 한 번은 반드시 이 작업이 필요합니다. 나중에 이것을 출력하여 일정별로 비교해 보면 자신의 기도가 발전한 모습을 볼 수 있고, 또 하나님이 얼마나 응답하셨는지도 알게 될 것입니다.

(8) 골방 구축에 성공한다

기도골방은 동일한 자리를 유지하는 것이 좋은데, 매일 자리를 바꾸면 주위 환경에 신경을 써야 하고, 매일 주변의 기도 소리가 변한다면 환경에 익숙해지기 힘들기 때문입니다.

저의 경우를 예로 들자면, 제 기도자리 좌측의 3m 정도에 큰 소리로 기도하는 집사님이 계시는데, 그 기도 소리는 제가 기도하는 데 방해가 되기보다는 크게 도움이 됩니다. 왜냐하면 새벽기도 시간에 들려주는 찬양음악과 그 집사님의 목소리에 익숙해져서 만일 그 집사님이 결석을 하는 날이면 기도 환경이 변하기 때문에 기도가 자연스럽게 되지 않기 때문입니다. 만일 새벽기도 시간에 다른 성도가 제 주변에 와서 기도한다면 기도의 톤이나 목소리가 평소와 달라서 기도하기가 힘들어질 것입니다. 그러므로 기도 환경을 항상 동일하게 유지하기 위해서는 일찍 교회에 와서 지정한 자리를 선점하는 것이 좋습니다.

기도가 안 되더라도 실망하지 말고 졸거나 자서는 안 됩니다. 가능한 한 다른 성도들이 기도하는 소리를 들으면서라도 오랫동안 머물러 있어야 합니다. "주여! 주여!" 하며 하나님의 이름만 부르고 있어도 기도는 기도입니다. 그러므로 체질화 과정인 것을 생각하고 인내하며 앉아 있는 시간을 늘려 가야 합니다.

히딩크 감독이 한국에 와서 가장 먼저 한 것이 우리나라 선수들의 몸 만들기였습니다. 그는 선수들의 몸이 완선히 만늘어지기까지는 5대 0으로 패배해도 눈 하나 깜짝하지 않았습니다. 기도를 하다 보면 어떤 날은 5대 0으로 깨지는 날도 있습니다. 처음부터 기도가 나오지 않을 때도 있고, 중간에 기도가 막혀 포기할 때도 있습니다. 그러나 기도를 좀 못해도 상관없습니다. 몸을 만든다고 생각하고 끝까지 버티면 됩니다.

처음엔 다른 사람의 기도를 따라 해도 좋고, 기도를 듣고 감동을 받으면 "아멘! 아멘!"으로 맞장구를 친들 뭐라고 할 사람이 아무도 없습니다. 저도 가끔 기도를 한참 하다 보면 누군가 제 기도 소리에 "아멘!" 하는 사람이 있는 것을 느낍니다. 누군지는 모르지만 그분도 앞으로 하나님께 쓰임받는 유능한 기도의 역군이 되리라고 생각하며 중보기도를 하게 됩니다.

(9) 새벽기도 훈련을 가치체계 전반의 중심에 둔다

모든 시간을 새벽기도 시간을 염두에 두고 재배치합니다. 새벽기도를 위한 식사, 새벽기도를 위한 수면, 새벽기도를 위한 직무수행, 새벽기도를 위한 운동, 그리고 새벽기도를 통한 전도, 새벽기도를 통한 아파트 분양 신청, 새벽기도를 통한 테니스 시합 등과 같이 항상 새벽기도를 염두에 두고 모든 일을 하면 하나님이 성도님의 간절함을 보시고 분명히 온전한 새벽기도자가 되게 해 주실 것입니다.

(10) 피드백도 중요하다

모든 예배에 참석하여 말씀을 듣고 소리 높여 통성기도를 할 때 자신의 기도 실력이 검증될 뿐만 아니라 목사님의 기도 인도는 좋은 훈련의 기회가 됩니다. 기도 짝과 함께 훈련 기간 동안 3회, 기도 후원자와 합동으로 2회 정도 만나 향상도를 점검하고 발전을 위한 대화시간을 가지면 더욱 효과적일 것입니다.

3. 준비물

(1) 알람시계와 휴대폰

보통 알람시계는 4시 30분, 또 하나는 4시 33분, 그리고 휴대폰은 4시 35분에 맞추어 놓습니다(이는 저의 경우이고, 개인별로 집에서 교회까지의 거리에 따라 조정합니다.).

(2) 책자들

본 책자와 새벽기도 관련 서적 2권, 기도서적 2권, 기도서 2권을 준비하여 읽습니다. 기회가 닿는 대로 더 많이 읽어도 좋습니다.

(3) 새벽기도 체질화 7대 수칙 카드

항상 준비하여 가지고 다니면서 외우거나 묵상하며 결단을 다지는 것이 좋습니다.

(4) 새벽기도 훈련 체크리스트

체크리스트는 양면으로 되어 있는데 앞면이 점검사항이고 뒷면은 기도 관련 사항을 기록하도록 되어 있습니다.

4. 훈련 실시

훈련은 전적으로 체크리스트를 중심으로 이루어지므로 각 사항을 빠짐없이 이행하고 이행 여부를 체크해 나갑니다. 훈련은 모두 6주가량이므로 기도시간은 5분부터 시작하여 매주 5분씩 늘려 나갑니다. 그러나 첫날부터 20분, 30분을 한다면 더욱 좋을 것입니다. 기도시간의 증가에 따라 기도 내용도 찬양, 자백, 감사, 중보, 간구별로 조금씩 늘려 갑니다.

(1) 찬양하기

성경적으로 하나님을 찬양하는 수식어는 수십 가지가 넘을 것입니다. 개인적인 경험까지 더하면 수백 가지, 아니 그 이상일 수도 있습니다. 찬양은 하나님의 속성에 대한 자신의 신앙고백이지만 성경보다도 정확한 것은 없습니다. 성경은 하나님은 거룩하시며(사 6:1-3), 전지하시고(시 139:1-6), 전능하시며(계 19:6), 의로우시고(딤후 4:8), 영원하시며(시 90:2), 불변하시고(말 3:6), 천지의 주재가 되시며(엡 1:11), 진리이시고(요 14:6), 사랑이시라고(요일 4:8) 말씀합니다. 그 외에도 왕, 아버지, 주인, 살아 계심, 인도자, 보호자, 산성, 구원의 뿔, 반석 등 끝이 없습니다. 이 모든 말씀을 다 찾아 기록해 두고 참고하면 좋습니다. 그리고 성경에서 가장 찬양을 잘한 인물은 역시 다윗이므로 시편을 많이 읽으면 많은 참고가 됩니다. 그리고 선지자들과 왕들, 특히 솔로몬의 기도는 하나님 찬양의 진수입니다. 베드로와 요한이 복음을 전하다가 체포당하여 공회에서 재판받고 풀려난 후 교회로 가서 합심으로 기도하는 내용(행 4:24-31) 중의 찬양 부분도 너무 좋습니다. 하나님의 보좌를 둘러싸고 찬양하는 천사들과 24 장로의 찬양(계 4:8-11)은 정말 찬양이 무엇인지를 보여 줍니다.

(2) 회개하기

하나님과의 관계에서 거리끼는 점들과 인간관계에서 걸리는 부분들, 사명을 열심히, 온전히 감당하지 못한 점들, 그리고 말씀대로 살지 못한 것들을 진심으로 회개합니다.

(3) 감사하기

하나님께 불순종하고 죄를 지었음에도 불구하고 늘 베풀어 주신 은혜와, 특히 어제와 오늘 베풀어 주신 은혜들, 기도 응답에 대해 감사드립니다. 자신의 힘으로 할 수 있었다고 생각되는 것 등 아무리 작은 일이라도 말로 표현하여 감사드립니다. 이것은 하나님의 주권을 인정하는 것으로, 하나님도 매우 좋아하시고 자신도 감사의 폭만큼 기쁨의 폭이 넓어지게 됩니다. 감사 부분의 서두나 말미에 목사님이 베푸신 말씀에 감사하고, 그 목사님을 위한 중보와 결단과 적용의 기도를 드립니다.

(4) 중보기도 하기

중보의 범위는 무한대라고 할 만큼 범위가 넓습니다. 편의상 저의 경우를 예로 듭니다. 민족과 국가, 정부, 대통령, 지도자들, 직장, 통일, 북한선교, 세계 평화와 각 지역별 선교, 흩어져 살고 있는 한민족, 미국, 재미동포, 세계 교회, 한국 교회, 지역교회들, 우리 교회, 담임목사님과 부교역자님들, 평신도 지도자들, 교회 기관, 주일학교, 맡고 있는 가역원들, 중등부 학생들, 양가의 부모와 형제, 친족, 아내, 자녀들과 미래의 자손들, 전도 대상자들 등 아주 많습니다. 또한 평소에 친지나 성도로부터 중보기도를 부탁받은 것들도 빠짐없이 기도합니다. 중보기도의 좋은 예는 솔로몬이 성전을 건축한 후 입당예배 시 드린 폭넓고 간절한 기도(대하 6:12-42)입니다.

(5) 간구

자기 자신과 관계되는 모든 것들, 즉 믿음, 쓰임받음, 인격, 건강, 승진, 재산, 미래, 꿈 등 자신과 관련된 바람직한 장기적, 단기적 목표를 세우고 그 소원을 이루기 위해 구체적으로 하나님께 설명하고 도우심을 간구합니다. 특히 당일에 처리해야 하는 일이나 문제를 놓고 간절하고 집중적으로 기도하면 생활 속에서 하나님의 도우시는 손길을 직접 체험하면서 기쁨과 감사와 활력이 넘치는 하루를 보낼 수 있을 것입니다.

5. 훈련 체크리스트

체크리스트는 빠짐없이 그리고 거짓 없이 체크해 나가야 합니다. 뒷면의 기도 제목을 기입하는 난에는 기도문 전체를 구체적으로 적을 필요가 있습니다. 그러나 기도의 제목만 머릿속에 넣어가지고 가도 기도는 성령님이 하십니다. 다만 나중에 무슨 기도가 이루어졌는가를 생각해 내어 기도 파일을 정리해 나가면 됩니다.

새벽기도 입문을 위한 체크리스트

년   월   일   요일

성공 : O   실패 : X

1. 일반사항

□ 전날 자동차, 의복, 성경을 준비하고 잠들었다.

□ 전날 22시 30분까지 잠자리에 들었다.(실제 시간:)

☐ 10분 이내로 잠이 들었다.(실제 시간:)

☐ 오전 4시 30분에 일어났다.(실제 시간:)

☐ 벌떡 일어나서 하나님께 감사하고 찬송했다.

　　(실제 상태: 매우 졸림, 졸림, 조금 졸림, 양호)

☐ 기도시간에 정한 장소에 앉았다.

☐ 정한 기도시간을 채웠다.(정한 시간: /실제 시간:)

　　(기도 후 상태: 매우 졸림, 졸림, 조금 졸림, 양호)

☐ 설교 말씀을 세밀하게 노트했다.

☐ 기도골방이 만들어졌다.(실제 상태: 성공, 조금 성공, 실패)

☐ 새벽기도 후 보충수면을 하지 않았다.(실제 시간:)

☐ 기상 이미지 훈련(본서　면 참조)을 했다.(회수:)

☐ 기도 후 운동을 했다.(시간:)

☐ 훈련책자를 읽었다.(쪽까지)

☐ 새벽기도 관련 서적을 읽었다.(제목: /   쪽까지)

☐ 기도 관련 서적을 읽었다.(제목: /   쪽까지)

☐ 기도서를 읽었다.(제목: /   쪽까지)

☐ 새벽기도 체질화 부분을 정독했다.

☐ 새벽기도 체질화 7대 수칙을 암송하고 기도했다.

☐ 새벽기도 후원자들로부터 기도를 받았다.(매주 월요일)

☐ 평소 미워하는 사람을 용서하고 축복기도를 했다.(명)

☐ 저녁식사량을 조절했다.

☐ 모든 항목을 체크/기도 내용을 정리/내일의 기도 제목을 추

　가했다.

2. 기도 제목

※당일 추가한 기도 제목만을 기재한다.

〈찬양〉

〈회개〉

〈감사〉

*파일을 할 때는 말씀에 관한 기도와 적용도 정리해 둔다.

〈중보기도〉

〈간구〉

※내용이 많아질 경우 다음 쪽으로 넘어간다.

※1주일에 한 번 정도 기도문 전체를 적어 기록한다.

6. 필자의 성공 체험

물론 저도 처음부터 지금까지 말씀드린 것처럼 체계적으로 기도를 한 것은 아닙니다. 많은 시행착오 끝에 6개월여 만에 30분 정도 기도를 할 수 있었습니다. 시행착오의 내용은 앞서도 잠깐 언급했듯이 늦어서 그냥 집으로 돌아간 경우, 졸려서 앉아만 있다가 온 경우, 주위의 기도 소리가 방해가 되어 "주여!", "아버지!" 등을 외치다가 그냥 온 경우, 기도 제목이 생각나지 않은 경우, 기도 제목은 생각나는데 입이 잘 떨어지지 않은 경우, 잡념이 생기고 집중이 안 되는 경우가 있었고, 심지어는 1주일 이상 포기하고 쉬어 버린 경우도 있었습니다.

6개월 이상 고생을 하고서야 겨우 기도가 가능했는데 지금 생각해 보니 당시는 체크리스트를 만들지 않았지만 정신적으로 기도 준비를 철저히 하고 1주일에 한 번 정도 기도 내용을 정리하면서부터 부쩍 기도의 체계(기도줄)가 잡히기 시작했습니다. 저는 수년에 한 번 대표기도나 새벽기도 내용 전체를 적어서 컴퓨터에 입력된 과거의 기도들과 비교해 보는 시간을 갖고 있는데 당시 기도의 내용을 보면서 그것이 올바른 기도였는지, 하나님이 기뻐하실 만한 기도였는지, 특히 정욕으로 기도한 부분은 없는지를 점검해 보는 것은 매우 유익하다고 생각합니다.

그래서 새벽기도에 도전하는 성도들이 저와 같은 시행착오를 거치는 것보다는 아예 처음부터 제대로 체계를 잡아 훈련을 하면 어떨까 하는 마음에서 이 새벽기도 40일 도전을 권면합니다.

3장

새벽기도
365일 도전

"**새**벽기도 365일 도전"의 목표는 1시간 이상 부담 없이 성령님의 인도를 따라 입을 열기만 하면 자연스럽게 기도가 되는 것으로 하겠습니다. 이 장에서는 기도시간의 연장과 기도 내용의 심화에 중점을 두고, 이를 위해서 새벽기도 365일 도전을 위한 7대 수칙(새벽기도 정복 7대 수칙: 체질화 수칙과 다름)을 암기하고 한 달에 1회 정도 기도문을 정리하고 비상관리 훈련을 하며 이 책의 1, 2부를 계속 읽고 다른 기도 관련 서적이나 기도서들을 읽으며 체계적인 기도 정보의 수집도 병행하는 것이 필요합니다.

체크리스트는 40일용과 양식을 달리한 것을 사용합니다. 날짜

계산은 별도로 새롭게 하지 않고 40일 기도훈련에 이어서 첫날을 41일째로 정합니다.

1. 훈련의 목표

(1) 완전한 새벽기도자가 되기 위해 영성을 강화하고 말씀에 의한 기도, 성령의 인도하심을 받는 기도로 심화시켜 나간다.
(2) 자신을 하나님과 교회가 임명한 중보기도자로 스스로 세운(임명한) 후 사명에 걸맞게 중보의 영역을 최대한 넓혀 간다.
(3) 새벽기도 시간에 1시간 정도 기도를 하는 것이 부담이 안 되는 수준이 1차 목표이고, 최종적으로 2시간 정도 기도하는 능숙한 중보기도자가 되는 것에 도전한다.

2. 효과적인 훈련을 위하여

(1) 체크리스트를 성실히 활용한다

체크리스트의 사항을 성실히 수행합니다. 자율적으로 체크하므로 성실성 여부에 따라 승패가 결정됩니다. 부부가 서로 체크해 주는 방법도 있고, 평소 친분이 있는 사람과 짝(기도짝)을 이루어 서로 체크하고 느낀 점을 정기적으로 토론하는 것도 좋습니다.

(2) 기도 후원자를 재차 모집한다

40일 도전을 성공적으로 마친 기도자는 이미 모집한 기도 후원자를 격려하여 40일에 도전시키고 또 다른 기도 후원자 3명을 다시 모집하여 계획을 설명하고 기도를 부탁합니다. 자신을 위해 기도해 주는 이 후원자들도 나중에 자신이 기도해서 성공한 사람을 보고 도전할 수 있도록 절대 포기하지 말고 끝까지 해내야 합니다. 저 같은 사람도 할 수 있었다면 성도님들도 분명히 해낼 수 있고, 기도 후원자들도 분명히 할 수 있을 것입니다.

(3) 새벽기도 정복 7대 수칙을 암기한다

새벽기도 정복 7대 수칙은 첫날(41일째) 암기해 버리고 식사기도 때마다 의무적으로 속으로 외쳐 보고, 새벽기도 때마다 기도 제목으로 삼아 서원하고 기도합니다.

- 나는 더 이상 특새기도자가 아니다. 이제부터 365일 날새기도자임을 선포한다.
- 중보기도는 말씀과 정보와 시간만 있으면 10시간도 가능하다.
- 기도는 내가 하는 것이 아니고 성령님이 직접 하신다.
- 내 기도줄에 교회와 민족과 세계가 달려 있다.
- 모든 일은 새벽기도의, 새벽기도에 의한, 새벽기도를 위하여.
- 새벽기도 정복을 위해 말씀과 찬송을 늘 암송한다.
- 나는 주림이 재림하실 때 기도의 골방에서 새벽기도를 하다가 맞이한다.

(4) 본서를 읽는다

본서의 1, 2, 3, 5부 부분은 새벽기도에 관한 중요한 부분이므로 동기 부여와 결단을 위해 가끔씩 읽어 보는 것이 좋습니다.

(5) 새벽기도 관련 서적을 읽는다

기도는 모방입니다. 새벽기도나 일반기도에 관련된 서적, 또는 기도서들을 읽을 필요가 있습니다. 감동을 주는 기도 구절은 줄을 치고 자주 보도록 합니다.

(6) 성경을 활용한다

첫째로, 교리에 관련된 기본 성경 구절을 모두 암송합니다(제자훈련 64구절 암송카드 등을 활용). 둘째로, 성경의 모든 기도를 체크하고 정독합니다(형광펜으로 표시). 워드로 정리해 놓고 자주 보셔도 좋습니다.

(7) 끝없이 도전한다

혹시 실패하더라도 계속 도전하고 새벽기도를 빼먹은 날은 제외하고 끝까지 1차의 40일을 포함하여 365일을 채웁니다. 늦게 일어났다 하더라도 교회에 꼭 가고, 주일이라고 쉬어서는 안 됩니다.

특히 아직 젊다고 해서 절대로 미루어서는 안 됩니다. 기도는 성령님이 인도하시지만 기도를 하루 이틀만 쉬어도 기도줄이 약해지고 흐트러져서 회복하는 데 오랜 시간이 걸립니다. 이는 기도를 쉬는 죄(삼상 12:23)에 대한 주님의 징계일 수도 있고, 사탄이 개입한 증거일 수도 있을 것입니다.

(8) 비상관리에 도전한다

출장이나 여행(외국 여행 포함) 시에도 잘 절제하여 새벽기도를 성공적으로 수행합니다. 이는 전술한 대로 다른 교회나 호텔, 화장실 등에서 성공적으로 기도하는 것을 말합니다. 이를 위하여 여행 중이 아닌 평소에 특정한 날을 잡아 1개월에 하루 정도 새벽기도 시간에 집이나 주차장의 차내, 또는 사무실에서 기도합니다.

좀 더 수준을 향상시키고 싶다면 여행 중 기차나 버스, 비행기 안에서 무료함을 느낄 때 찬송을 몇 곡 부른 후 눈을 감고 기도에 열중하다 보면 새벽기도와 같은 내용의 기도를 할 수 있고, 새벽기도 때와 똑같은 은혜가 넘치는 여행을 할 수 있습니다. 이는 필자가 경험한 것으로서, 매일 다니는 지역의 경우 혼자 버스 안에서 무료함이나 근심에 젖어 있기보다 눈을 감고 찬송과 기도를 하다 보면 새벽기도 때처럼 기도한 지 20분도 안 된 것 같은데 기도가 끝나서 눈을 떠 보면 한 시간이 훌쩍 지나 있었고, 여행이 몹시 쉬워졌습니다.

(9) 기도 내용을 성실히 기록해 나간다

전날 저녁에 기도 제목을 확인한 후 추가 기도 제목을 적고, 그 제목으로 성령의 인도하심을 따라 기도한 내용을 1개월에 1회씩(매월 마지막 주 토요일) 워드로 기록, 정리합니다. 응답을 받은 기도 제목은 삭제하고 새로운 기도 제목을 추가해 나가며 계속해서 거대한 기도 저수지를 만들어 갑니다. 이때도 역시 앞의 것은 그대로 두고 삭제, 추가하면서 파일을 정리해 나갑니다.

한 달에 1회 기도문을 정리하는 것이 힘들다면 분기에 한 번 정도 하는 것도 좋습니다. 이는 자신의 기도줄이 얼마나 튼튼해졌는지, 기도 저수지의 용량이 얼마나 커졌는지를 체크하는 것으로, 기도를 계속할 수 있는 큰 동기와 격려가 될 것입니다.

(10) 골방 구축에 더욱 정진한다

새벽기도는 일정한 자리에서 해야 합니다. 여건이 된다면 가능한 한 무릎을 꿇고 기도하는 습관을 갖는 것도 좋습니다. 강한 무릎의 소유자가 결국은 오래 기도하게 됩니다. 그리고 가능한 한 다른 사람들을 배려하는 의미에서, 또 오래 기도하려면 체력을 안배해야 되기 때문에 높은 톤보다는 낮은 소리로 빠르게 기도합니다. 빠른 기도는 기도자의 귀에 들리는 타인의 기도 소리를 차단하고 자신의 기도에 더욱 집중할 수 있도록 해 줍니다. 그러나 강약을 잘 조절하다가 기도의 열정이 뜨거워질 때에는 큰 소리로 부르짖어도 상관없습니다.

예를 들어 현 시국이 혼란할 때나 북한 동포의 구원, 남북통일, 또한 이단 퇴치를 위해 기도할 때, 가족의 생명 구원이나 병 치유를 위해 기도할 때는 기도 소리가 격앙될 수밖에 없습니다. 이때는 사력을 다해 부르짖는다 해도 주변의 성도들이 저 사람 미쳤다고 비난하지 않을 것입니다. 오히려 하던 기도를 멈추고 마음을 같이 하여 부르짖을 것입니다. 이때 하나님께서 들으신다면 얼마나 감동하시겠습니까?

그러나 기도를 시작할 때부터 시종일관 끝까지 부르짖기만 하는 것은 자제해야 합니다. 이렇게 되면 지쳐서 오래 기도할 수 없고,

목이 상할 수도 있으며, 무슨 일이 있는가 해서 담임목사님이나 성도들이 전화를 할 수도 있기 때문에 자신과 남을 배려하는 지혜가 필요합니다.

(11) 피드백을 계속한다

기도자는 주일예배는 물론, 교회의 모든 예배와 기도회, 구역예배 등에 적극 참석해야 합니다. 목사님의 말씀을 듣고 통성기도를 할 때 자신의 기도 실력이 검증될 뿐만 아니라 목사님의 기도 인도를 받고 기도해 보는 것은 좋은 훈련의 기회가 됩니다. 기도짝과는 월 1회나 3개월에 1회 정도 만나 향상도를 점검하고 발전을 위한 대화시간을 가지면서 팀워크를 다지면 좋습니다. 이때마다 기도 제목을 나누면 서로 중보해 주는 기도의 평생동지가 될 것입니다.

(12) 교회에서 훈련 차원에서 실시한다

개인적인 생각이지만, 이런 기도훈련은 교회에서 부교역자들이나 기존의 습관적 새벽기도자들로 몇 사람의 리더를 세우고 훈련 차원에서 실시해도 좋은 효과가 있을 것입니다.

3. 준비물

(1) 알람시계와 휴대폰

알람시계는 4시 30분, 휴대폰은 4시 33분에 맞추어 놓습니다.

(2) 책자들

성경, 본 책자, 새벽기도 관련 저서 2권, 기도서적 2권, 기도서 2권을 준비하여 계속해서 읽습니다. 기회가 닿는 대로 더 많이 읽어도 좋습니다. 특히 성경은 정독과 통독, 매일매일 큐티가 중요한데 결국 이것이 기도줄 완성의 성공과 실패를 좌우합니다.

(3) 새벽기도 정복 7대 수칙 카드

항상 준비해 가지고 다니면서 외우거나 묵상하며 결단을 다지는 것이 좋습니다.

(4) 성경 구절 암송카드

제자훈련에서 사용하는 성경 64구절 암송카드 등을 가지고 늘 암송을 합니다. 기도할 때 하나님의 약속을 증거하고 자신의 결단을 위해 성경 말씀이 필요하므로 언제든지 사용할 준비가 되어 있어야 합니다.

(5) 새벽기도 정복 체크리스트

체크리스트는 3면으로 되어 있는데 첫 장이 점검사항이고, 다음이 기도 관련 사항이며, 끝 부분은 기도 정보 수집으로 되어 있습니다.

4. 훈련 실시

훈련은 전적으로 체크리스트를 중심으로 이루어지므로 각 체크 사항을 빠짐없이 이행하고 이행 여부를 체크해 나갑니다. 훈련은 앞의 40일을 포함하여 1년이 되므로 10개월이 되기까지 기도시간 1시간 돌파를 목적으로 하고, 나머지 2개월은 2시간에 도전하는 방법도 권면합니다.

특별한 계획을 가지고 늘려 간다기보다 정보의 분량을 늘려 가면서 자연스럽게 기도시간을 늘려 갑니다. 그러나 첫날에 50분을 했다고 해서 잘못된 것은 아닙니다. 기도시간의 증가에 따라 기도 내용도 찬양, 자백, 감사, 중보, 간구별로 조금씩 늘려 가야 합니다.

(1) 찬양하기

"새벽기도 도전 40일"과 같이 하나님을 찬양하되 다양하게 찬양하며 시간을 늘려 갑니다. 필자는 전술한 대로 기도를 시작하기 전에 6곡 정도 찬양을 하고 기도에 들어갑니다. 찬양을 하다가 기도로 들어가기 때문에 자연스럽게 호흡이 조절되며, 결국은 찬양도 기도이고 기도도 찬양이라는 것을 느끼기 때문에 한참 기도하는 중에 성령의 인도하심을 따라 때로는 찬양을 하기도 합니다.

예를 들어 죄를 회개하며 상한 영혼과 육체를 가지고 십자가 앞에 나아갈 때는 기도를 잠시 멈추고 찬송가 254장, "내 주의 보혈은"을 부른 후 주님께 매달리며 간절히 기도합니다. 찬송을 부르는 중에 "내 기도 소리 들으사 다 허락하소서"라는 부분에 이를 때면 찬송이 기도이고 기도가 찬송인 것을 실감합니다.

기도하다가 갑자기 찬양한다고 해서 누가 뭐라고 할 사람은 아무도 없습니다. 주님도 마찬가지일 것입니다. "~한 주님을 찬양합니다"라고 기도할 수도 있지만 그때그때 성령께서 인지시켜 주시는 찬양을 올려 드리면 더욱 좋아하실 것입니다.

(2) 회개하기

앞부분과 같이 하나님과의 관계에서 거리끼는 점들과 인간관계에서 미흡한 부분들, 그리고 말씀대로 살지 못한 것들을 중심으로 깊이 있고 진솔하게 회개합니다.

(3) 감사하기

하나님께 불순종하고 죄를 지었음에도 불구하고 늘 자신에게 베풀어 주신 은혜와 특히 중보기도에 대한 조그만 응답까지도 감사를 드립니다. 자신의 힘으로 할 수 있었다고 생각되는 것, 아주 작은 일이라도 구체적으로 표현하여 감사드립니다.

마찬가지로 말미 부분에서 목사님이 베푸신 말씀에 감사하고, 결단과 적용의 기도를 드립니다. 그런데 필자는 실제로는 목사님의 설교가 끝나는 대로 곧바로 말씀을 전하신 목사님을 위해 중보기도를 하며, 이후 목사님이 주신 말씀을 가지고 결단의 기도를 한 후 목사님이 강단에 올라오실 때 중단했던 기도를 이어 나갑니다.

(4) 중보기도 하기

중보의 범위를 넓혀 가기 위해 하루 중 미디어를 통해 보고 들은 것 중 기도 제목으로 삼을 만한 것을 메모하는 습관을 들입니다.

또는 메모는 하지 않더라도 '아, 저것을 위해 기도해야겠구나' 하고 마음에 새기기만 해도 됩니다. 기도는 결국 사람이 하는 것이 아니기 때문입니다.

교회의 주보도 좋은 정보의 원천이 되는데, 내용을 더 알고 싶다면 목사님이나 교회 관계자에게 물어 기도 제목을 확실히 합니다. 타인에게 중보기도를 부탁받을 때는 그 사람과 헤어진 후 메모를 합니다. 그러나 내용을 듣는 즉시 마음에 새겨놓기만 해도 기도자리에 앉아 기도하다가 순서가 되면 신기하게도 성령님이 그 기도 제목을 떠올려 주십니다.

국내외 선교현황을 지역별로, 때로는 선교사별로 상세히 파악하고 기도 제목을 정리합니다. 또 환자나 환난을 당한 교우들을 파악하고 중보기도를 합니다. 새벽기도자가 되기 위해서는 언제나 안테나를 높이 세우고 기도 제목을 찾아야 합니다. 암기를 할 필요는 없습니다. 관심만 가지면 성령님께서 자연스럽게 입술을 열어 주십니다.

(5) 간구

자기 자신과 관계된 모든 것들, 즉 믿음, 쓰임받음, 인격, 건강, 승진, 재산, 미래, 꿈 등에 관해 바람직한 장기적, 단기적 목표를 세우고 그 소원을 이루기 위해 구체적으로 하나님께 말씀드리고 도우심을 간구합니다. 특히 당일에 해야 하는 일이나 문제를 놓고 간절하고 집중적으로 기도하면 생활 속에서 하나님의 도우시는 손길을 직접 체험하면서 기쁨과 감사와 활력이 넘치는 하루를 보낼 수 있을 것입니다.

5. 훈련 체크리스트

체크리스트는 빠짐없이 그리고 거짓 없이 체크해 나가야 합니다. 뒷면의 기도 제목을 기입하는 난에는 기도문까지 구체적으로 적을 필요가 없습니다. 기도 제목만 머릿속에 넣어가지고 기도자리에 가면 기도는 성령님이 직접 하십니다. 다만 나중에 무슨 기도가 이루어졌는가를 생각해 내어 기도 파일을 정리해 나가면 됩니다.

새벽기도 정복을 위한 체크리스트

년   월   일   요일

성공: O   실패: X

1. 일반사항

☐ 전날 자동차, 의복, 성경을 준비하고 잠들었다.

☐ 전날 22시 30분까지 잠자리에 들었다.(실제 시간:)

☐ 10분 이내로 잠이 들었다.(실제 시간:)

☐ 4시 30분에 일어났다.(실제 시간:)

☐ 벌떡 일어나서 하나님께 감사하고 찬송했다.

   (실제 상태: 매우 졸림, 졸림, 조금 졸림, 양호)

☐ 기도시간에 정한 장소에 앉았다.

☐ 정한 기도시간을 채웠다.(정한 시간: /실제 시간:)

  (기도 후 상태: 매우 졸림, 졸림, 조금 졸림, 양호)

☐ 설교 말씀을 세밀하게 노트했다.

☐ 설교 말씀 중 중요사항을 재빨리 암송했다.

☐ 기도골방이 만들어졌다. (실제 상태: 성공, 조금 성공, 실패)

☐ 새벽기도 후 보충수면을 하지 않았다.(실제 시간:)

☐ 성경을 통독했다.(진도 :   )

☐ 큐티 책을 통해 당일분의 큐티를 실행했다.(말씀:)

☐ 제자훈련 암송 말씀을 외웠다.(암송 수준: 총   개 중   개)

☐ 훈련책자를 읽었다.(쪽까지)

☐ 새벽기도 관련 서적을 읽었다.(제목: /   쪽까지)

☐ 기도 관련 서적을 읽었다.(제목: /   쪽까지)

☐ 기도서를 읽었다.(제목: /   쪽까지)

☐ 새벽기도 정복 7대 수칙을 암송하고 기도했다.

☐ 새벽기도 체질화 7대 수칙을 암송하고 기도했다.

☐ 새벽기도 후원자들로부터 기도를 받았다.(매주 월요일/   명)

☐ 평소(오늘) 미워하는 사람을 용서하고 축복기도를 했다.(명)

☐ 저녁식사량을 조절했다.

☐ 오늘의 정보 수집 내용을 정리하고 내일의 기도 제목에 추가했다.

☐ 이달의 기도 내용을 기도문으로 정리했다.

2. 기도 제목

※당일 추가한 기도 제목만을 기재한다.

〈찬양〉

〈회개〉

〈감사〉

*파일을 할 때는 말씀에 관한 기도와 적용(간구/결단)도 정리해 둔다.

〈중보기도〉

〈간구〉

※내용이 많아질 경우 다음 쪽으로 넘어간다.

3. 정보 수집

(1) 분야별 정보 수집 추가 내용

(2) 오늘 기도 중 입에서 저절로 나온 성경 말씀들(추가된 것만)

※월별 또는 분기별로 1회 정도 기도 내용 전체를 기록한다.

6. 필자의 성공 체험

제가 한 시간 정도 기도를 할 수 있게 된 것은 기도를 시작한 지 8개월 정도 되었을 때입니다. 이때 저는 성경 말씀에 익숙하고 기도하고자 하는 의지와 중보 대상에 대한 정확한 지식과 정보만 있으면 성령의 도우심으로 기도가 자연스럽게 이루어진다는 것을 느꼈습니다. 입을 열면 기도가 나오고 하나님의 때가 되면 응답을 주시기 때문에 기도를 하면 효과가 있는 것 같아서 나름대로 보람을 느끼니까 소위 새벽기도 응답의 선순환이 이루어지고[26] 재미가 있어서 자꾸만 새벽기도를 사모하며 기도처를 향하여 달려갔습니다. 자다가도 새벽기도 시간이 되면 벌떡 일어나서 "아이구 하나님, 또 즐거운 새벽기도 시간이 됐군요. 감사합니다" 하고 차를 타고 기쁘게 찬송하며 교회로 쌩쌩 달려온 것입니다.

이때 찬송은 단전에 힘을 단단히 주고 목청껏 하는 것이 좋습니다. 그래야 목청이 터져 기도할 때 힘들지 않고 부드럽고 자연스럽게 소리를 낼 수 있습니다. 저의 경우는 차 안에서 "주를 앙모하는 자 달려가 달려가"를 부르면서 거침없이 달려옵니다.

문제는 정보 수집입니다. 영혼을 사랑하는 마음, 긍휼의 마음으로 주변을 돌아보고 중보의 제목을 찾아 기도해 주는 것이 필요합니다. 그러나 새벽기도를 하루만 놓쳐도 영성이 떨어지고, 그렇게 며칠 동안 기도를 하지 않으면 기도하기가 어려워집니다.

---

26) 오정현, 앞의 책, p. 6.

까딱 잘못하다가는 큰 시험에 들기도 합니다. 영적 고지는 올라가기는 무척 어려운데 떨어질 때는 엄청난 가속도가 붙어 쉽게 떨어집니다. 사탄은 그만큼 기도하는 사람들을 호시탐탐 넘보고 있다가 그들이 하나님으로부터 잠시 눈길을 떼거나 손을 놓으면 상상할 수 없는 괴력으로 낚아채는 것입니다.

특히 특별새벽기도 기간은 유의해야 합니다.

목사님이 제시하시는 기도 제목만을 가지고 기도하고 나서 곧바로 일어나 집에 가면 자신이 하던 기도를 1주일 또는 그 이상 못하게 될 수 있습니다. 특별새벽기도가 끝나고 나면 이전까지 형성되었던 기도줄이 혼잡하게 흐트러져서 기도를 추스르기가 쉽지 않습니다.

따라서 특별새벽기도 기간에는 공동의 기도 제목을 가지고 기도한 후 반드시 자신만의 기도시간을 확보하여 기도줄을 유지해 나가는 것이 좋습니다. 그러나 특별새벽기도에 열심히 참여하는 것도 매우 중요합니다. 새롭고 수준 높고 의미 있는 기도 제목이 자신의 기도줄에 추가로 매달릴 수 있는, 즉 기도 저수지의 용량이 더욱 풍부해지는 좋은 기회이기 때문입니다.

4장

필자의 새벽기도문 예시
(1시간)

사랑의 하나님, 오늘도 생명을 허락하시고 건강 주셔서 기쁜 마음으로 새벽기도에 나올 수 있도록 해 주신 것을 감사합니다.

전능하신 주님, 이 시간 주의 보좌를 바라봅니다. 영광의 하나님을 인간의 어떤 말과 생각으로 감히 표현할 수 있겠습니까. 하나님은 영원히 계시고, 완전하시고, 어디에든 계시며, 거룩하시고, 긍휼과 자비가 많으신 나의 왕이십니다. 전지전능하셔서 만유를 지으신 창조주요 대주재 되시고, 저의 주인이 되시고, 아버지가 되시며, 나의 심판주요 구원주와 재림주가 되십니다.

사랑의 아버지 하나님, 이 시간 해같이 빛나는 주의 영광 앞에 무릎을 꿇고 저의 죄와 허물을 드러내기 원합니다. 주께서는 나의 모든 것을 감찰하시고 아십니다. 나의 앉고 일어섬을 아시고 멀리서도 나의 생각을 통찰하시오니 저는 주 앞에서 피할 수가 없습니다. 주께서 또한 나의 길과 눕는 것을 감찰하시오니 나의 모든 행위가 드러나지 않는 것이 없습니다.

하나님, 어제 수요저녁예배 시간에 교회로 가지 아니하고 청상이 베푸는 회식에 참석했습니다. 신년 초에 한 번 마련되는 것이고 다 같이 참석하는 자리이기 때문에 저도 함께 참석했습니다. 그리고 회식에 빠짐으로써 돌아올 불이익을 생각했습니다. 그러나 주님, 제가 조금만 더 담대했더라도 수령과 방백보다는 하나님을 택했을 것입니다. 하나님, 송구합니다. 주님이 저를 그토록 사랑하셨건만 받은 사랑을 제대로 갚지도 못하고 여전히 세상과 타협하고 자신만을 사랑하고 있는 저를 용서해 주옵소서.

주님, 그리고 어제는 우리 과가 최우수상을 탄 것에 대해 박 국장에게 설명할 때 저의 탁월한 리더십만 내세우느라 하나님의 도우심에 대해 전혀 언급하지 않았습니다. 그분은 하나님을 모르는 분이기 때문입니다. 이 이야기를 해 보았자 이해하지도 못할 것 같아서 그렇게 했으나 하나님의 화난 얼굴이 떠올라 마음이 많이 답답했습니다. 앞으로는 그런 일이 없도록 하겠습니다. 늘 입버릇처럼 하나님의 영광을 위해 산다고 말을 하면서도 정작 현실에 부딪히면 자신을 내세우는 저를 용서해 주옵소서.

어제는 부지불식간에 컴퓨터 때문에 지훈이에게 조금 화를 냈습니다. 용서해 주옵소서. 앞으로는 어떤 일이 있어도 먼저 화를 내지 않고 생각을 많이 한 다음에 말을 하겠습니다.

그리고 하나님이 주신 복을 특권의식을 가지고 마음껏 누리면서도 손을 내밀어 이웃을 돕지 못한 것을 용서해 주시고 복음 전하는 삶을 제대로 살지 못한 것을 용서해 주옵소서. 하나님, 앞으로는 하나님의 마음에 들도록 모든 것을 주의하고 성실히 행하겠습니다.

사랑의 하나님, 저의 모든 죄와 허물을 주의 보좌 앞에 내려놓습니다. 그리스도 예수 안에 있는 자에게는 결코 정죄함이 없다고 하셨사오니 저를 용서하여 주옵소서. 주의 보혈의 은총으로 깨끗이 씻어 주시고 깨끗하게 하옵소서.

그러나 늘 주님께 실망을 드리는 저에게 주님은 변함없는 사랑을 베풀어 주시니 감사합니다. 몸이 아픈데도 힘을 주셔서 어제 하루도 주어진 일들을 잘 감당하게 하시니 감사합니다. 가정을 주시고 저를 한결같은 사랑으로 보살펴 주는 신실한 아내를 주신 것을 감사합니다. 부모에게 늘 순종하는 착한 자녀들을 주신 것 감사합니다. 특허청 직장을 허락하시고, 훌륭한 상사들과 동료들을 주시고, 내가 할 일을 주신 것도 감사합니다. 또 계속해서 책을 잘 써 나갈 수 있도록 건강과 시간을 주신 것도 감사합니다. 직장 가까운 곳에 비바람을 피할 아늑한 거처를 제공해 주신 것도 감사합니다.

아름다운 교회를 주시고, 사랑이 많은 목자를 허락하시며, 서로 교제하고 위하여 기도하며 동역할 교우들을 주신 것도 감사합니다.

어제는 K 사무관에게 복음을 전할 수 있게 하셨으니 정말 감사합니다. 이와 같이 저는 하나님의 도우심이 없이는 한순간도 살 수 없는 연약한 존재입니다. 저를 불쌍히 여겨 주시고 긍휼히 여겨 주옵소서.

이 시간 보좌를 향하여 주님께 부르짖어 간구합니다. 주께서는 "너는 내게 부르짖으라 내가 네게 응답하겠고 네가 알지 못하는 크고 비밀한 일을 네게 보이리라"라고 하셨고, 또 "너희는 내게 부르짖으며 와서 내게 기도하면 내가 너희를 들을 것이요"라고 분명히 말씀하셨습니다. 그러므로 이 시간 제가 부르짖습니다. 하나님 아버지, 주께서 예비하신 일용할 능력과 평강과 기쁨, 그리고 강건함을 내게 부어 주옵소서.

사랑의 하나님, 오늘도 목사님을 통하여 말씀(막 4:35-41)을 주시니 감사합니다. 하나님, 우리가 세상을 살아갈 때에 예기치 않은 불행한 일이 닥치곤 합니다. 제자들이 광풍을 보고 놀라듯이 저희도 믿음이 연약하여 세상의 환경을 보고 두려워할 때가 많습니다. 그러나 하나님, 문제의 현장에 광풍도 있지만 언제나 주님이 함께 계심을 잊지 않게 도와주옵소서. 우리에게 믿음 주시고 영안을 열어 주셔서 환경만을 바라보지 않게 하시고, 그 일을 통해 역사하실 주님을 생각하고 먼저 주님께 부르짖어 믿음을 얻고 담대하게 문제를 향해 뛰어드는 제가 되게 하옵소서.

바다를 잠잠하게 하신 우리 주님께서 우리와 함께하시면 태산 같은 문제라도 뛰어넘고 해결해 주시리라 믿습니다. 주여, 믿음이 없는 연약한 저를 불쌍히 여기셔서 믿음 없는 자가 되지 말게 하시고 믿음 있는 자가 되어 주님께 기쁨을 드리는 자로 살게 하여 주옵소서.

긍휼이 많으신 주님, 저는 기도할 줄을 모릅니다. 이 시간 성령의 충만함을 부어 주시고, 성령께서 제 마음을 아시오니 탄식하시고 저의 기도를 도와주셔서 주의 보좌 앞에 상달되는 기도가 되게 하옵소서. 보좌를 흔드는 기도가 되게 하시고, 주님의 마음에 합당하여 열납될 만한 기도가 될 수 있도록 인도하여 주옵소서.

사랑의 주님, 이 시간 십자가를 바라봅니다. 죄인 된 저희들, 하나님의 진노로 심판받고 멸망할 수밖에 없는 저희들을 길이 참으시고 사랑하사 예수님을 이 땅에 보내 주시니 감사합니다. 주님을 십자가에 못 박아 피 흘려 죽게 하심으로 우리의 죄악을 용서해 주시고 하나님의 자녀로 삼아 주신 것, 감사합니다. 약속하신 성령을 저에게도 보내 주시고 말씀으로 늘 인도하시는 주님, 저희를 위해 천국을 예비해 주신 것 또한 감사합니다.

주께서 호령과 천사장의 소리와 하나님의 나팔 소리와 함께 친히 하늘로부터 강림하실 때 그리스도 안에서 죽은 자들이 먼저 일어나고 우리 살아남은 자들도 일어나 공중에서 주를 영접하고 주님과 손을 잡고 천국으로 가게 될 것입니다. 하나님의 보좌 앞에 이를 때에 천군천사가 찬송하고, 우리는 주님 품에 안길 것입니다.

하나님께서는 이 땅에서 당한 저의 모든 고난을 위로해 주시고 모든 눈물을 씻어 주실 것입니다. 다시는 사망이 없고 애통하는 것이나 곡하는 것이나 아픈 것이 없는 천국에서 영원히 주님을 모시고 살게 되는 참된 소망을 주신 것을 진심으로 감사합니다. 하나님의 영광이 밤낮 없이 비추고, 보좌에서 나오는 생명수를 마시고, 생명나무 열매를 마음껏 먹게 하실 주님께 감사합니다.

하나님, 지금은 거울로 보는 것 같이 희미합니다. 그러나 주님, 우리 주님이 오실 때에는 얼굴과 얼굴을 맞대고 보듯이 모든 것이 분명해질 것을 믿습니다. 주님, 저는 한시라도 빨리 주님께 달려가고 싶습니다. 그러나 하나님, 이 땅에 있는 동안 감당해야 할 사명이 있는 줄 믿사오니 마음과 정성과 힘을 다하여 감당하게 하옵소서.

그러하오나 주님, 세상은 결코 호락호락하지 않습니다. 원수가 우는 사자처럼 삼킬 자를 찾으며, 때로 사탄이 우리를 밀 까부르듯이 도전해 옵니다. 그러나 우리는 절대 두려워하지 않습니다. 누가 우리를 주님의 사랑으로부터 끊어 놓을 수 있겠습니까? 환난이나 곤고나 핍박이나 기근이나 적신이나 위협이나 칼이라 할지라도, 사탄의 권세나 세상의 권세자나 죽음이라 할지라도 우리를 어찌 이길 수 있겠습니까? 우리가 주님 안에 있는 한 하나님의 사랑으로 말미암아 이 모든 것을 넉넉히 이길 줄로 믿습니다.

하나님, 저는 수령과 방백을 의지하지 않으며 오직 하나님만 의뢰합니다. 주는 나와 함께하시고 나의 하나님이 되시니 전혀 두렵지 않습니다. 주께서 오늘도 저를 굳세게 하시고 의로운 오른손으로 붙들어 주실 줄 믿습니다. 하나님, 오늘도 저는 하나님이 주신 전신갑주를 입기 원합니다.

구원의 투구를 쓰고 의의 흉배와 진리의 허리띠를 띠고 성령의 검과 믿음의 방패를 가지고 평안의 복음이 준비한 것으로 신을 신고 세상을 향하여 담대히 나아갑니다.

주여, 저는 오늘도 주님이 동행하심으로 우겨쌈을 당하나 싸이지 않을 줄 믿습니다. 핍박을 당해도 버린 바 되지 않고, 답답한 일을 당해도 낙망치 않으며, 거꾸러뜨림을 당해도 절대 망하지 않겠사오니 여호와 닛시 우리 하나님께서 오늘도 제게 승리를 주실 줄 믿습니다. 영광을 받아 주옵소서.

아브라함과 이삭과 야곱의 하나님이여, 주는 나의 산성이시고 방패이시며 구원의 뿔이 되십니다. 아버지여, 땅이 변하든지 산이 흔들려 바다 가운데 빠지든지, 바닷물이 흉용하고 뛰놀든지 그것이 넘침으로 산이 요동할지라도 전혀 두려워하지 않는 반석 같은 믿음을 제게 주옵소서.

믿음의 선조들은 돌로 침을 당하고 칼로 죽임을 당하고 톱으로 켬을 당하면서도, 이리 가죽을 쓰고 굴혈을 다니면서도 주님 주신 지상명령을 끝까지 수행하여 오늘날 우리가 구원을 얻고 하나님의 자녀가 될 수 있었습니다. 주여, 세상이 감당치 못할 선진들의 이 믿음을 제게도 허락해 주옵소서.

하나님, 오늘도 동일하게 고백합니다. 여호와는 나의 빛이요 나의 구원이시니 내가 누구를 두려워하겠습니까. 여호와는 내 생명의 능력이시니 내가 누구를 무서워하겠습니까. 나의 대적, 나의 원수 된 행악자가 오늘도 내 살을 먹으려고 내게로 왔다가 실족하여 넘어졌습니다. 그러므로 하나님, 군대가 나를 대적하여 진을 칠지라도 내

마음이 두렵지 아니하며, 전쟁이 일어나 나를 치려 할지라도 내가
오히려 안연하리라 믿습니다.

　전능하신 주님, 오늘도 나와 동행하시고 원수를 흩으시며 나로
승리하게 하옵소서. 오늘도 거룩하고 성결한 삶을 통해 주의 영광
을 나타내기 원합니다. 술 취하고 방탕하고 음란한 세상에서 빛으
로, 소금으로 살아가게 하옵소서. 저들을 사랑으로 섬기되 동화되
거나 타협하지 않게 하시고 구별된 삶, 성결한 삶을 살며 때를 따
라 하나님 말씀을 담대히 전하는 증인으로 힘 있게 살아가게 하옵
소서. 성령으로 충만케 하셔서 오래 참고 온유하고 투기하지 않게
하시고 자랑하지 않게 하시고 교만하지 않게 하시며, 무례히 행치
않게 하시고 내 유익만을 구하지 않게 하시고, 무엇보다 성내지 않
게 하옵소서. 오늘도 주님 주신 사랑으로 승리할 줄 믿습니다.

　전 세계에 흩어진 한민족을 보살펴 주셔서 언제 어디를 가나 주
의 제단을 쌓고 하나님의 이름을 부르는 저들을 하나님의 백성으
로 삼아 주옵소서. 어디를 가든 하나님의 말씀으로 각 민족들을
구원하는 사명을 잘 감당하게 하옵소서. 특별히 미국에 있는 한인
교회들을 잘 보살펴 주시고, 2세들을 기도와 말씀으로 잘 양육하
여 미국과 전 세계의 교계, 정치, 사회, 문화 모든 분야에 힘 있게
진출시켜 세계를 변화시키는 축복의 통로로 아름답게 사용하여 주
옵소서.

　하나님께서 우리 민족을 특별히 사랑해 주셔서 전쟁과 가난으로

역사 속에서 사라질 뻔한 우리 민족을 구원해 주신 것을 감사합니다. 선교사들을 많이 보내 주시고, 교회를 세워 주시며, 일제의 압박과 6.25전쟁 중에도 성도들의 믿음의 뿌리를 지켜 주시고, 이제 5만 교회와 10만 목회자와 1,200만 성도가 되기까지 역사해 주시니 감사합니다. 밤낮 부르짖는 자들의 기도를 들어주시고 우리를 불쌍히 여겨 주셔서 이 민족의 경제와 사회, 모든 분야를 발전시켜 주시니 감사합니다.

주께서 이렇게 하신 것은 우리를 주님의 도구로 사용하시기 위함인 줄 아오나 아직도 많은 사람들이 주님을 모른 채 우상을 섬기고 사신에게 절을 하여 하나님을 진노하게 하고 있습니다. 저들은 이 모든 발전을 자신들의 공로로 돌리고 여전히 술 취하고 방탕하며 음란과 패역을 일삼고 있습니다. 하나님의 눈에 가시 같고 연기 같은 가증한 우리의 행실을 보건대 하나님께서 진노하시고 어떤 벌을 내려도 달게 받아 마땅합니다. 그러나 주님, 우리 민족이 하나님께 모두 돌아갈 때까지 길이 인내하시고 참아 주시기를 간절히 원합니다.

주여, 주님이 진노하시고 심판당해 마땅한, 고통에 빠진 민족을 돌아보옵소서. 정치, 경제, 사회, 군사, 외교, 국방 등 모든 문제들이 산적해 있는데도 대통령은 하나님의 이름을 모릅니다. 하나님의 보좌 앞에 무릎 꿇고 기도하지 않습니다. 이 나라에 5만 목회자가 있는데 이 시대의 나단은 어디에 있습니까? 왜 그에게 복음을 전하지 않습니까? 주여, 그에게 무릎을 꿇고 하나님께 이 나라를 살릴 방도를 묻는 겸손함을 허락하시고, 지혜와 능력을 주사 이 민족을 고통에서 건지게 하옵소서.

지난 총선을 통해 국회를 새롭게 하시니 감사합니다. 이제는 더 이상 보혁의 갈등과 신구, 지역으로 사분오열하여 물고 찢는 가운데 먹살잡이를 하는 불상사가 일어나지 않게 도와주시고, 고성이 오가지 않게 도와주옵소서. 서로를 인정하는 성숙한 인격을 주옵시고, 머리를 맞대고 이 나라를 살릴 합당한 정책을 성실하게 연구하는 국회의원들이 다 될 수 있도록 주여, 인도하여 주옵소서.

모든 공무원들과 이 땅의 정치, 경제, 사회를 비롯한 모든 분야의 지도자들이 하나님을 영접하고 무릎 꿇어 주님을 경외하고 헌신의 삶을 살게 하옵소서. 노사관계가 어그러진 가운데 투자가 심히 위축되어 외국인도, 국내 기업도 국외에 공장을 짓는다고 합니다. 아버지여, 개혁을 통해 이 나라의 불필요한 모든 규제와 비효율과 허식이 사라지게 하시고 투자 여건을 변화시켜 주셔서 경제를 다시 한 번 일으켜 세워 주옵소서. 공장이 다시 돌아가게 도와주시고, 실업자들에게 일자리를 주옵소서.

이 나라의 교육제도를 불쌍히 여겨 주옵소서. 공교육은 무너지고 사교육이 극성을 부림으로 가계의 발목을 잡고 부동산 투기의 원인이 되며 경제발전의 장애가 되고 있습니다.

선생님들은 존경받지 못하며, 아이들은 힘들고 버거운 공부라는 짐을 지고 밤늦게 배회하고 있습니다. 저들의 영혼이 짓눌리고 있사오나 저들을 만날 시간마저 많지 않아 위로를 줄 수도 없습니다. 주여, 통촉하옵시고 저들을 고통에서 구할 주님 마음에 합당한 교육제도를 이 땅에 허락하여 주옵소서. 하나님을 진실로 경외하는 자를 교육의 책임자로 세우시고 주께서 그에게 지혜를 주사 담대하게 교육을 개혁하게 하여 주옵소서.

무너지는 가정에서 필요한 사랑을 받지 못한 자들과 잘못된 교육제도로 인해 낙오한 많은 청소년들을 위로하여 주옵소서. 저들이 실업자로 전락하며, 술 취하여 방황하고 있습니다. 마약을 하고 조직 폭력배로, 유괴범으로, 도둑으로, 신용카드 불량자로, 몸을 파는 자와 노숙자로 전락하고 있습니다. 하나님, 굽어살펴 주옵소서.

이 모든 일이 하나님을 떠나서, 또 믿음이 온전치 못하여 생기는 일들입니다. 주여, 교회들이 일어나게 하시고, 목회자와 모든 평신도들이 무릎 꿇고 기도하게 하시며, 전 국민이 미스바에 모여 회개하는 역사가 일어나게 하옵소서. 명색만이 크리스천인 자가 없게 하시고, 교회마다 주어진 지역에서 목회자와 성도가 힘을 합하여 성실하고 아름다운 사역을 감당함으로 영혼 구원이 불같이 일어나게 하옵소서.

하나님, 저희들은 남북이 갈라진 채로 50년 이상을 지내왔습니다. 우리 민족이 일제 치하에서 하나님을 배역한 죄가 참으로 큰데도 완전히 공산화되지 않게 하시고 남한만이라도 자유를 누리며 살게 하신 것을 감사합니다. 군사독재와 경제적 환난을 허락하사 많은 사람들이 곤고함 속에서 주께로 돌아오게 하심을 감사합니다.

그러나 주님, 북한의 형제자매들은 우리를 대신하여 그 아픈 매를 참 오래도 맞아 왔습니다. 폭압적인 독재정치 아래서 자유를 잃고 인권을 유린당하며 헐벗고 굶주리며 살아왔습니다. 주님, 저들을 불쌍히 여겨 주옵소서. 특별히 최근에는 여러 사고로 인해 북한의 형제들이 더욱 고통에 빠져 있습니다. 많은 돕는 손길을 통해 다친 자들이 신속하게 치료받게 도와주시고, 도시를 재건시켜 주옵소서. 구호물자가 들어갈 때마다 하나님의 사랑과 복음도 들어가서 영혼 구원의 역사가 일어나기 원합니다.

사랑의 주님, 저희들은 북한과 정치, 문화, 스포츠 등의 분야에서 많은 교류를 하며 통일을 위해 노력해 왔습니다. 그러나 인간이 어떤 계획을 세울지라도 그 길을 인도하시는 분은 하나님인 줄 압니다. 하나님, 우리의 노력은 하나님의 능력에 비하면 티끌만도 못합니다. 주께서 말씀으로 천지를 지으셨사오니 통일도 주의 말씀으로 될 줄을 믿습니다.

탈북자들을 돌보아주셔서 공안에 잡히지 않게 하시고, 천사를 보내사 저들의 탈출길을 안전하게 인도하여 주옵소서. 수용소에서 북한에 압송된 동포들이 생명에 위협을 받고 있습니다. 하나님, 저들의 생명을 안위하시고 살려 주옵소서. 탈북자들 중에는 중국에서 복음을 듣고 믿음의 전사가 되어 다시 입북해서 복음을 전하는 자가 있다고 하오니 저들의 사역을 도와주옵소서. 순교자들에게 큰 상급과 면류관을 예비하시며, 흘린 피가 헛되지 않도록 많은 무리가 주께 더하게 하시고, 특별히 공산당 간부와 가족들도 구원을 얻도록 도와주옵소서. 40만 지하교인들의 생명을 지켜 주시고, 소리 없이 부르짖는 저들의 신음 섞인 기도 소리에 귀 기울여 주시고 긍휼히 여기사 응답하여 주옵소서.

능력의 주님, ○○○○대를 운영할 걸출한 영적 지도자를 예비해 주시고, 그의 담대한 사역을 통해 북한의 천천만만의 젊은이들이 새벽이슬같이 하나님께 나아오게 하옵소서. 그리하여 저들이 북한의 정치, 경제, 사회, 문화, 모든 부문에 지도자가 되게 하시고, 하나님의 말씀으로 북한의 미래를 열어 가는 축복의 통로가 되게 하여 주옵소서.

주께서 힘센 오른팔로 삼팔선을 걷어내시고, 교회를 수복하게 하시며, 에스골 골짜기와 같은 흑암의 처소에 찬송이 울려 퍼지기를 원합니다. 모든 백성이 구원을 얻고 하나님의 품에 안겨 생명을 얻게 하여 주옵소서. 죄가 더한 곳에 은혜가 더한다고 하셨사오니 한 사람도 빠짐없이 북한의 모든 형제자매가 주님 앞에 속속히 나아올 줄 믿습니다. 그러할 때 주님, 남한 땅에서 하나님을 외면하고 우상과 탐욕을 좇으며 음란을 행하던 자들도 하나님의 사랑을 깨닫고 주님 앞에 모두 나아올 줄로 믿습니다. 원수가 물러가고 우리가 온전히 영적으로 해방되는 진정한 광복의 날, 부림절을 우리에게 베풀어 주옵소서.

우리가 땅 끝까지 이르러 복음을 전하기를 원하시는 주님, 선교를 위해 기도합니다. 북위 10도부터 40도에 이르는 지역의 회교, 불교, 힌두교, 유교와 우상 종교권이 모두 하나님께 돌아오기 원합니다. 특별히 장정아, 윤태중, 김태식, 김덕래, 강태윤 선교사님을 비롯한 우리 교회 협력선교사님들과 모든 선교사님들을 하나님께서 장중에 붙잡아 주시고, 저들의 꿇은 무릎을 더욱 강하게 하시며, 성령의 충만함과 담대함을 주셔서 입술을 벌려 끊임없이 복음을 전파하게 하옵소서. 바나바와 같은 신실한 동역자를 붙여 주시고, 날마다 믿는 자의 수를 더하여 주시며, 교회를 세워 주시고, 큰 부흥을 허락하여 주옵소서. 신학대학도 세워 주시고, 민족이 복음을 자급자족하기까지 나아가게 하옵소서.

미국을 위해 기도합니다.(생략)

중동을 위해 기도합니다. 모든 저항세력이 저항을 멈추고 손을 들게 하시고, 악한 세력이 신속히 무너지게 하시며, 중동의 테러를 비롯한 온 세계의 테러들이 종식되게 하옵소서.(생략)

인도를 불쌍히 여겨 주옵소서. 카스트 제도가 무너지게 하시고, 시바 신을 비롯한 온갖 우상이 사라지게 하시며, 경제를 발전시켜 주옵소서.(생략)

동남아시아 각 민족들을 구원하여 주옵소서. 온갖 우상과 사신에 얽매인 저들을 불쌍히 여기셔서 하나님의 말씀으로 새롭게 하옵소서. 주님, 일본은 기독교인이 1%밖에 되지 않는다고 합니다. 저들이 순수복음주의 신앙을 갖게 하시고, 선교사들과 협력하여 일본에 힘 있게 복음을 전하게 하옵소서. 군국주의가 물러가게 도와주시고, 태양신과 온갖 잡신과 우상들이 물러가게 하시며, 신사가 변하여 교회가 되게 하옵소서.

일본 열도가 십자가의 숲으로 뒤덮이게 하시고, 한때 저들이 총칼을 들고 대륙으로 진군하여 나라를 무너뜨리고 개인의 생명을 죽이는 천황의 군대였으나 이제는 하나님의 말씀을 들고 대륙에 진출하여 죽어 가는 생명을 살리고 하나님의 나라를 세우는 하나님의 군대가 되게 하옵소서.

중국에 1억의 기독교인을 허락하시니 감사합니다. 중국을 변화시켜 주옵소서. 가정교회와 처소교회 지도자, 선생들을 보살펴 주시고, 꿇은 무릎을 강건하게 하시며, 하나님이 주시는 권능으로 힘 있게 사명을 감당하게 하옵소서. 종교의 핍박으로 저들이 곤고함을 겪고 있습니다. 담대함을 주시고, 인내하게 하시며, 공산당 간부들이 하나님께 돌아오게 하여 주옵소서.

종교의 자유를 확대하는 법과 제도가 만들어지게 도와주심으로 모든 교회에 부흥을 허락해 주시며, 십자가를 높이 단 대형교회들이 많이 건축되게 하옵소서. 연변의 조선족들과 유학생들이 세운 교회들의 예배 처소를 주일마다 온전하게 하시고, 중국 복음화의 첨병 역할을 감당하게 하옵소서.(생략)

긍휼이 많으신 아버지, 구소련 지역을 불쌍히 여겨 주시고, 공산주의가 떠나간 저들의 공허한 영혼을 하나님의 말씀과 사랑으로 채워 주옵소서.

아프리카를 불쌍히 여겨 주옵소서. 우상을 섬기고 사신들에 잡힌 나라들을 주의 말씀으로 구원하여 주옵소서. 가난과 질병과 음란과 가뭄, 내전이 없게 하시고, 선교사의 노력으로 교회가 곳곳에 세워지고 모든 나라와 민족이 하나님께 돌아올 수 있도록 역사하여 주옵소서. 남미의 천주교와 혼합된 우상 종교들이 순수복음주의 신앙으로 돌아가게 하시고, 북극과 남극, 온 세계의 해양과 삼림에 거하는 미전도 종족들에게 복음이 전해지고 물이 바다를 덮음같이 하나님의 구원이 온 세계를 뒤덮게 하옵소서.

사랑의 하나님, 이런 모든 일들을 위해서 특별히 새로남교회를 대전 땅에 세워 주시고 지금까지 날마다 구원받는 성도들의 수를 더해 주시고 말씀이 흥왕케 하시며 부흥에 부흥을 거듭하게 하셨으니 감사합니다. 오정호 담임목사님을 우리에게 보내 주시고 목사님의 기도와 말씀으로 늘 쉴 만한 물가와 푸른 초장으로 인도함받게 하시니 감사합니다. 목사님에게 목양일념, 정도목회의 가치관과 제자훈련의 비전을 허락하시고, 영혼 구원의 사명을 능력 있게 감당하게 하시니 감사합니다. 교회 비전 선언문과 교회의 핵심가치의 실천을 위해 앞장서서 인도하게 하시니 감사합니다.

원하옵건대 주님, 목사님에게 기도의 영력을 주옵소서. 영혼 구원과 훈련, 대전 성시화, 이 민족의 복음화와 세계 선교를 위해 힘써 기도할 때마다 꿇은 무릎을 강하게 하시고, 하나님께서 일일이 응답하심으로 기쁨으로 사역을 감당하게 하옵소서.

베푸시는 말씀마다 권세와 능력을 날로 더해 주셔서 성도들을 감화시키고 교훈과 책망과 바르게 함과 의로 교육하기에 부족함이 없는 말씀이 되게 하옵소서. 국내 선교지와 오대양 육대주를 다니며 선포하는 모든 말씀에 권능을 더하셔서서 듣는 무리 중에 믿지 않는 자들이 구원을 얻고 교회마다 큰 부흥을 이루는 계기가 되게 하옵소서.

하나님, 목사님은 새벽부터 일어나 저녁 늦게 누우며 힘든 사역을 감당하고 있습니다. 모든 일이 형통하게 하시고 몸이 피곤치 않도록 붙잡아 주시며 독수리가 날개치고 올라가는 강건함을 더해 주옵소서. 사모님과 손을 잡고 기도하는 시간들을 축복해 주시며, 모든 기도에 귀 기울여 주시고, 항상 훌륭한 동역자로서의 팀워크를 허락하여 주옵소서.

사모님의 기도사역에 힘을 더해 주시며 훈련과 심방, 그리고 방송사역에 늘 함께하여 주옵소서. 특별히 두 아들과 자손들을 위하여 기도할 때에 그들의 학업과 믿음을 보살펴 주시고, 영성과 지성을 겸비한 아들들이 되어 하늘나라의 두 기둥인 야긴과 보아스 같이 한 시대를 풍미하는 탁월한 주의 종으로 쓰임받게 하여 주옵소서.

부교역자님들에게도 동일한 복이 임하기를 원합니다. 목사님과 부교역자님들, 장로님들이 믿음으로 하나 되게 하시고 동일한 비전을 가지고 동역하게 하시되 다윗과 요나단과도 같은 아름다운 팀워크를 통해서 사역에 시너지 효과가 나타나게 하옵소서. 우리 교회 장로님들, 순장, 권사, 교사들을 기억하셔서 기도의 능력을 더해 주시고, 성령 충만함과 강건함, 지혜와 능력을 주시며, 속한 부서에 소용되는 은사와 은혜를 부어 주사 마음과 정성과 힘을 다하여 봉사하게 하옵소서.

특별히 교회 부흥의 초석이 되는 순장님들을 붙잡아 주시고, 말씀의 능력과 영혼 사랑의 마음이 충만하게 하옵소서. 순원들을 위하여 기도하고 말씀으로 저들을 세워 나갈 때마다 순원들의 믿음의 진보가 나타나게 하시고, 저들에게 기쁨을 주시기 원합니다.

특별히 우리 태평다락방을 사랑해 주시고 ○집사님 가족의 물질을 회복시켜 주옵소서. 일본어 교수인 이 집사님이 너무 일이 많아 어려움을 겪고 있습니다. 돕는 자가 필요합니다. 빈 자리를 신속히 채워 주옵소서. 김 집사님 또한 외지에서 고생하고 있습니다. 대전에 일자리를 허락하옵시고, 다락방 예배에 참석할 수 있도록 인도하여 주옵소서. 김 집사님 내외가 이제 믿음의 관문에 들어섰습니다. 말씀을 듣고 깨우치게 하시고, 마음 문을 열고 말씀을 받게 하시며, 구원과 천국의 확신을 갖게 하옵소서. 믿음이 향상되게 하시고, 모든 예배와 훈련에 적극적으로 참여하는 가운데 교회의 기둥과 같은 일꾼으로 자라나게 하옵소서.

그리고 세은이를 불쌍히 여겨 주셔서 대학에서 학업을 잘 감당할 수 있도록 지혜와 능력을 주옵소서. 다락방의 모든 자녀들이 부모님의 말씀과 기도로 잘 양육되어 술 취하고 방탕하며 음란으로 가득 찬 세상을 역류하는 그리스도의 군사로서 만년동 성전의 기둥 같은 일꾼이 되게 하시고, 민족을 변화시키는 축복의 통로로 아름답게 쓰임받게 하옵소서.

주일학교를 위해 기도합니다. 이 나라의 장래는 주일학교의 부흥에 달려 있는 줄 믿습니다. 유아부로부터 대학, 청년부에 이르는 모든 주일학교 학생들이 술 취하고 음란하고 방탕한 이 세상의 가치관에 물들지 않고 거룩하고 성결한 삶을 살게 하옵소서. 저들이 하나님의 뜻에 바탕을 둔 분명한 인생의 가치관과 목적을 가지고 열심히 기도함으로 세상이 감당치 못할 믿음의 용사가 되기를 원합니다.

만년동 성전의 기둥 같은 일꾼이 되고, 이 나라 이 민족의 정치, 경제, 사회, 문화, 교계에 힘 있게 진출하여 말씀으로 민족을 변화시키는 축복의 통로가 되게 하여 주옵소서.

10년, 20년 후에도 이 나라에 큰 변화가 없다면 그것은 우리의 책임입니다. 하나님, 저희 교사들이 이들을 링컨으로, 워싱턴으로, 무디와 웨슬리로 만들지 못하면 이 나라의 장래는 없습니다. 그러므로 하나님, 모든 교역자와 선생님들이 기도를 쉬는 죄를 범하지 않게 도와주시고, 한 영혼 한 영혼을 자녀처럼 사랑함으로 저들 각자가 세상의 유일한 소망으로 반듯이 서기까지 최선을 다하여 섬길 수 있도록 도와주옵소서.

만년동 성전 입당을 계기로 각 부서가 심기일전하게 하시고, 세워지는 각 부서의 계획 위에 기름 부으시고 축복하셔서 큰 부흥을 허락하여 주옵소서.

우리 중등부를 특별히 사랑해 주시니 감사합니다. 조성민 목사님에게 지혜와 능력을 주시고 강건함을 주셔서 피곤치 않게 하시며 영혼 사랑하는 마음을 늘 새롭게 하셔서 힘 있게 사역을 감당하게 하옵소서.

이상현 부장집사님과 이진만 총무님을 비롯한 임원들에게 특별한 지혜와 능력을 주셔서 목사님과 아름다운 팀워크를 이루어 나가게 하옵소서. 모든 선생님들의 가정을 평안케 하시고 직장에 복을 내려 주심으로 사랑으로 저들을 품고 기도하며 말씀을 가르칠 수 있도록 도와주옵소서. 목사님께서 말씀을 전하실 때마다 성령의 충만함과 권능을 더하시고, 학생들이 집중할 수 있도록 저들의 생각을 붙잡아 주옵소서.

선생님들이 공과를 준비하되 열과 성을 다하게 하시고, 학생들이 공과공부에 열중할 수 있도록 도와주셔서 말씀을 통해 저들의 믿음과 인격이 그리스도의 장성한 분량을 향하여 날마다 자라날 수 있도록 인도하여 주옵소서.

우리 3학년 반 학생들 경륜, 지홍, 유택, 재성, 준모, 성현, 경훈, 수빈이가 있습니다. 하나님, 저에게 사랑이 없음을 불쌍히 여겨 주시사 이들을 혈육의 자녀처럼 품고 기도하며 사랑을 베풀고 말씀을 가르쳐서 이 나라의 기둥으로 세우게 하옵소서.

하나님, 저희들은 이제 중등부 여름 수련회를 준비하고 있습니다. 이를 준비하는 목사님과 기획섬김부 위에 능력과 지혜를 부어 주셔서 정말로 하나님이 원하시고 받으실 만한 수련회가 되기 원합니다.

이번 수련회를 통하여 하나님께 무릎 꿇으므로 절대로 세상에 무릎 꿇지 않는 예수의 용사들이 많이 배출되게 도와주옵소서. 세상으로 향하는 학생들의 발걸음을 하나님께로 돌이키는, 생애에 잊을 수 없는 감격의 수련회가 되게 하옵소서.

준비하는 학생들이 있습니다. 모든 임원들과 축제 순서 순서를 담당하는 학생들에게 기쁨을 주시고 열과 성을 다하여 준비하게 하옵소서. 좋은 장소와 일기를 허락하사 수련회가 학생들로 가득 차게 하시고, 하나님이 임재하시사 성령 충만의 은혜를 부어 주셔서 모두가 다 같은 목소리로 하나님께 영광 돌리며 기쁨이 넘치게 하옵소서.

하나님의 구원의 은총을 체험하게 하시고, 많은 학생들이 구원의 확신을 얻고 인생을 결단하는 역사를 목도하게 하옵소서. 하나님, 이 수련회를 계기로 중등부에 부흥이 힘 있게 일어나서 500명 이상이 출석하는 역사를 이루어 주옵소서. 우리 중등부가 대한민국 모든 교회의 중등부를 대표할 수 있는 중등부가 되게 하시고, 대전과 온 나라의 모든 중학생들을 변화시키는 진원지가 되고 영적인 기반이 되게 하옵소서.

하나님, 미약한 저희들에게 성전 건축의 비전을 허락하시고 하나님의 명령에 순종하며 성전을 완공시켜 입당예배를 드릴 수 있도록 인도하여 주신 것을 감사합니다. 목사님과 당회에 크고 아름다운 비전과 담대함을 허락하시고, 재정, 건축, 비전 팀에게 브사렐과 오홀리압에게 주셨던 성령 충만함과 지혜를 주시며 지금까지 인도하신 하나님께 감사드립니다. 에벤에셀의 하나님께서 교회를 헌당할 때까지 장래 모든 절차와 과정을 눈동자처럼 지켜 주시고 영광을 받으실 줄 믿습니다.

모든 성도들이 힘을 다해 기도하며 헌물을 드렸습니다. 자녀들에게 복을 주시고 어려운 시기에 일터마다 복을 내려 주셔서 한 점 아쉬움이나 부끄러움이 없이 마음껏 다시 한 번 헌신할 수 있도록 은혜를 베풀어 주옵소서. 하나님께서 순종하는 백성들에게 베푸시는 "후히 되어 누르고 흔들어 넘치"(눅 6:38)는 복을 모두가 체험하게 하옵소서.

LG, 정림건축에 함께하셔서 안전사고가 나지 않도록 붙잡아 주시고, 직원 모두에게 성실한 마음과 공교한 손길을 더해 주셔서 하나님이 보시기에 참으로 흡족한 아름다운 교회가 되었습니다. 우리는 새 성전이 정말 자랑스럽습니다. 그러나 하나님, 우리는 건물보다는 하나님이 그곳에서 이루실 역사를 기대합니다. 모두가 만년동 시대를 힘 있게 준비하게 하여 주옵소서. 열심히 예배에 참석하고, 성경을 읽고, 훈련받고, 새벽으로 기도하며, 십부장과 백부장으로, 금 그릇과 은 그릇으로 귀하게 쓰임받게 하옵소서.

하나님, 우리 교회가 전도에 열심을 더하기 원합니다. 기도로서 대전을 품게 도와주시고, 대전을 힘 있게 사랑할 수 있는 영혼 사랑의 마음을 풍성하게 베풀어 주옵소서. 대전의 그늘진 곳, 애통하는 자들과 슬픈 자들을 적극적으로 찾아가 위로하게 하시고, 하나님의 사랑과 말씀을 베풀며 영혼을 구원하게 하옵소서.

직장 동료와 친척과 이웃에게 그리스도인으로 사랑과 품격을 나타내며 열심히 전도할 수 있게 하옵소서.

정부청사와 관공서와 기업들과 연구단지, 그리고 카이스트와 각 대학을 품고 기도하며 지혜롭게 저들의 영혼을 구원할 수 있게 하옵소서. 하나님께 서원한 1만 5천 명의 성도를 속히 확보해 주셔서 온 중부권을 복음으로 깨우도록 도와주옵소서. 우리 교회에서 성장한 수많은 젊은이들이 민족을 복음화하는 목회자가 되게 하시고, 세계 곳곳에 번져 나가 하나님의 땅을 개척하는 풀타임 선교사들이 되게 하옵소서. 새로운 성전에 하나님의 영광이 세세토록 임하시며 자녀손들이 대대로 아브라함과 다윗에게 언약하신 복을 영원히 누리며 살게 하옵소서.

긍휼이 많으신 주님, 이 시간도 육신이 연약하여 병상에서 하나님의 도우심을 간절히 바라는 K 집사님, B 집사님, C 집사님이 있습니다. 저들을 불쌍히 여겨 주셔서 기도할 때 하나님의 크신 사랑과 능력을 체험하게 하옵소서. 우리의 질고를 담당하신 주님의 보혈로 깨끗이 씻음받고 치유되는 은혜를 베풀어 주옵소서. 힘들수록 더욱 전심으로 기도하게 하시고, 협력하여 선을 이루시는 주님을 의지하고 끝까지 인내의 경주를 감당하므로 최후의 승리를 얻게 하옵소서.

특허청을 특별히 사랑해 주시는 주님, 청장님 이하 모든 간부와 직원들에게 지혜와 건강을 주셔서 저들이 하나님의 뜻에 합당한 정책을 세우고 집행하게 하옵소서. 성실하고 투명하고 공정한 행정을 베풀며 국민을 주님처럼 섬기는 자들이 되게 하시고, 주님을 모르는 자들이 어떤 경로를 통해서든지 구원을 얻게 하옵소서.

신우회가 있습니다. 다른 동호회와는 구별되는 열성과 성실함이 있게 하시고, 동료들에게 친절과 사랑을 베풀어 실질적인 전도가 일어나게 하옵소서. 회장님에게 성령의 충만함과 지혜를 주셔서 신우회를 잘 인도하게 하시며, 모두가 힘 있게 기도하고 사명을 감당함으로 놀라운 부흥이 일어나게 하옵소서.

특별히 많은 신우회 회원들이 관리자의 반열에 들게 하셔서 직원들에게 말씀으로 영향력을 끼치며 특허청을 복음화할 수 있게 하옵소서. 특별히 저로 하여금 전도부장의 직책을 잘 감당하게 하시고, 문서선교와 실질적인 전도활동을 통해 많은 사람을 구원할 수 있도록 도와주옵소서.

저를 특허청으로 불러 주시고, 오랜 기도를 성실하게 응답해 주시며, 원하는 보직으로 늘 앞서가시며 인도해 주신 여호와 이레의 하나님을 찬송합니다. 하나님, 제가 무엇이관대 이토록 사랑하시며 돌보아주시는지요. 정말 감사합니다. 함께 일하는 직원들을 주님의 품으로 인도할 수 있도록 역사하여 주옵소서.

이미 전도하여 신앙을 갖기 시작한 J 자매와 K, N 형제를 특별히 붙잡아 주셔서 진리를 알아 가며 기쁨으로 교회에 다닐 수 있도록 도와주옵소서. 복음을 들었으나 유보하고 있는 Y 자매와 H 자매도 구원하여 주옵소서. 그 외에 복음을 전하기 전에 기도하고 있는 K, P, G 씨를 비롯한 모두에게 때를 따라 자연스런 복음 전파의 기회를 마련해 주시고 저들의 생명을 구원하여 주옵소서.

특별히 저로 하여금 전도훈련을 받게 하시니 감사합니다. 목사님과 선배들에게 열심으로 훈련받고 배우고 익혀서 지금까지 직장을 통하여 교제해 온 많은 사람들을 주께로 인도할 수 있도록 도와주옵소서. 특별히 금년에 구원할 6명의 전도 대상자 C, B, K, D, P, S(전도훈련과 관련된)를 구원하여 주옵소서.

이제 주님께서 보내 주신 특허심판원에서 심판관으로서 성실히 일을 감당하기 원합니다. 하나님께 영광을 돌리기 원하오니 탁월한 실력을 겸비하게 하시고, 머리가 될지언정 꼬리가 되지 않게 하옵소서. 특허, 실용, 의장, 상표 관련 법규와 실무에 뛰어난 자가 되게 하시고, 일본어와 영어가 특출하게 하시며, 변리사로 나아갈 때에 돕는 사람도 순적하게 붙여 주시고 모든 절차를 형통하게 하사 능력 있는 변리사가 되게 하옵소서.

저에게 가정을 베풀어 주시고 아내와 자녀들을 통해서 위로받게 하신 것을 감사합니다. 저들을 마음껏 사랑하고자 하오나 저는 사랑이 부족한 사람입니다. 주님이 십자가에 오르셔서 피 흘린 사랑과 헌신을 배우게 하옵소서. 아내를 사랑하기 원합니다. 아내의 필요를 늘 채워 주고 연약한 부분까지 사랑으로 용납하게 도와주옵소서. 너희는 서로 피차 복종하라 하셨사오니 아내에게 진심으로 순복할 수 있는 마음을 주옵소서.

주 안에서 나의 진실한 동역자인 정 집사를 불쌍히 여겨 주옵소서. 중년이 되었는데 직장생활이 너무 힘이 듭니다. 지혜와 능력과 강건함을 주셔서 잘 감당하게 도와주시고, 동료들을 주님께 인도할 수 있는 친절과 사랑을 베풀게 하옵소서. 이제 다시 새벽으로 무릎 꿇는 기도자가 되게 하셨으니 감사합니다. 기도할 때마다 은혜를 주시고, 제목마다 응답해 주시며 자녀들을 안수하며 축복할 때도 소원을 이루어 주심으로 기쁨이 넘치게 하옵소서. 유치부 선생과 다락방 권찰로서의 사명을 잘 감당할 수 있도록 선한 길로 인도하여 주옵소서.

긍휼이 많으신 주님, 우리 소록이와 지훈이를 제단에 바칩니다.

주께서 한 점 티나 흠이나 주름이 없게 하시고 흠향하여 주옵소서. 저들이 언제 어디를 가든지 코람데오의 삶을 살게 하시고, 입에서 찬송이 떠나지 않게 하옵소서. 늘 예배시간이 되면 30분 전에 와서 맨 앞자리에 앉게 도와주시고, 온전한 십일조와 절기헌금과 규모 있는 감사헌금으로 주님을 영화롭게 하기를 원합니다.

목사님을 하나님 섬기듯 하게 하시고, 늘 성경을 열심히 읽어 수백 번 완독하게 도와주시며, 묵상하고 암송한 말씀으로 기도할 때 하나님의 능력과 은혜를 날마다 체험할 수 있게 하옵소서.

하나님, 저들이 레바논의 백향목, 궁전의 식양 모퉁잇돌처럼 주 앞에 힘 있게 자라나 주의 나라를 받치는 기둥이 되게 하옵소서.

우리 소록이의 앞날을 지켜 주옵소서. 서울에 가서 공부할 때 좋은 거처를 마련해 주시고, 좋은 교수와 동료를 만나게 도와주시며, 좋은 교회로 인도하여 주옵소서. 어디를 가든지 위험을 당하지 않게 도와주시고 지혜를 주사 모두 A학점으로 채워 주시고 좋은 곳에 취업할 수 있도록 도와주옵소서.

새벽으로 무릎 꿇는 배필을 허락하셔서 아름다운 신앙의 가문을 이어 가게 하시고, 하나님이 언제든지 부르시면 풀타임 사역자로 나갈 수 있는 순종의 마음을 주옵소서.

우리 지훈이가 건강하게 하시고, 키와 지혜가 자라게 하시며, 아름답고 남자다운 용모를 주시니 감사합니다. 작년 한 해 성적을 많이 올려 주신 것을 감사합니다. 금년에도 그만큼 올려 주셔서 상위 그룹에 서게 하옵소서. 자신을 의지하지 않게 하시고, 공부에 끌려

가는 것이 아니라 하나님의 도우심을 믿고 공부를 지배하고 다스
리며 기쁨으로 감당하게 하옵소서.

그러나 하나님, 언제든지 주께서 풀타임 사명자로 부르시면 세상
의 배와 그물을 버리고 기쁜 마음으로 달려가 감당하게 하옵소서.
새벽으로 무릎 꿇고 항상 기도하는 배필을 허락하여 주셔서 신앙
의 명문 가문을 이어 가게 하옵소서.

주여, 저들의 자녀손 위에 기름 부으시고 축복하사 세계적인 목
회자와 선교사, 의사와 기업가와 박사, 교수 등 기라성 같은 영적
거물들을 배출하여 민족과 세계를 변화시키는 축복의 통로로 쓰임
받게 하옵소서.

주님, 형제자매를 위해 기도합니다. 저의 막냇동생 봉수의 믿음
을 지켜 주시고 대학에 합격시켜 주옵소서. 배필을 위해 오랜 세월
기도했습니다. 이제 그 기도를 들어주사 새벽으로 무릎 꿇는 믿음
좋은 배필을 허락하시고, 아름다운 가정과 신앙의 가문을 이어 가
게 하옵소서.

연희가 계속해서 교회에 잘 나가게 하시니 감사합니다. 남편과
시어머니도 곧 구원해 주옵소서. 대영이네 가정을 믿음으로 굳건히
세워 주시니 감사합니다. 물질에 어려움을 겪고 있사오니 모든 필요
한 것들을 예비해 주시고 이번에 사무직으로 옮길 수 있도록 도와
주옵소서. 현숙이는 특별히 토지소송 관계로 어려움을 당하고 있
습니다. 도울 자를 예비해 주시고 일이 순적하게 풀릴 수 있도록
인도하여 주옵소서. 하나님께서 늘 함께하셔서 명옥이의 믿음을
붙들어 주시고 온전하게 하옵소서.

특별히 형님을 불쌍히 여겨 주옵소서. 20여 년 동안 형님을 위해 기도했습니다. 지난 구정 때 또다시 복음을 전하게 하시고 형수님을 구원해 주시니 감사합니다. 원하옵건대 형님의 견고한 마음을 움직이사 속히 하나님께 돌아오게 해 주옵소서. 붙잡고 있는 헛된 것들을 물리쳐 주시고 생명을 구원하여 주옵소서.

건강할 때 하나님의 일을 할 수 있사오니 하나님, 서둘러 주옵소서. 저만 구원을 얻고 형님이 불 속에서 고통당하는 것을 보게 된다면 천국에 있다 한들 마음은 지옥에 있는 것보다 더 고통스러울진대 제게 구원이 무슨 소용이 있겠습니까? 주여, 굽어살펴 보시고 그 가문에 구원을 베풀어 주옵소서.

조카들이 교회에 나가기 시작했습니다. 조카들 모두 믿는 사람을 만나 신앙의 가문을 힘 있게 개척해 나갈 수 있도록 도와주옵소서. 세 처제를 사랑하시고 구원해 주셔서 신앙생활을 잘 하게 하시니 감사합니다. 그들의 자녀들도 믿음 안에서 자라나 귀하게 쓰임받게 하옵소서. 남은 가족 모두가 곧 교회로 나갈 수 있도록 도와주옵소서.

그리고 철이를 비롯하여 …를(22명 이름을 다 부르며) 구원하여 주옵소서. 이 모든 말씀을 십자가의 희생으로 우리를 구원하신 예수님의 이름으로 기도드립니다. 아멘!

필자의 새벽기도문 예시
(2시간)

주님, 오늘도 주의 긍휼과 자비와 인도하심과 보호하심을 바라며 주의 보좌로 나아갑니다. 넘어지고 무너지고 깨어질 수밖에 없는 연약한 인생을 주여, 긍휼히 여겨 주옵소서. 흙으로 지었고 혈과 육을 입은 인생이오니 불쌍히 여겨 주옵소서.

오늘도 주의 인도하심, 돌보심과 살피심, 붙잡으심이 없으면 한시 한순간도 살아갈 수 없고 한 걸음도 나아갈 수 없는 인생이오니 주여, 긍휼히 여겨 주옵소서. 오늘도 하늘 문을 열어 주옵시고, 주의 은혜와 능력과 기쁨과 평강으로 충만하게 채워 주옵소서. 주님의 생명과 사랑, 소망으로 주님의 모든 충만한 것으로 가득 채워 주옵소서.

전능하셔서 모든 것을 감찰하시는 주님, 멀리서도 나의 앉고 일어섬을 다 아시는 주님 앞에 나아갑니다. 저의 온갖 패역과 교만과 불순종과 게으름, 모든 언행과 마음의 태도와 동기까지 다 알고 계시는 주님 앞에 모든 것이 드러났사오니 감출 것이 하나도 없나이다.

용서해 주옵소서. 너희가 서로 사랑하면 이로써 모든 사람이 너희가 내 제자인 줄 알리라 하셨습니다. 내가 너희를 사랑한 것 같이 너희도 서로 사랑하라 명하셨사오나 저는 주님 뜻대로 살지 못하였고, 사명을 감당치도 못했으며, 특별히 하나님을 사랑하고 이웃을 사랑하는 데 실패했습니다.

이 시간 드리는 모든 기도와 묵상이 주께 열납되기를 원합니다. 시기 질투와 원망 불평, 근심과 염려, 증오와 분노, 상처와 쓴 뿌리들이 여전히 나를 붙잡고 있고, 편협하고 옹졸한 마음에 남을 용납하고 용서하지 못합니다. 좀 더 섬기고 베풀며 사랑하지 못한 죄를 주여, 용서하여 주옵소서.

(구체적인 내용으로 죄 용서를 구함. 개인적인 비밀이므로 생략)

말씀 최우선주의로 살지 못하고 주님의 말씀을 만홀히 여긴 죄도 용서해 주옵소서. 말씀을 만홀히 여겼음은 주님을 만홀히 여긴 것이오니 이보다 더 큰 죄악이 있겠나이까? 말씀보다도 물질의 유익을 주는 정보들, 건강에 유익을 주는 정보들, 지식을 넓히고 오락을 주는 정보들을 더 사랑한 죄를 용서하여 주옵소서.

교훈하고 책망하고 바르게 하고 의로 교육하는 말씀이 일상의 삶에서 순간순간 다가왔지만 얼마나 제대로 순종했나이까? 여전히 세상의 가치관과 풍조를 핑계하며 죄의 정욕과 습관과 본능을 따라 불순종하며 살아온 시간 시간들을 회개하오니 주여, 용서하여 주옵소서.

사명인들 제대로 감당했나이까? 가정 제사장, 가문의 제사장, 교회의 직분자, 순장과 교구장, 교사, 전도자로서의 소명을 온전히 감당하지 못한 게으름과 죄를 용서하여 주옵소서. 아버지, 무너지고 넘어지고 깨어진 심령을 가지고 주님 보좌로 나아가기 전, 십자가 앞으로 나아갑니다. 우리를 위해 몸 찢고 피 흘리신 우리 주님의 사랑 앞으로 나아갑니다.

주여, 나를 받으시고 오늘도 흐르는 주의 보혈로 무너지고 깨어지고 죄로 오염된 심령을 정결케 하여 주옵소서. 깨끗이 씻음 받기 원합니다. 머리끝부터 발끝까지 성한 곳이 없는 내 모든 육체를 주여, 주의 피로 깨끗게 하여 주옵소서. 주님의 보혈은 정결케 하고 치유와 회복케 하는 능력이 있는 줄 믿습니다. 한 점 티나 흠이나 주름이 없도록 깨끗하게 씻어 주옵소서.

주님, 따뜻한 눈길을 내게 주옵소서. 노아가 보았던 주님의 사랑의 눈길을 저도 보기 원합니다. 따스한 주의 음성을 들려주옵소서. 오늘도 저를 "내 사랑하는 아들이요 내 기뻐하는 자라"(마 3:17) 불러 주옵소서. 손을 내미사 내 모든 아픈 부위를 쓰다듬어 주셔서 낫게 하여 주옵소서. 내 손을 잡아 일으키시고 품에 안아 주옵소서.

주님 품에 안길 수만 있다면 세상의 권세, 명예, 물질, 모든 것을 버리겠습니다. 주님 품에 온전히 안기기 위해 무엇을 더 버려야 하겠나이까? 주의 사랑으로 충만케 하여 주옵소서. 성령으로, 은혜와 권능으로 충만케 하여 주옵소서.

정신을 차리겠습니다. 신령과 진정으로 온전히 예배하는 자가 되겠습니다. 마음과 정성과 힘과 뜻을 다하여 주님을 따르는 자가 되겠습니다. 나를 부인하기 원합니다. 육체적 정욕과 안목의 정욕, 이생의 자랑을 다 버리고 오직 주님만 따르기 원합니다. 첫사랑을 회복하게 하시고 성령으로 충만케 채워 주옵소서. 뜨거운 복음의 열정, 영혼 사랑의 마음을 회복하여 버려진 십자가를 다시 둘러메고 사명의 길을 힘 있게 달려가기 원합니다. 주님, 인도하여 주옵소서. 동행하여 주옵소서. 주만 따르기 원합니다. 주님 가신 길을 저도 힘 있게 따라가겠습니다.

주님, 복음 전도자로서 회복되기 원합니다. 성령의 충만함을 채워 주옵소서. 오래 참음과 자비와 양선, 온유와 절제, 사랑과 희락과 화평, 충성 등 성령의 열매도 맺기 원합니다. 그리하여 하나님의 자녀와 백성으로서, 훈련받은 제자로서 온전하게 주님의 영광을 위해 쓰임받게 하여 주옵소서. 주와 함께 동행함을 만인이 보게 하여 주옵소서.

"너희가 서로 사랑하면 이로써 모든 사람이 너희가 내 제자인 줄 알리라"(요 13:35) 하셨습니다. 내가 너희를 사랑한 것 같이 너희도 서로 사랑하라 명하셨사오니 다시 하나님 사랑, 이웃 사랑에 도전하기 원합니다. 온갖 시기, 질투, 원망, 불평을 버리게 하시고, 증오와 분노를 버리고 상처와 쓴 뿌리를 모두 캐내어 주옵소서.

특별히 남을 용납하고 용서하는 데 최선을 다하기 원합니다. 나를 미워하거나 싫어하는 사람, 비판하고 판단하는 사람, 누구든지 용서하고 축복하겠습니다. 나를 인정하지 않고 무시하는 사람도 사랑하고 축복하겠습니다. 원수의 머리에 숯불을 쌓게 하옵소서. 내게 손해를 끼치고 망하게 하고 나를 때리고 감옥에 가두고 죽이는 사람까지도 능히 용서하고 사랑하고 축복할 수 있는 마음을 주옵소서. 스데반의 마음을 내게 주옵소서. 주님 닮기 원합니다. 사랑의 마음을 주옵소서.

오래 참고 온유하며 투기하지 않고 자랑하지 않으며 교만히 행치 않게 하시고, 무례히 행치 않으며 나만의 유익을 구하지 않고 성내지 않게 하옵소서. 하나님이 사랑하시는 자에게 분노하는 것이 하나님께 분노하는 것과 무엇이 다르오리까. 온갖 불의와 악을 미워하게 하시고, 주의 진리만을 따라 행하게 하여 주옵소서.

끝까지 참고 믿고 바라며 견딤으로 주의 사랑을 완성케 하여 주옵소서. 무엇보다 무릇 지킬 만한 것보다 마음을 지키기를 원합니다. 주의 평안을 내게 주옵소서.

어떤 극한상황이 몰려와도 환경이나 사람을 바라보지 않겠습니다. 오직 온전하신, 크고 강하신 주님, 십자가에서 부활하셨고, 오늘도 하나님 우편에서 우리를 위해 중보하시는 예수님만을 바라보겠사오니 주의 평안을 내게 주옵소서. 주님 주시는 평안은 세상이 주는 물질과 명예가 주는 편안과는 다릅니다. 주의 샬롬을 내게 주옵소서.

주님, 말씀과 기도에 힘쓰는 삶을 살겠습니다. 매일매일 기도의 골방에 나와 쉬지 않고 기도하게 하시고, 기도를 쉬는 죄를 범치 않기 원합니다. 아버지, 건강을 지켜 주옵소서. 일상의 삶속에서도 순간순간 기도하며 응답받고 주님의 뜻을 따르기 원합니다. 말씀 최우선주의로 살기 원합니다. 매일매일 큐티와 성경 정독과 통독으로 주님의 뜻을 깊이 알고 주님의 세계를 온전히 관통하여 모든 비밀을 깨닫고 이해하기 원합니다.

세상의 어떤 정보도 주님의 말씀보다 소중하게 여기지 않겠습니다. 물질의 유익과 건강에 유익을 주는 정보, 지식을 넓혀 주고 오락과 기쁨을 주는 어떤 정보보다도 주님의 말씀에 더 집중하겠습니다. 일상의 삶에서 교훈하고 책망하고 바르게 하고 의로 교육하는 주님의 말씀이 성령의 권면으로 다가올 때에 "아멘"으로 순종하는 습관을 갖겠습니다.

"나의 계명을 가지고 지키는 자라야 나를 사랑하는 자니 나를 사랑하는 자는 내 아버지께 사랑을 받을 것이요 나도 그를 사랑하여 그에게 나를 나타내리라"(요 14:21) 하신 주님, 세상의 가치관이나 세상 풍조를 핑계하지 않고 육체적 정욕, 안목의 정욕, 이생의 자랑, 죄의 습관과 본능을 따르지 않고 성령의 권면에 늘 순종하겠습니다. 순종으로, 삶으로 온전히 제사드리기 원합니다. 이것이 주님을 영화롭게, 기쁘게 하는 일인 줄 압니다. 주님의 마음에 합당한 자가 되게 하여 주옵소서. 그래서 그리스도의 장성한 분량이 충만한 데까지 이르게 하옵소서.

범사에 주님의 머리까지 자라라고 명하셨사오니 진실로 그리 되기 원합니다. 변화와 성숙, 성장을 원합니다. 주님 닮기 원합니다. 주님 오실 때에 제가 얼마만큼 주님을 닮아 있을까요? 숨어서 부끄러운 구원을 받는 자가 되지 않게 하시고, 당당히 나아가 주님을 영접할 수 있기까지 믿음이 자라게 하옵소서.

제게 주신 사명도 잘 감당케 하여 주옵소서. 가정 제사장의 사명을 잘 감당키 원합니다. 가정예배를 통해 늘 은혜 받고 영적으로 연합하고 성장, 성숙하여 쓰임받도록 열망과 비전을 가지고 승리하게 도와주옵소서. 말로만 가르치지 않고 믿음의 본을 보이기 원합니다. 우리 자녀들, 록이와 훈이를 늘 사랑의 품에 안아 주옵소서. 늘 기도의 골방을 형성하여 주님 앞에 나아가게 하시고, 온전한 예배자로 서게 하여 주옵소서.

만남의 축복도 주셔서 훌륭한 목회자와 믿음의 동료, 선후배를 만나 믿음이 성장하게 도와주옵소서. 특별히 훈이에게 좋은 직장을 허락해 주시고 리더십도 허락해 주셔서 수천 명을 먹여 살릴 수 있는 큰 기업도 이루어 가게 하옵소서. 훌륭한 믿음의 배필을 허락해 주셔서 함께 신앙의 가문을 이루어 가고 교회와 사회에 기둥 같은 일꾼으로 쓰임받게 하옵소서.

주님, 가문의 제사장으로서의 사명도 잘 감당하기 원합니다. 4남 3녀 온 형제자매와 자녀손들을 위해 중보의 손을 내려놓지 않게 도와주시고, 추석과 구정, 부모님 추도식, 결혼 때만이 아니라 성령께서 깨우쳐 주시고 주님이 명하실 때 언제든지 달려가 주님의 사랑과 위로를 전할 수 있게 하옵소서.

주여, 저들이 레바논의 백향목, 궁전의 잘 다듬은 식양 모퉁잇돌 같이 하나님의 눈에 발견되고 붙잡혀 귀히 쓰임받는 일꾼들이 되게 하여 주옵소서. 무디, 웨슬리, 링컨, 워싱턴, 빌 게이츠, 록펠러, 언더우드 같은 귀한 인물들이 되게 하여 주옵소서. 주여, 우리가 지금까지 당한 모든 고난, 흘린 눈물, 주 앞에 올려 드린 중보를 외면하지 마옵소서.

새로남교회의 안수집사로서의 사명도 잘 감당하기 원합니다. 순장과 교구장, 중등부 교사로서의 사명도 최선을 다하여 열심히 감당하기 원합니다. 뜨거운 복음의 열정, 영혼 사랑의 마음을 가지고 바울처럼 달려갈 길을 마치게 하옵소서. 복음 전파자로서의 사명도 회복하게 하시고, 중보자로서의 사명도 더욱 잘 감당케 하여 주옵소서.

주님, 특별히 찬양의 사명을 잘 감당키 원합니다. 주님을 찬양하게 하려고 우리를 지으신 주님, 오늘도 찬양을 받으시옵소서. 찬양받기에 합당하신 주님, 우리를 하나님의 형상으로 만드시고 온 우주 만물을 창조하사 우리에게 누리게 하시며 생육하고 번성하기를 원하셨던 주님, 감사합니다. 원수의 유혹을 받아 우리가 주님을 배반했을 때 죽어 진멸되고 지옥에 가는 것이 마땅한, 본질상 진노의 자녀인 저희들을 오히려 사랑하셔서 존귀하신 예수님을 십자가에 피 흘려 죽게 하심으로 부활의 영원한 생명을 주셨사오니 이 은혜를 어찌 감당하오리까?

약속대로 성령을 보내 주시고 우리를 성전 삼으시며 영원히 함께 해 주시는 주님의 신실하심을 찬양합니다. 날마다 천국에의 소망을 주심도 감사합니다. 주께서 호령과 천사장의 소리와 하나님의 나팔 소리와 함께 오시는 그날, 죽은 자들이 먼저 일어나고 저희도 부활 되어 영원히 병들지 않고 죽지 않고 썩지 않을 신령한 몸을 입고 공중에서 주님을 영접하게 하심을 감사합니다. 천국에서 날마다 새 노래로 주님을 찬양하며 영원히 주와 함께 살겠사오니 더욱 감사합 니다.

이 모든 은혜를 무엇으로 보답하리이까? 주님, 아침과 낮과 밤과 저녁에 암송한 찬송가의 가사와 멜로디로 순간순간 찬양드리겠나 이다. 밤중에도 침상에서 주를 기억하며 감사로 찬양할 때에 주여, 우리에게 베푸시는 주님 품안에서의 참 안식과 평안과 깊은 수면 을 감사합니다. 자고 깨어 기쁜 마음으로 찬송하며 달려올 때에 다 시 기도의 골방에서 두 팔 벌려 안으시는 사랑의 주님, 사랑합니다. 영광 받으옵소서. 그러므로 주님, 어찌 우리가 가사와 멜로디로만 찬양할 수 있으오리까?

우리는 삶으로 주님을 찬양하기 원합니다. 항상 여호와의 임재를 인정하고 누리게 하시며, 순간순간 권면하시는 성령님의 말씀을 순 종하며 살겠습니다. 이것이 주님을 영화롭게 하므로 진정한 찬양인 줄 믿습니다. 주여, 오늘도 저의 삶으로 드리는 찬양을 받으옵소서.

고난이 와도, 사탄의 궤계가 있어도 절대 물러서지 않겠습니다.

우리는 침윤에 빠지는 자가 아니기 때문입니다. 주님께서 십자가에서 내가 세상을 이기었노라 선포하셨습니다. 그리스도와 함께한 후사로서 우리도 항상 이길 것을 믿나이다. 너희가 세상에서 환난을 당하나 담대하라고 하셨사오니 주여, 우리는 담대한 자들입니다. 날마다 이김을 주시는 주여, 그러나 오늘도 원수는 우는 사자처럼 입을 크게 벌리고 삼킬 자를 찾으려고 우리를 둘러싸고 달려듭니다. 온갖 핍박과 궤휼, 공격과 비난, 조롱이 있지만 우리가 조금도 두려워하지 않는 이유가 있사오니 삼위일체 하나님께 감사드립니다.

성령님께서 탄식하면서 우리의 어눌한 기도를 도우십니다. 이 시간도 제 입에 기도의 말을 넣어 주시니 감사합니다. 하나님 우편에 계셔서 중보자가 되시며 대제사장이 되신 예수님, 우리의 온갖 구하는 기도를 들으사 아버지께 올려 주시니 더욱 감사합니다. 원수의 모든 참소를 막으시고, 혹시라도 정욕으로 드리는 기도가 있다면 제하여 주시고 오직 하나님의 뜻에 합당한 기도만이 올려질 수 있도록 도와주옵소서. 그리스도 예수 안에는 절대 정죄함이 없음을 깨닫게 하시는 주님, 정말 감사드립니다.

우리를 하나님의 형상을 좇아 만들어 주시고 세상 만물을 다스리고 생육하고 번성하기를 바라시며, 십자가의 은혜를 베푸사 부활의 영원한 새 생명을 주시고, 우리를 성전 삼으시고 성령으로 늘 인도해 주시며, 고난 속에서도 늘 천국의 소망을 가지고 살아가게 하신 하나님의 크신 사랑에서 우리는 절대 끊어지지 않음을 믿습니다.

누가 이 아버지의 사랑에서 우리를 끊어 놓을 수 있겠습니까? 환난이나 곤고, 박해, 기근, 적신, 위험이나 칼입니까? 아닙니다. 주님, 사망이나 생명이나 천사들이나 권세자들이나 현재 일이나 장래 일이나 능력이나 높음이나 깊음이나 다른 아무 피조물이라도 우리를 우리 주 그리스도 예수 안에 있는 하나님의 사랑에서 끊을 수 없다는 것을 확신합니다. 그러므로 주여, 이 아들은 육체는 죽여도 영혼은 멸하지 못하는 악한 원수를 조금도 두려워하지 않겠나이다. 오히려 담대하게 소리치겠습니다.

"사망아 너의 이기는 것이 어디 있느냐 사망아 너의 쏘는 것이 어디 있느냐"(고전 15:55).

주님, 우리에게 영적인 분별력을 주시고 영안을 밝게 열어 주옵소서. 그래서 일상의 삶 가운데서 원수의 궤계를 발견케 하시고, 그 때마다 예수 이름으로 꾸짖어 저들을 물리치고 항상 승리케 하시며 한 길로 왔다가 일곱 길로 도망하는 원수를 보며 찬양이 그치지 않게 하옵소서.

주님, 오늘도 구원의 투구와 의의 흉배, 진리의 허리띠, 성령의 검과 믿음의 방패, 복음의 신발로 전신갑주를 입혀 주옵소서. 오늘도 담대히 전진하기 원합니다. 주님, 땅이 변하든지 산이 흔들려 바다 가운데 빠지든지, 그것이 흉용하여 뛰놀지라도 조금도 두려워하지 않는 담대함을 주옵소서.

주님, 찬양합니다. 오! 여호와는 나의 빛이요 구원이시니 내가 누구를 두려워하겠나이까. 나의 대적, 나의 원수 된 행악자가 내 살을 먹으려고 왔다가 실족하여 넘어질 것입니다. 그러므로 저는 군대가 나를 대적하여 진 칠지라도 전쟁이 일어나서 나를 치려 할지라도 전혀 두려워하지 않을 것입니다.

나의 산성과 방패와 구원의 뿔이 되시며, 영원히 피할 바위가 되신 나의 아버지, 오늘도 여전히 내 우편에 계시면서 거룩하고 의로운 손으로 이 아들을 붙드사 요동치 않게 하심을 감사합니다. 그러므로 주여, 오늘도 주님을 의뢰하고 적진을 달리며 원수의 모든 성벽을 뛰어 넘겠나이다.

온갖 방해와 장애물들을 모두 치워 주시고 영적인 탄탄대로를 달리게 하여 주옵소서. 누가 있어 감히 나를 대적하오리이까. 문제 해결자가 되신 주님, 이 산더러 들려 바다에 던지우라 하시면 그리 될 줄을 확실히 믿나이다. 아버지, 저의 모든 문제를 해결하여 주옵소서. 내게 능력 주시는 아버지 안에서 내가 모든 것을 할 수 있음을 고백합니다.

① 현재 처한 저의 긴박한 문제들의 해결을 위한 기도: 건강, 가정/자녀, 사역, 사업, 가문/형제자매와 그 자녀손들에 대한 당면문제들의 해결을 구체적으로 간절하게 부르짖음: 20~30분

② 성도들로부터 부탁받은 내용을 중보: 10~20분

주여, 특별히 복음 전파자로서의 사명을 위해 기도합니다. 찾아가 사랑을 전하고 복음을 전하여 이들의 영혼을 구원하기 원합니

다. ○○○을 구원하여 주옵소서. 특별히 우리 다락방 ○○○ 집사님의 모친을 구원하여 주옵소서. 그리고 한남대에서 제가 이번 학기에 맡은 청년들 중 ○○○ 등이 불신자입니다.

주의 사랑을 전하고 복음도 전하여 저들의 생명을 구하고자 하오니 주여, 기회를 주시옵고 때를 따라 전하는 주의 말씀에 성령께서 역사하심으로 말미암아 저들이 신앙을 고백하고 주님을 영접하며, 이번 새생명축제에 꼭 올 수 있게 하여 주옵소서. 주님께서 쓰라 명하신 책들을 속히 완성케 하사 나라와 열방의 성도들에게 읽히게 하시며, 언제든지 주님이 명하실 때 달려가서 주님의 은혜와 능력을 증거할 수 있게 하옵소서. 주여, 사용하여 주옵소서.

주여, 오늘도 돌로 침을 당해도, 칼로 죽임을 당해도, 톱으로 켬을 당해도 끝까지 양과 염소의 가죽을 쓰고 다니면서 복음을 전파하고 승리한 저 사도들의 세상이 감당치 못할 믿음을 제게도 주옵소서. 그리할 때 사방으로 우겨쌈을 당해도, 핍박을 받아도 버린 바 되지 않으며, 거꾸러뜨림을 당해도 망하지 않을 줄 믿나이다.

아브라함과 이삭과 야곱과 동행하신 우리 하나님께서 오늘도 나와 동행하심을 믿습니다. 함께하여 주옵소서. 모세를 덮으신 손으로 나를 덮으사 반석 사이에 숨기시며 늘 나를 생명싸개로 싸시고 천군천사로 울을 둘러 주시는 내 아버지, 감사합니다. 오늘도 기도할 줄 모르는 저를 불쌍히 여기사 성령님이여, 도와주옵소서.

다락방과 순원들을 위해 간구하며 기도합니다. 우리 집사님들을 늘 사랑의 품에 안아 주옵소서. 모이기에 힘쓰는 자들이 되게 하시니 감사합니다. 언제나 다락방에 잘 나올 수 있도록 환경과 조건을 지켜 주시고 건강을 지켜 주옵소서. 함께 모여 기도와 찬양, 말씀과 사랑의 교제를 나눌 때에 성령님께서 우리를 살펴 주시고, 한 피를 받은 형제와 자매로 주 안에서 하나 되게 하시며, 충만한 은혜와 능력으로 채워 주옵소서. 모두가 주일을 성수하고 온전한 예배자가 되며 기도의 골방과 매일매일 큐티를 통하여 하나님과 깊은 교제를 나누게 하옵소서.

목사님의 말씀과 다락방 성경 공부와 나눔을 통해, 훈련 프로그램의 참여를 통해 변화와 성장을 경험하고 믿음의 성숙과 쓰임받음의 열망을 가지고 바울처럼 힘 있게 달려가는 순원들이 되게 하여 주옵소서. 제자훈련과 사역훈련을 받는 이 집사님, 김 집사님, 문 집사님을 능력의 장중에 붙잡아 주시고, 가정과 직장과 훈련의 시간들을 잘 배분하여 성실하게 감당할 수 있게 하여 주옵소서.

시간이 흐를수록 점점 더 믿음이 깊어지게 하시사 가정과 직장에서 하나님의 사랑과 능력을 나타내어 모든 일에 열매를 얻게 하시고, 훈련을 마친 후 영적 지도자로 부름받아 아름답게 쓰임받게 하여 주옵소서.

우리 자녀들을 사랑하시는 주님, 저들을 입으로, 말씀으로만 가르치지 않게 하시고 행동으로 신앙의 본을 보이는 저희들 되게 하여 주옵소서. 우리 아이들 모두가 주일을 잘 성수하고, 온전한 예배자가 되며, 기도의 골방과 매일매일의 큐티를 통하여 하나님과 깊은 교제를 나누게 하옵소서. 목사님의 말씀과 훈련 프로그램의 참여를 통해 변화와 성장을 경험하고 믿음이 성숙하여 주님의 손에 붙잡혀서 레바논의 백향목, 궁전의 잘 다듬은 식양 모퉁잇돌처럼 쓰임받게 하여 주옵소서.

만남의 축복을 주사 어디를 가든지 훌륭한 교회와 목사님, 믿음의 동료, 선후배들을 만나게 하시고, 특별히 온전한 믿음의 배필을 만나 하나님께 높이 들려 쓰임받는 행복한 가정, 신앙의 명문 가정을 이룰 수 있도록 마음껏 축복하여 주옵소서.

> ① 문제의 자녀들을 위한 기도, 각 자녀들의 비전을 위한 기도)
> ② 부모님들, 친척들 중 각 환자의 치유, 불신자의 영혼 구원을 위한 기도)

주님, 제자훈련과 사역훈련을 통하여 우리 교회에 482명의 순장을 주심을 감사합니다. 순장님들이 새벽마다 기도의 골방에 나와 엎드리게 하셔서 주님과 깊은 교제를 나누면서 큰 위로와 은혜를 받게 하시고, 받은 사랑으로 맡겨진 영혼을 최선을 다해 섬길 수 있게 하여 주옵소서. 복음의 열정과 가르침의 은사를 주셔서 말씀을 깊이 연구하고 잘 가르치게 도와주시고, 특별히 말씀보다는 자신의 간증을 통하여, 삶의 모범을 통하여 순원들을 훈련할 수 있는 온전한 목회를 감당케 하여 주옵소서.

심신의 건강을 주시고, 가정이 화평하며 자녀들이 믿음 안에서 잘 자라고, 직장과 산업이 형통하여 맡겨진 사명을 기쁨으로 감당케 하여 주옵소서. 순장훈련 시간을 축복해 주시사 서로 연합하여 중보하도록 한 믿음 주시고, 목사님의 말씀에 순종하게 하옵소서.

정도목회, 목양일념의 목회철학을 지지하고 다락방에서도 큰 영적 부흥이 일어나도록 늘 함께하여 주옵소서.

우리 교회에 훌륭한 임직자들과 특별히 장로님들을 허락하시니 감사합니다. 새벽마다 무릎으로 하나님 앞에 나아갈 때에 주의 충만한 은혜와 사랑, 능력으로 채워 주옵소서. 믿음에 본을 보이며 주님께서 주신 지혜와 열정으로 직분을 충실히 잘 감당케 하시니 감사합니다. 영육이 강건하게 하시며 가정의 화평과 직장과 산업의 형통함도 허락하여 주옵소서.

자녀손이 어떤 가정보다 잘되게 하시고, 대를 이어 하나님과 교회에 충성하고 헌신하는 신앙의 명문 가문을 이루어 가게 하여 주옵소서. 담임목사님의 목회철학을 끝까지 전심으로 지지하며 성도들을 온몸으로 섬기며 서로를 존중하여 완전한 팀워크를 이루게 하시고, 나라와 열방의 교회 중 가장 화평한 당회를 이루게 하여 주옵소서.

사랑의 주님, 주일학교를 부흥케 하시니 감사합니다. 영아부로부터 모든 부서에 이르기까지 하나님의 능력의 손으로 붙잡으시고 사랑의 품에 품어 주셔서 더 큰 성장과 부흥을 이루게 하여 주옵소서. 각 부서를 맡으신 교역자님들을 붙드사 한 영혼 한 영혼을 소중히 생각하고 중보하게 하시며, 말씀을 준비할 때마다 넘치는 성령의 감동과 은혜를 부어 주시고, 강단에서 말씀을 전하실 때에 은혜와 감동이 증폭되게 하셔서 듣는 다음 세대들이 강한 구원의 확신과 하나님의 사랑과 위로를 충만히 받는 능력의 설교자들이

다 되게 하여 주옵소서.

반목회를 감당하는 모든 선생님들에게 뜨거운 복음의 열정과 영혼 사랑의 마음을 주셔서 맡은 영혼들의 이름을 부르며 기도의 자리를 떠나지 않게 하옵소서. 말씀을 성실하게 준비하여 공과를 잘 가르치게 하시고, 삶으로 모범을 보이고 간증으로 확신을 주는 능력의 교사, 사랑의 교사들이 되게 하여 주옵소서. 각 부서의 아이들과 청소년들, 청년들이 목사님과 선생님들을 통하여 하나님을 만나고 예수님의 사랑을 경험하는 주일예배와 반목회 시간이 되게 하여 주옵소서.

장기결석자들을 향한 안타까운 마음을 갖게 하사 잃은 양 한 마리를 끝까지 찾아 구원해내는 예수님의 영혼 사랑의 마음을 주옵소서. 나아가 대전에 많은 학교를 선교지로 삼고, 세속을 따라 살며 지옥을 향해 쏜살같이 달려가고 있는 많은 영혼들을 생각하며 이들을 구원코자 기도하며 전도하여 결실을 맺어가는 교역자와 선생님들과 자녀들이 될 수 있도록 은혜 내려 주옵소서.

필자의 사역지인 중등부를 위한 기도: 10분

우리 교회로 하여금 기독학교를 세우게 하시고 4년 동안 잘 인도해 주셔서 초등교육 과정을 완성하게 도와주시고, 올해부터 중등 과정을 오픈하게 하시며, 중등센터를 건립하게 하심도 감사합니다. 주님 주신 양식대로 한진중공업이 내 집을 짓는 열정으로 건축을 잘 감당케 하여 주옵소서. 건축을 담당하는 장로님, 집사님들과 회사 책임자들에게 브사렐과 오홀리압과도 같은 지혜를 주셔서 주님

보시기에 정말 아름다운 건축이 이루어질 줄을 믿습니다.

그러나 저희는 건물보다는 하나님께서 허락하실 믿음의 인재들과 하나님의 사랑을 자랑하는 자들이 되기 원합니다. 앞으로 주님이 이루어 가실 기독초등, 중등, 대학을 통하여 나라와 민족과 세계 열방을 살려낼 귀한 기독인재들, 대통령과 장관과 입법, 사법부의 수장들과 정치, 경제, 문화 등 각 분야의 인물들을 배출시켜 주옵소서. 노벨상을 받는 과학인재들과 공무원, 연구원들, 특별히 많은 목사와 선교사들을 배출하여 민족과 열방을 살리게 하여 주옵소서.

우리 교회에 필요할 때마다 훌륭한 부목사님들을 보내 주시니 감사합니다. 부교역자님들이 담임목사님의 정도목회, 목양일념, 제자훈련의 길을 따라 힘 있게 달려가며 맡은 교구와 부서를 크게 부흥시키게 하옵소서. 하나님의 역사와 도우심, 성공의 경험을 통하여 잘 단련되고 준비되었다가 주님 부르시는 날, 부르신 곳에서 새로남교회 같은 제자훈련 교회를 세워 크고 아름답게 쓰임받게 하여 주옵소서.

새목협(새로남교회 출신 목회자협의회)의 모든 목사님들, 이효남, 조성민, 양구혁, 김성식, 오대희, 김상준, 서영교, 안승도 목사님을 비롯한 모든 목사님들을 능력의 팔로 붙잡아 주셔서 제자훈련 교회로서 모범을 보이는 큰 부흥을 이루게 하여 주옵소서. 담임목사님과 함께 이 나라의 교회 연합과 개혁, 이단을 격퇴하는 일과 제자훈련의 파급에 한마음으로 연합하여 크게 쓰임받게 하여 주옵소서.

30년간 우리 교회를 한결같이 눈동자처럼 보살피시고 사랑해 주신 주님, 교회가 분쟁과 갈등으로 지치고 무너져 흑암의 골짜기를 지날 때에 주께서 담임목사님을 지명하여 부르시니 감사합니다. 목사님이 주님의 부르심에 순종하여 새로남교회에 오셔서 능력보다는 화목, 정도목회와 목양일념, 평신도 훈련에 매진하심으로 오늘의 큰 부흥을 이루게 하심을 감사합니다.

크고 아름다운 성전과 많은 성도들, 훌륭한 부교역자님들과 많은 순장님들과 다락방을 주시니 감사합니다. 훌륭한 장로님들과 권사님들, 직분자들을 허락하시고 부흥하는 주일학교와 기독학교까지 든든하게 세워 주셨사오니 더욱 감사드립니다.

능력의 주님, 이제 우리 교회와 담임목사님이 이 나라와 열방 교회들의 주목을 받게 되었사오니 주여, 우리 목사님께 더 큰 은혜와 능력이 필요합니다. 원하옵건대 주여, 목사님께 여호수아의 담대함과 갈렙의 강건함을 주옵소서. 걸어가도 피곤치 않고 달려가도 곤비치 않은, 독수리가 날개치고 올라감 같은 강한 힘을 주옵소서. 모세의 지도력도 허락하시고, 엘리야의 영성과 다니엘의 무릎도 주옵소서. 베드로와 바울의 뜨거운 복음의 열정과 영혼을 사랑하는 마음도 주셔서 우리 교회와 나라와 열방의 교회를 위해 더 크고 아름답게 사용하여 주옵소서.

기도로 동역하시는 사모님께도 영력과 강건함을 주시고, 사모들을 위한 사역, 제자훈련 사역을 잘 감당할 능력과 기독학교를 위한 모든 사역에 지혜와 사랑, 리더십을 충만하게 부어 주옵소서. 특별히 목사님께 말씀의 능력을 주시니 감사합니다. 모든 성도들이 설교 말씀을 들을 때마다 아멘으로 화답하며 순종케 하시고, 온전한 예배자, 기도자로 거듭나게 하시며, 매일매일 큐티와 기도의 골방으로 성장하고 성숙하고, 쓰임받음의 열망을 가지고 힘 있게 달려가게 하여 주옵소서.

주님, 우리 교회를 제자훈련의 장자교회가 되게 하시니 감사합니다. 제자훈련의 깊이와 넓이, 규모와 수준이 하나님이 가장 원하시는 지경까지 이르게 하사 우리 교회가 양적, 질적으로 부흥하게 하시고, 이 제자훈련의 표준이 나라와 열방의 교회들에 힘 있게 파급되기를 원합니다. 주님, 이 일에 칼넷과 담임목사님을 마음껏 사용하여 주옵소서.

특별히 지난번 105기 제자훈련 세미나에 초대받아 우리 교회에서 훈련받은 목사님들을 붙잡아 주옵소서. 제자훈련으로 인한 부흥에 대한 확신을 유지하게 도와주시고 담대하게 목회에 적용하여 제자훈련 교회로서 우리 새로남교회와 같은 큰 부흥을 이루는 교회들이 다 되게 하여 주옵소서. 특별히 우리 다락방에서 실습을 하신 부산 영도교회 목사님을 붙잡아 주옵소서. 제자훈련을 실천하여 큰 부흥을 이루게 하여 주옵소서.

또한 목사님을 이 나라 교회의 연합과 갱신을 위해 아름답게 사용하심도 감사합니다. 미래학회포럼과 교회갱신협의회, 모든 기관과 목사님들의 동역을 통하여 이 나라의 모든 교회들이 교단과 교파를 뛰어넘는 온전한 연합을 이루게 하시고, 세속을 따라 무너져 가는 연약한 교회들이 온전히 갱신되게 하여 주옵소서.

특별히 우리 담임목사님을 이단을 격퇴하는 데 앞장세우셔서 늘 승리케 하시니 감사합니다. 주님은 우리 교회를 괴롭히던 신천지와의 가처분소송에서도 승리케 하셨습니다. 여호와 닛시 우리의 주님, 저들의 금번 이의신청을 비롯한 앞으로 있을 이단과의 어떤 싸움에서도 늘 이기게 하여 주옵소서. 모든 이단들이 속히 무너지게 하시고, 특별히 하나님의 영광을 가로챈 저 악한 신천지 교주를 강력히 징계하사 거짓된 교주의 영생교리가 속히 무너지게 하시고 잡혀간 영적 포로들이 신앙을 회복하고 다시 돌아오게 하여 주옵소서.

목사님의 가문과 형제자매들의 자녀손들을 위한 기도에도 응답해 주셔서 저들이 할아버지 세대, 아버지 세대처럼 크게 쓰임받는 종들이 되게 하여 주옵소서. 특별히 기환 군이 하나님께서 정하신 배필 김자영 전도사와 차고 넘치는 축복 속에 결혼하게 하심을 감사드립니다. 행복한 가정을 이루게 하시고 부부가 한마음 한 뜻, 같은 영적 비전을 가지고 대를 이어 민족과 열방을 위해 크게 쓰임받도록 역사하여 주옵소서.

기환 군의 신학대학 입학과 학업, 졸업 후의 모든 진로에 함께하시고, 기은 군도 붙잡으사 하나님의 사역을 위해 준비되게 하시며, 두 형제 모두 할아버지, 아버지 세대만큼 크고 귀하게 쓰임받게 하여 주옵소서.

주여, 특별히 우리 교회가 선교의 사명을 더욱 잘 감당하기를 원합니다. 모든 성도들에게 건강과 가정의 화평을 주시고, 사업과 직장의 형통함을 허락하사 맡겨진 기도의 분량, 물질의 분량을 잘 감당케 하여 주옵소서. 장정아, 윤태중 선교사 등 우리 교회가 파송한 선교사들과 협력하는 선교사들을 장중에 붙드시고 도우사 늘 강건함과 복음의 열정, 담대함을 가지고 맡겨진 많은 영혼들을 구원케 하여 주옵소서.

날마다 무릎으로 나아갈 때에 하나님의 사랑과 위로가 늘 넘치게 하시고 기도후원, 물질후원을 많이 받게 하시며, 선교 현장에서 원수가 훼방할지라도 주님이 물리쳐 주사 늘 승리하며 복음을 담대히 전하게 하여 주옵소서.

특별히 우리 교회가 군선교를 더욱 잘 감당하기 원합니다. 파송된 박 목사님을 비롯한 모든 목사님들, 군목들을 붙잡아 주셔서 군대에서 복무하고 있는 젊은이들에게 힘 있게 복음을 전하여 저들의 생명을 살릴 수 있게 하여 주옵소서. 특별히 ○○○ 군을 비롯한 우리 교회의 자녀들을 붙잡아 주셔서 거칠고 험한 군대생활, 군대문화 속에서도 자신을 성결하게 구별하여 드릴 줄 아는 신앙인들이 되게 하여 주옵소서.

2년 동안의 군생활을 잘 이겨내고 신체적으로, 신앙적으로 더욱 잘 단련되어 제대 후 가정과 학교, 사회에 복귀하여 더욱 믿음에 정진하는 삶을 살게 하여 주옵소서. 우리 교회가 군선교를 풍성하게 지원하게 하시고, 특별히 김종천 선교사에게 복음의 열정과 성령의 충만함을 더하사 논산훈련소에 오는 모든 영혼들에게 복음을 전할 때에 저들이 마음 문을 활짝 열어 주님의 사랑을 알게 하옵소서. 한 영혼도 생명을 얻지 않고는 연무대를 빠져나가지 못하도록 주님께서 생명의 울타리를 굳건히 세워 주옵소서.

주님, 우리 교회가 선교사를 더욱 많이 파송하기를 원합니다. 특별히 우리 청년들이 선교사로 많이 파송되게 해 주옵소서. 단기선교를 다녀온 우리 청년들이 여행의 경험이나 추억으로만 생각지 않고 선교지에서 선교사님들의 열정적인 사역을 보며, 또한 직접 받은 하나님의 은혜와 사랑과 감동을 가슴 깊이 간직하며 기도의 무릎으로 나아가게 하사 결단하고 주님의 부름에 응답하게 하여 주옵소서. 그래서 주님, 우리 교회가 세계 열방의 교회와 이 나라 교회 가운데 가장 많은 선교사를 파송하는 교회가 되게 하여 주옵소서.

특별히 온 세계에 선교사를 파송하여 복음 전파를 통해 생명 구원의 사명을 감당하고 있는 세계 선교기관 단체들의 수장들과 임원들, 소속 선교사들을 권능의 손으로 붙들어 주옵소서. 기도하며 나아갈 때에 하늘문을 열고 베푸시는 성령의 충만함과 사랑과 은혜로 충만하게 하옵소서. 뜨거운 복음의 열정과 영혼 사랑의 마음을 주시고, 기도후원, 물질후원도 많이 받게 하시며, 원수들의 훼방을 다 물리쳐 주사 많은 미전도 종족들의 생명이 구원받도록 인도하여 주옵소서.

속히 미전도 종족들에게 복음이 전파되게 하시고 주님 오실 날이 앞당겨지기 원합니다. 우리는 오늘도 주님을 간절히 기다립니다. 마라나타 우리 주님, 어서 오시옵소서.

주님, 이 시간 나라와 민족을 위해 기도합니다. 이 나라 이 민족을 끊임없는 외세의 침략과 지배로부터 건져 주시고, 비록 남북이 갈라졌으나 이 나라의 정치, 경제, 사회, 문화를 발전시켜 주시니 감사합니다. 우리나라에 많은 선교사들을 보내사 교회를 세우시고, 이 땅에 많은 목사님과 구원받은 성도들을 주시니 감사합니다. 그러나 이 나라에는 아직도 구원받지 못한 많은 영혼들과 술 취하고 방탕하여 음란과 패역의 길로 행하는 많은 영혼들이 지옥을 향해 달려가고 있습니다.

주여, 특별히 동성애에 빠진 백성들을 구원하여 주옵소서. 교회의 관심과 사랑을 받게 하시고 전도받게 하시며, 돌이켜 영혼을 구원받게 하시고, 올바른 성관, 인생관을 가지고 살아갈 수 있도록 인도하여 주옵소서. 동성애 관련 인권법을 수단 삼아 교회를 공격하려는 악한 사탄의 궤계를 물리쳐 주옵소서. 이 나라의 어떤 지자체 의회나 국회든지 동성애 관련 입법안을 절대로 통과시키지 못하게 막아 주옵소서.

이 나라에 이슬람의 확장을 막아 주옵소서. 어떤 여성도 이슬람의 유혹에 넘어가 이슬람 확장의 발판이 되지 않게 도와주시고, 이슬람에 유혹된 25만이나 되는 사람들을 붙드시사 돌이켜 다시 주님의 품으로 돌아올 수 있게 하여 주옵소서. 이 나라만큼은 완전한 이슬람 청정지역으로 세워 주옵소서.

주님, 이 땅에 하나님을 대적하는 많은 이단들을 물리쳐 주옵소서. 신천지와 구원파, JMS, 하나님의 교회, 안식일교회, 통일교 등 모든 이단들을 속히 잔멸하여 주옵소서. 이단의 유혹을 따라 무너져 가는 교회도 있사오니 정결하게 하시고 개혁되고 갱신되어 다시 정도를 걷게 하여 주옵소서.

주여, 이 땅에 주께서 세우신 교회들을 강력한 손으로 붙들어 주시고, 세우신 사자들을 능력의 장중에 붙잡아 주옵소서. 이 시간도 우리 목사님들이 무릎을 꿇고 주께 간구하고 계실 때 한없는 주님의 사랑과 은혜와 위로로 감싸시며 성령 충만함과 크신 능력으로 채워 주시고 말씀을 살아내는 강력한 힘을 주옵소서. 말씀의 능력과 가르치는 은사를 베푸사 주께서 맡기신 성도들을 잘 보살피고 훈련시켜서 성도들이 세상에서 빛과 소금의 사명을 감당하며 하나님의 영광을 드러내고 이웃을 사랑으로 섬겨 복음을 전하고 생명을 구원하는 데 더욱 크게 쓰임받게 하여 주옵소서.

주님, 특별히 이 나라에 교회 연합이 필요합니다. 모든 교계 지도자들에게 온유한 마음과 허리를 동이는 겸손함을 주시고, 서로 이해하고 용납하며 교단과 교파를 뛰어넘는 온전한 연합을 이루게 하여 주옵소서. 한 하나님을 섬기고 한 말씀, 한 성령을 받았사오니 한마음, 한 믿음 갖게 하여 주옵소서. 조그만 생각의 차이로 서로 분열된 것을 회개하고 돌이킬 수 있도록 역사하여 주옵소서. 특별히 장로교단을 불쌍히 여기시고 통합과 합동이 말 그대로 통합하고 합동하게 도와주사 이 땅의 모든 교회에 연합의 본을 보이게 하여 주옵소서. 기장과 예장도 하나 되게 도와주옵소서. 앞서가는 우리 장로교단이 연합에 본을 보이게 하여 주옵소서. 대형교회, 작은 교회, 도시교회와 시골교회, 낙도교회를 불문하고 서로 이해하고 돌보고 섬기는 온전한 사랑과 믿음의 연합체를 이루게 하여 주옵소서.

이제 내년이면 종교개혁 500주년을 맞습니다. 세속을 따라 무너져 가는 연약한 교회들이 온전히 개혁되고 갱신되게 하여 주옵소서. 주님, 이 나라에 더욱 훌륭한 많은 목사님들이 필요합니다. 모든 신학대학과 대학원, 특별히 총신대를 붙잡아 주사 구별되고 훌륭한 신학도들을 예비하여 주옵소서.

신령한 스승 목사님들을 통하여 기도와 영혼 사랑, 복음의 열정을 전수받게 하시고, 하나님을 아는 지식과 모든 복음사역의 지식을 온전하게 채움 받아 귀하게 쓰임받는 사역자들이 되게 하여 주옵소서. 주기철, 손양원, 한경직, 옥한흠 목사님 같은 목사님들을 많이 배출하여 많은 교회들이 세워지게 하시고, 교회들은 점점 더 대형화하게 하여 주옵소서.

주여! 무너져 가는 다음 세대를 불쌍히 여겨 주옵소서. 저희들의 불신과 탐욕으로 만들어진 죄악 된 정치, 경제, 사회, 문화 등 모든 부문이 우리 아이들을 절망의 나락으로 떨어지게 하고 있사오니 죄를 용서하여 주옵소서. 교회만이 저들을 살릴 수가 있습니다. 주일학교가 없는 많은 교회에 주일학교가 세워지고 부흥케 하여 주옵소서.

목사님들에게 뜨거운 복음의 열정, 영혼 사랑의 마음이 불일듯하게 하시어 한 영혼, 한 영혼을 붙잡아 말씀을 가르치고 사랑으로 품어 내어 저들이 온전한 생명을 갖게 하여 주옵소서. 선생님들에게도 같은 마음을 주사 반목회에 목숨을 걸게 하시고, 우리 아이들과 청소년들, 청년들이 선생님들을 통하여 하나님이 살아 계신 것과 주님의 사랑을 온전히 체험하게 하옵소서. 그리하여 이 거칠고 험난한 세상에서 구원의 확신, 영생의 소망을 가지고 세속을 담대히 이겨내는 하나님의 사람들로 세워 주옵소서.

이 땅의 기독학교들을 강력하게 붙들어 주옵소서. 선교사들과 대형교회, 대안학교 설립자들이 세운 기독학교들이 다른 어떤 학교보다 크게 부흥 발전되게 하시고 위상을 크게 높여 주옵소서. 기독초등학교로부터 시작하여 기독대학을 나오기만 하면 100% 취직되게 하시고, 국가의 고위직은 물론 대기업에 입사하여 사회적으로도 성공하게 하여 주옵소서.

정치, 경제, 사회, 문화 모든 영역을 점령하고 하나님의 말씀과 사랑의 능력을 마음껏 펼치게 하여 주시기 원합니다. 대통령과 국무총리와 장관들, 입법, 사법부의 수장들 모두 기독학교, 주일학교 출신들로 세워 주시고, 특별히 이 나라와 열방을 구원할 수많은 목회자와 선교사들을 세워 주옵소서.

이 나라의 위정자들을 붙드시는 주님, 고레스 같은 자도 사용하신 주님이시오니 신자든 불신자든 주의 능력의 손에 붙잡혀 모든 입법과정과 행정과정, 사법과정에 주의 공의와 사랑이 흘러넘치게 하여 주옵소서. 지도자의 능력 부족과 탐욕, 정치인들의 극한 갈등으로 나라가 엄청난 위기에 처했습니다.

국가의 지도자가 국정 혼란으로 인한 심한 고통 가운데 처해 있습니다. 그러나 주께서 우리의 매일매일 부르짖는 기도에 응답하시고 백성들에게 하나님의 영광의 빛을 촛불로 밝히게 하사 어둠이 물러가게 하시니 감사합니다. 탄핵의 정국이 주님께서 관여하시는 특검과 청문회, 헌재 판결을 통해 속히 끝을 보게 하시고, 이 나라가 하나님이 원하시는 정치개혁을 이룰 수 있도록 인도하여 주옵소서.

하루 속히 하나님 마음에 합당한 온전한 지도자를 세우시고 조직을 개편하사 하나님이 기뻐하시는 온전하고 선진적인 정치, 경제, 사회, 문화가 이루어지게 하여 주옵소서. 아버지, 한 번만이라도 좋습니다. 이 나라에도 윌버포스나 링컨 같은 위정자를 세워 주옵소서. 주여, 이 나라에 요셉과 다니엘을 일으켜 주옵소서.

① AI를 비롯한 국가와 민족의 급박한 당면 문제들을 위한 기도: 10분

② 현직 대통령을 위한 기도: 5분

주여, 70년이 넘도록 남북이 갈라진 채로 분열과 갈등 속에 살아온 이 민족을 불쌍히 여겨 주옵소서. 무엇보다도 김정은 3대 독재정권으로 인해 온갖 자유를 빼앗기고 헐벗고 굶주리며 하나님을 예배하지도 못하고 살아가는 저 북녘땅의 동포들을 살려 주옵소서. 북한 주민은 굶주리고 열악한 인권 상황인데도 핵 실험을 감행하여 온 열방과 하나님을 대적하는 군부 독재정권을 속히 무너지게 하옵시고 자유민주주의로 개혁되며 경제가 발전되어 북한 주민

들이 소망을 가지고 살아가게 하여 주옵소서.

아직도 죽음을 무릅쓰고 소리 없는 절규와 눈물로 복음통일을 위하여 기도하는 저 북녘의 성도들을 주목하여 주옵소서. 무너진 교회들을 수축하사 예배를 회복시키시고 모든 성도들이 하나님을 찬양케 하옵소서. 남북의 모든 성도들이 하나 되어 주께 올려 드리는 경배를 받으옵소서.

진정한 영적 광복의 날, 우리를 지배하던 원수가 이 땅에서 쫓겨가는 진정한 영적 해방의 날을 우리에게 속히 허락하여 주옵소서. 복음통일 후 이 나라의 더욱 많은 백성들이 구원을 얻게 하시며 정치, 경제, 문화 모든 부문을 축복해 주시사 세계 최강의 선진국이 되게 하시고, 하나님으로부터 받은 생명과 물질을 세계 열방에 마음껏 전파하게 하여 주옵소서. 예수님의 이름으로 기도드리옵나이다. 아멘.

(찬송: "살아계신 주"→주기도문→하나님의 피드백 대기 5~10분→계속 찬송하며 집으로)

필자의 기도줄 분석
(2시간)

1. 특징

저의 새벽기도(기도줄)는 사실 새벽 종소리(휴대폰 알람, 4시 35분)가 실마리입니다. 제가 알람곡(Whistle)에 따라 성령의 인도하심으로 즉흥적으로 작사하여 부른 것인데 이상하게 부를 때마다 감격의 눈물이 흐릅니다.

새벽이 됐네 기도하러 가
새벽기도는 생명의 기도

우리 아버지 기다리신다
빨리 일어나 달려가야지
아버지 품은 너무 따뜻해
예수님 사랑 십자가 사랑
사랑의 주님 나를 기다려
감사합니다 감사합니다

휴대폰의 알람 소리에 깨어 "야! 또 새벽이다!" 하며 수지맞았다는 듯 기쁜 마음으로 일어나 하늘 보좌에 계신 아버지와 그 곁의 예수님을 떠올리고 "기뻐하며 경배하세"(64장)를 부르며 세수를 하고 옷을 챙겨 입은 후 차를 타고(때론 걸어서) 계속 찬송하며 교회로 갑니다. 교회 문을 지나 3층 예배실의 우측 끝 맨 앞자리(13년간 동일한 자리)에 앉기까지 하늘 보좌를 묵상하면서 나아갑니다.

자리에 앉아 하나님과 잠깐 만남의 대화를 나눈 후(반가움, 힘든 일, 감사한 일) 사도신경을 고백하고 제가 하늘보좌로 올라가든지 주님이 내려오시든지, 하여튼 하나님 앞에 가까이 갈 때까지 찬송을 하는데 최근에는 이 찬송 시간이 너무 은혜스러워 무려 6곡이나 하게 되었습니다. 이후의 기도줄은 자연스럽게 기도의 내용으로 이어지며 성령님의 인도하심을 따라 담쟁이넝쿨처럼 하나님의 사랑을 휘감으며 보좌를 향해 올라갑니다.

모든 기도가 끝난 후 "예수님의 이름으로 기도합니다. 아멘"으로 날인한 후 기도를 들어주신 하나님을 앞에 모시고 감사함을 표현하기 위해 "살아계신 주"를 찬송(일부분)하고 주기도문으로 기도를 마칩니다.

> 살아계신 주 나의 참된 소망 걱정 근심 전혀 없네
> 사랑의 주 내 갈 길 인도하니 내 모든 삶에 기쁨 늘 충만하네
> 그 언젠가 주 뵐 때까지 주를 위해 싸우리라
> 승리의 길 멀고 험해도 주님께서 나의 앞길 지켜 주시리

이 찬송을 기도의 고백으로 풀어내면, 그 내용은 이렇습니다.

지금까지 기도를 들어주신 주님, 정말 감사해요. 나의 참된 소망이 되시는 주님이 이같이 내 앞에 살아 계시오니 제가 무슨 걱정이 있겠나이까. 이렇게도 날 사랑해 주시는 주님이 오늘 하루도 순간순간 제 앞길을 인도하실 것을 생각하니 지금도 기쁘고 매 순간순간 기쁨이 충만할 것입니다. 이제 곧 주님이 오시겠지요. 그날까지 주님을 대적하는 저 원수들과 싸우겠습니다. 저들이 감히 도전하면 예수님의 이름으로 담대하게 물리치겠습니다. 주님, 그러나 언제나 승리하는 것은 아니고 때로 패배하고 실패할 때도 있겠지만 절대 걱정하거나 위축되지 않습니다. 사탄과 싸워 최후의 승리자가 되실 우리 주님이 오늘도, 그리고 주님을 뵐 때까지 계속해서 저의 앞길을 완전하게 지켜 주실 테니까요. 주님, 감사합니다.

전술한 대로 기도문을 작성하여 암기하는 것도 아닌데 성령님께서 두 시간이나 되는 기도를 기도줄을 통해 세밀하게, 구체적으로 인도하십니다. 만일 이 정도 분량의 기도문이나 연설문을 한 글자도 안 틀리게 외우려면 1년 정도는 걸리지 않을까 생각됩니다. 그

러나 이 기도는 성령님이 주신 것이므로 그분이 인도하시는 대로 마음을 집중하여 입술을 움직이기만 하면 됩니다.

성령께서 저의 영안을 이동시켜 순간순간 보게 하는 것을 무어라 표현하기는 힘들지만 크고 작은 의미의 뭉치(의미단락)라고나 할까요, 하여튼 이것들이 좌에서 우로, 우에서 좌로 상하로, 대각선으로 이동하면서 기도 내용을 안내합니다. 사실 정확한 내용을 알기 위해서는 두 시간의 기도를 녹음하여 문장화해 봐야 하겠지만 아래에 적는 내용은 성령께서 인도하시는 그때그때의 기도 내용을 정확히 기술할 수는 없으므로 인위적으로 기도했던 내용을 일일이 생각해내어 적은 것이기 때문에 실제의 기도와는 약간의 차이가 있는 문장으로 표현돼 있어 기도 시의 대화체와 약간 다를 수 있을 것입니다. 그러나 기도줄의 내용이 무엇인지 알아 보는 것은 나름대로 의미 있는 일일 것입니다.

2. 기도줄의 내용(의미단락의 순서적 나열)

(1) 영광스럽고 거룩하시며 완전하신 공의의 주님과 비교한 기도자의 연약하고 초라한 모습 고백(인정)

(2) 연약한 인간, 죄악된 삶을 용납해 주시기를 바람, 죄악된 삶의 내용과 회개: 사랑하고 섬기지 못함, 말씀을 만홀히 여기고 불순종한 죄, 맡겨진 각 사명과 사역(가정 제사장, 가문의 제사장, 교회 직분자, 순장, 교구장, 교사, 복음전도자, 중보자, 세상 직분)을 온전히 감당하지 못한 죄

(3) 십자가로 나아가 죄 씻음 받고 깨어진 심령과 부서진 육체의 치유와 회복을 간구하고 주님 품에 안아 주실 것을 간구

(4) 회복의 확신과 함께 다시 충성과 헌신을 결단하며 성령의 도우심을 간구

(5) 특히 사랑과 사명 감당에 다시 도전하기를 결단: 기도에 집중할 것과 말씀을 소중히 여기고 순종할 것을 결단, 온전한 성화를 위한 소망과 결단, 특히 각 사명을 감당하기 위한 구체적인 결단, 천국의 소망과 찬양의 삶 결단

(6) 담대함을 구하는 기도: 십자가에서 이미 승리하신 그리스도의 후사로서 우리도 승리자임을 선포, 사탄의 공격에도 절대 두려워하지 않는 이유 고백(성령의 기도 도우심, 참소를 물리치시고 기도를 중보하시는 예수님, 기도를 들으시고 응답하시는 아버지), 전신갑주로 무장, 오른손으로 붙드시는 주님을 의뢰하고 전진

(7) 문제 해결을 구하는 기도: 현재 처한 자신의 긴박한 문제들의 해결을 위한 기도(건강, 가정/자녀, 사역, 사업, 가문/형제자매와 그 자녀손들에 대한 당면문제들), 성도들로부터 중보를 부탁받은 내용, 문제 해결에 하나님의 개입과 동행을 구하는 기도(성경 구절)

(8) 다락방 순원(구역원)과 사역을 위한 기도

(9) 순장님들, 임직자들, 장로님들을 위한 기도

(10) 주일학교 부서, 기독학교를 위한 중보

(11) 부교역자들 및 새목협을 위한 중보

(12) 담임목사 사역, 가정, 가문을 위한 세부적, 구체적인 중보: 영력, 영성, 건강, 사모님 사역, 가정 평화, 말씀의 능력, 제자훈련 심화/보급, 한국 교회의 연합/개혁/갱신, 이단 퇴치

(13) 선교를 위한 기도: 성도들의 선교 참여, 군선교, 많은 청년들
이 선교사가 되기를 결단, 우리 교회와 한국 교회가 파송한
선교사를 위한 중보, 세계 선교기관 단체를 위한 중보

(14) 나라와 민족을 위한 중보: 죄악이 관영한 민족에 대한 회개,
교회들의 연합과 사명 감당을 위한 중보, 이단 퇴치와 이슬
람교에 대한 기도, 신학대학들, 주일학교 부흥, 기독학교의
부흥과 사명 감당, 위정자들을 위한 기도, 나라의 정치 혼
란, 경제 발전, 사회제도 개선에 대한 기도, 하나님이 원하시
는 정치인 발탁을 위한 중보, 남북의 복음통일과 국가발전
및 말세에 열방 구원에 크게 쓰임받기 위한 열망 소원

제5부

새벽기도의 은혜들

1장

새벽기도 전후의 삶

1. 어둠 속에서

(1) 꺾여 버린 날개

저는 어려서부터 체력이 매우 약해 병치레가 잦았으나 공부만큼은 열심히 하여 지방 명문고에 합격했습니다. 그래서 가족과 친척들 사이에서 사법고시에 합격하고 판사가 되어 가문을 중흥시킬 구원주로 각광을 받으며 자랐습니다. 아버지는 축산과 육류 가공 사업으로 집안을 일으키셨으나 20대 중반에 겪은 인민재판의 후유증으로 술을 많이 드시더니 제가 고등학교 2학년 때 다섯 살 위인 큰형의 갑작스런 죽음으로 충격을 받고 쓰러지셨습니다. 사업으로 인한 부채와 치료비로 인해 가세가 기울었고, 어머니는 행상으로,

작은형은 노동판에서 가솔들을 위해 열심히 일해야 했습니다.

저는 고2 때부터 중학생을 가르치면서 등록금을 마련했고, 서울대를 지원했으나 목구멍이 포도청인지라 시험만 보고 합격 여부도 알아 보지 못한 채 공장에 들어가 일을 해야만 했습니다. 그러다가 몸이 약해져서 더 이상 힘든 노동을 할 수 없게 되어 국가직 9급 공무원시험에 응시하여 합격했으나 성적이 매우 뛰어나 10월유신 요원으로 뽑히는 바람에 시골에서 2년 동안 면서기를 해야만 했습니다. 이후 군대에 입대하여 논산훈련소에서 신병 훈련을 마치고 뜻밖에도 특전사 5여단에 배치를 받아 힘든 3년간의 군복무를 마쳤습니다.

(2) 방황과 시험

군대를 제대한 후 연약했던 마음에 활력이 생겨 담대하게 7급 국가직 공무원시험에 도전했고, 보기 좋게 합격하여 철도청에 들어 갔습니다. 처음엔 용산동 차사무소에 근무했으나 하나님의 도우심으로 지방청 관리과를 거쳐 본청 기획관리관실(국제협력담당관실)에서 근무하게 되었고, 그제서야 야간대학(서울시립대 행정학과)에 다닐 수 있게 되었습니다.

당시 저는 용산에서 하숙을 했는데 교회에 같이 가면 밥과 고기를 많이 주겠다는 하숙집 할머니(권사님)의 강권에 못 이겨 교회에 몇 번 가 보았지만 교회가 평안함을 주는 곳인 것 같기는 하지만 저와는 잘 맞지 않는 것 같아 더 이상 다니지 않았습니다. 30세에 결혼을 하고 딸을 낳은 후 왠지 모르게 교회에 다니고 싶어 아내와 함께 동네 교회에 나가 보았으나 구원의 확신이 없는 데다 직장에서 일이 많고, 또 술을 많이 마셔야 하는 직장의 분위기 때문에 여전히 세속의 삶을 벗어나지 못하고 있었습니다.

아내는 교회에 다니기 시작한 때부터 열심히 교회생활을 했지만 저는 30대 후반에 접어들면서 격무와 술, 학업 등으로 지치고 신앙에 대한 회의 등으로 힘들고 괴로운 나날이 계속되었습니다. 교회에 다니면서도 불교와 철학서적을 탐독했고, 나중에는 단학에 심취해 보기도 했으나 인간은 왜, 어디서 와서 어디로 가며 어떻게, 무엇을 하며 사는 것이 옳은 것인지 인생의 근본적인 수수께끼는 여전히 풀리지 않았습니다.

그 어간에 저는 철도청에서 총무처(중앙공무원교육원)로 전근했고, 그곳에서 사무관으로 승진을 했습니다. 그리고 국방대학원에 다니게 되었고, 오랫동안 기다리던 아들까지 얻었습니다. 그래서 하나님께 감사하는 마음으로 교회에 제법 열심히 나갔으나 예배가 끝나는 대로 가족과 친구들을 이끌고 청계산 계곡 같은 곳에 가서 자연과 술을 벗삼는 생활을 했습니다.

2. 새벽을 향하여

(1) 출애굽

아파트를 팔고 나서 아파트 값과 전세 가격이 오르는 바람에 결국 우리는 국방대학원에 다니기도 좋고 집값이 싼 인천에 아파트를 사서 이사했습니다. 그곳에서 교회에 출석하면서 마침 진행 중이던 교회 건축에 열심을 내어 참여했고, 나중에 집사 임명까지 받았으나 여전히 구원의 확신이 없는 채로 여름을 보냈습니다. 그러다가 1990년 가을에 열린 부흥회에서 확실하게 하나님을 만나는 경험을 했습니다. 나흘 동안 계속된 부흥회에서 강사목사님의 말씀 선포가 있은 후 목사님의 권고대로 계속 부르짖으며 기도를 했습니다. 그리고 나흘째 되던 날 저녁에 통성기도를 하는데 갑자기 불꼬챙이(불의 혀) 같은 것이 머리에 꽂히는 느낌과 함께 온몸이 불덩이가 되면서 방언으로 수십 분 동안 지나온 삶을 회개했습니다. 성령의 벼락을 맞은 것입니다.

고2 때인가 아버지의 사업이 망한 여파로 차라리 죽었으면 하고 겨우겨우 살아가고 있던 때, 한 살 아래인 외사촌 동생과 함께 등산을 했는데 성당에 다니던 그 동생이 제게 복음을 전하는 것을 듣고 분개하여 그 동생에게 하나님 같은 것은 없다는 것을 알려 주기 위해 하늘에 대고 만일 하나님이 계시다면 제게 벼락을 내려 달라고 크게 소리친 적이 있었습니다. 그때 비가 내리고 있었지만 벼락은 내리지 않았고, 저는 그 동생에게 바보 같은 놈이라고 비난했습니다. 그런데 부흥회 마지막 날 제가 하늘을 쳐다보며 내려 달라고 요구했던 그 벼락을 맞은 것입니다.

불신으로 굳게 닫혔던 저의 마음은 성령을 체험한 후에야 비로소 구원의 확신을 얻었고, 하나님이 살아 계신 것도 인정하게 되었습니다. 하나님께서 그런 식으로 저를 만나 주지 않으셨다면 아마 끝까지 불신의 길을 갈 것 같으니까 제게 그런 특별한 방법으로 만나 주신 것 같습니다. 지금 생각해도 얼마나 감사한지 모르겠습니다.

저는 정신을 바짝 차리고 아버지 되신 하나님께 효도하기 위해서는 그분의 뜻을 잘 알아야 하겠다는 생각으로 일반서적이나 TV, 오락, 스포츠 등을 멀리하고 오직 성경을 정독해 나갔습니다. 성령의 도우심으로 모르던 부분이 이해가 되면서 수일 만에 그 어렵고 읽기 힘든 성경을 처음으로 완독할 수 있었고, 천국과 영생에 대한 소망과 기대가 점점 커 가면서 기쁨이 충만해졌습니다. 그 후 저는 수개월 동안 성경을 치밀하게 분석하며 읽어 갔습니다.

내친 김에 저는 새벽기도에 도전했습니다. 기도를 어떻게 하는지도 몰랐지만 처음엔 그냥 저를 반겨 주시고 맞아 주시는 하나님이 너무 좋아서 새벽을 깨우기 시작했습니다. 찬송을 부르고 설교 말씀을 듣고 나서 목사님이 인도하시는 중보기도를 열심히 따라 했습니다. 그러나 옆 사람의 기도 소리 때문에 기도에 실패한 적이 많았고, 대학원의 리포트 작성, 시험공부, 회식 등으로 새벽에 일어나지 못하거나 여행 등으로 새벽기도를 쉬는 날이 많았습니다.

그러던 중에 새벽기도를 하지 않고는 견디기 힘든 현실이 계속되어 피곤해도 계속 새벽을 깨웠습니다. 6개월쯤 지나자 서투르고 무질서하던 기도가 성령의 도우심을 따라 점차 정리가 되면서 기도 줄이 잡혀 갔습니다. 많은 기도 응답을 받았고, 제 인생을 하나님께서 시간 시간 인도하시는 것을 깨달으면서 어느덧 새벽기도가 일상의 한 부분으로 자리잡게 되었습니다. 저는 모든 예배에 빠짐없이 참석하면서 중보기도자로, 찬양대 대장으로 청년부 부장, 대학부 부장, 남전도회장으로, 또한 전도활동과 직장 신우회 일(당시 중앙 공무원교육원에서 처음으로 직장 신우회를 조직했음) 등으로 눈코 뜰 새 없이 바빴지만 피곤하기는커녕 항상 하나님께 쓰임받는다는 보람과 기쁨이 넘쳐났습니다.

(2) 삶의 변화

그토록 끊으려고 노력해도 끊을 수 없던 술이 자연적으로 끊어졌습니다. 회식 자리에서 술을 거절하기가 쉽지만은 않았지만 제 몸이 원하지 않았고, 성령님이 거하시는 성전 안에 세속의 더러운 술을 붓는 것이 싫었기 때문에 거절했습니다. 윗사람들의 핍박과 위협보다 하나님의 위로와 격려가 더 컸기 때문에 얼마든지 이겨낼 수가 있었습니다. 특히 국방대학원에서 만난 Y 국장님은 불신자였는데 부하 직원들에게 아주 엄했고, 술자리에서 제가 술과 고스톱을 거절하자 중간에 저를 쫓아냈습니다.

그러나 저는 두려워하지 않고 국장님을 더욱 사랑으로 섬겼습니다. 결국 국장님은 저를 신뢰하게 되어 저를 중용했으며, 총무처에 근무하는 동안 많은 도움을 주셨습니다. 국장님은 현실적으로 도저히 불가능한 미국 유학을 전면에서 도와주셨습니다. "사랑 안에 두려움이 없고 온전한 사랑이 두려움을 내쫓나니"(요일 4:18)라는 말씀을 믿고 실행한 것에 대한 보상이 분명합니다.

그리고 저는 제가 가장 자랑스럽게 생각하던 400여 곡의 유행가도 모두 끊어 버렸습니다. 유행가 가사 중에 하나님을 대적하거나 하나님이 싫어할 만한 내용이 많은 것을 깨닫고 더 이상 부르지 않았습니다. 유행가 대신 찬송가를 부르며 주님이 주시는 믿음, 소망, 사랑 안에서 기쁜 삶을 살 수 있었기 때문입니다.

또 처음에는 십일조를 내면 대출금 이자를 못 내게 되고 생활비도 줄어들어 늘 쪼들렸기 때문에 십일조를 내는 것이 너무 아까웠지만 하나님께서 당신을 시험해 보라고까지 확언하셨기 때문에 순종하는 마음으로 십일조를 드렸습니다. 그런데 십일조를 드리기 위해서는 절약을 해야 했기 때문에 술값으로 지출되는 비용도 절약하게 되었고, 새벽기도 덕분인지 몇 년이 지나도 감기 한번 안 걸리므로 전반적으로 지출이 줄어들어 점점 생활이 나아졌습니다.

예수 믿는 것이 너무 기뻐서 자연스럽게 전도도 하게 되었습니다. 그 결과 4남 3녀 중 바로 밑의 남동생과 둘째, 셋째 여동생이 교회에 다니게 되었고, 직장 동료와 친구들에게 복음을 전하여 교회로 인도했습니다. 술을 마실 때마다 행패를 부리고 괴롭히던 저를 끝까지 참아 주고 형처럼 격려해 주던 L씨는 이전에 비해 판이하게 변한 저의 모습을 보고 제가 전하는 복음을 받아들였습니다.

처음에는 전도생활을 아주 열심히 했습니다. 예를 들어 제게 발표를 잘하는 비결을 물어온 국방대학원 동기생인 C에게 복음을 전하여 상계동에 있는 그의 집 근처의 교회를 알아내어 목사님에게 먼저 전화를 드리고 주일에 그를 교회로 데리고 갔습니다. 이런 식으로 늘 주위에 복음을 전하면서 결신자를 교회로 인도하기 위해서는 어디든 달려갔습니다.

3. 풀무불 속에서

(1) 겹치기 교통사고

저는 국방대학원을 졸업하고 Y 국장님과 함께 중앙공무원교육원에서 일을 했습니다. 당시 저는 국가적인 대형 프로젝트를 맡고 있었는데 완성을 열흘 정도 앞둔 어느 날 자정 무렵 차를 몰고 퇴근을 하는 중에 술에 취해 횡단보도에 갑자기 뛰어든 청년을 들이받는 사고를 냈습니다. 보험을 미처 갱신하지 못하여 2주 이내로 치료비와 원하는 보상금을 치르고 화해하지 않으면 구속될 수밖에 없었습니다. 환자에게 병문안을 갔을 때는 친척들에게 둘러싸여 욕을 먹고 멱살을 잡히는 등 말할 수 없는 수모를 겪었습니다. 저는 결백을 증명해 줄 목격자를 찾아 여기저기 돌아다녔는데 길을 잃고 잠깐 정차하고 있을 때 음주운전자가 운전하는 큰 트럭이 제 차를 들이받는 바람에 머리를 운전대에 세게 부딪혔고 머리와 허리와 목을 가눌 수 없을 정도로 큰 부상을 입었습니다.

그러한 상황에서도 저는 프로젝트를 마무리하고 음주 청년의 교통사고를 해결해야만 했습니다. 저는 사면이 막혀 숨이 멎어버릴 것 같은 두려움과 고통 앞에서 새벽에 하나님께 무릎을 꿇고 도움을 청했습니다.

환자의 형이라는 사람은 공무원 신분인 저의 약점을 이용하여 도저히 감당할 수 없는 피해보상금과 치료비를 요구했습니다. 저는 밤에 불안하여 잠도 못 이루고 하나님께 부르짖으며 살려달라고 기도했습니다. 그 결과 하나님의 도우심으로 그들이 원하는 금액의 20% 정도만을 지불하고 합의서를 받아낼 수 있었습니다.

(2) 기가 막힐 웅덩이

저는 큰 교통사고를 당하고도 "고위직 공무원 훈련과정 계획수립"이라는 프로젝트를 끝내고 훈련과정 개시를 선포하는 모임에서 국무총리를 모시고 사회를 보기까지 했으나 행사를 끝내고 사무실로 돌아가던 중 축적된 고통이 극에 달하면서 결국 쓰러졌고 병원에 입원했습니다. 뒷목 부분의 근육이 부풀어 오르면서 신경을 짓눌러 머리가 깨질 듯 아팠고, 허리는 디스크로 발전하여 6개월 정도의 치료가 필요하다고 했습니다.

생각할수록 너무 억울했습니다. 저는 하나님을 위해서 충성한다고 했습니다. 매일 새벽기도도 하고, 교회에 충성했으며, 목사님께 순종하고, 형제자매를 구원하고, 열심히 전도했습니다. 직장에서도 성실하게 업무를 감당했습니다. 그런데 그 결과가 칭찬과 상급이 아니라 머리가 깨지고 허리가 부러지고 목에 깁스를 하고 누워 있는 것이라니, 이게 무슨 꼴인가 하는 생각이 들면서 몹시 화가 났습니다.

입원 후 석 달쯤 되었을 때 예배도, 기도생활도 할 수 없고, 정신적 고통이 극에 달해 저는 병원 직원들의 만류를 뿌리치고 퇴원했습니다. 그리고 하나님께 한번 따져 볼 요량으로 인천의 기도원으로 갔습니다. 병원생활을 하는 동안 기도도 제대로 못 하고 예배도 제대로 드리지 못하니 신앙이 무너졌고, 마귀는 하나님을 믿어봤자 아무 쓸모가 없다고 계속해서 속삭였습니다.

저는 마침내 그 말이 맞다고 하며 고개를 끄덕이기까지 했습니다. 부흥회를 통해 은혜를 받은 후 날마다 새벽을 깨우며 교회를 위해서 헌신했고, 전도도 많이 했으며, 직장 신우회를 조직해서 헌신하고 있는 사랑하는 아들에게 아버지라는 분이 이런 고통을 주시다니, 당시의 신앙 수준으로는 정말 이해하기가 어려웠습니다. 그래서 도대체 어떻게 된 것인지 하나님을 만나서 한번 따져 보리라 생각하고 기도원의 정한 자리에 무릎을 꿇었습니다.

기도할수록 분노와 슬픔, 절망이 밀려와서 결국 눈물을 흘리며 기도했습니다. 하나님께 한 번만 만나 달라고 계속 부르짖으면서 기도했더니 새벽 네 시쯤 하나님께서 나타나셨습니다. 그 형체가 보이지는 않았지만 큰 바위보다 더 크신 하나님이 가까이 다가오셔서 나를 꼭 안아 주시는 것을 느꼈고, 저는 그 따스한 품에 안겨 "아버지, 왜 그러셨어요. 왜 그러셨어요. 왜요? 왜요?" 하고 계속 대답을 재촉했습니다. 아버지는 이렇게 말씀하시는 듯했습니다.

"너를 이렇게라도 만나고 싶었단다. 사랑한다, 아들아 …나는 너와 영원히 함께할 거야. 그러니 아무 염려하지 말아라."

저는 뛸듯이 기뻤고 온 세상을 소유한 것보다 더 큰 만족감을 느꼈습니다. 믿음이 완전히 회복되었고, 건강도 약간 회복되어 직장에 복귀했으나 계속되는 기억력 감퇴로 고생을 했습니다. 한 시간 전에 결재한 문서의 내용을 기억할 수 없을 만큼 머리에 이상이 생겼습니다. 새벽으로 기도를 해 봐도 나아지는 기색이 없었습니다. 감추어 보려고 했으나 이미 윗사람에게도 저의 상태가 알려져서 업무를 지속하는 것이 곤란해졌습니다.

더 이상 견딜 수 없어 퇴직할 수밖에 없는 상황이 되었으므로 하나님께 살려 달라고 부르짖었습니다. 모든 것을 포기하고 새벽마다 하나님께 나아갔습니다. 저는 하나님께 건강도 잃었고, 재산도 없고, 두뇌마저 이상이 생겼고, 직장도 잃게 되었으며, 아무한테도 위로를 받을 수 없고 살 소망마저 끊어졌으니 이제 그만 데려가 달라고 하소연했습니다.

4. 건져내시고

(1) 구원의 손길

어느 날 새벽예배 중에 하나님께서 목사님을 통해 "내가 고통 중에 부르짖었더니 여호와께서 응답하시고 나를 광활한 곳에 세우셨도다"(시 118:5)라는 말씀을 주셨습니다. 마음에 평안이 밀려오면서 '광활한 곳'이라는 말씀이 며칠째 제 마음을 붙잡았고, 결국은 그것이 하나님의 응답이라는 확신이 왔습니다. 그러나 도대체 그곳이 어딘지 몰라 계속 기도하던 중, 하나님께서 말씀하신 '광활한 곳'이 미국이라는 응답을 얻게 되었고, 그곳은 의술이 발달하고 환경도 좋고 하니 그곳으로 유학을 갈 수만 있다면 건강을 회복할 수 있으리라는 갑작스런 소망이 생겼습니다.

유학 신청에 어려움이 있었으나 결국 Y 국장님의 도움으로 유학 신청을 하게 되었고 시험도 볼 수 있게 되었습니다.[27] 건강상 출퇴근을 할 수 있는 여건이 아니어서 일과를 마치고 교육원 기숙사에서 숙박하며 토플 공부를 했습니다. 그러나 허리가 아프고 목이 아파 책상에 10분도 채 앉아 있지 못했기 때문에 책상에 엎드려 하나님의 도우심을 구하며 기도할 수밖에 없었는데 그때마다 하염없이 눈물이 나왔습니다. 왜냐하면 경쟁자들이 모두 젊은 고시 출신들이고, 당시는 1등을 해야 유학을 갈 수 있는 상황인데 그럴 만한 가능성이 거의 없었기 때문입니다.

더구나 시험 당일에도 사고가 발생했습니다. 과천에서 살던 저는 연세대까지 직접 차를 몰고 갔는데 중간에 길을 잘못 들어 시험장에 늦게 도착한 것입니다. 그러나 하나님의 도우심으로 감독관에게 양해를 구하여 간신히 시험을 볼 수 있었습니다. 하지만 시험이 끝날 무렵 리스닝 시간 때 갑자기 머리에 혼돈이 오면서 영어가 잘 들리지 않아서 모두 4번을 찍고 하나님을 원망하면서 교실에서 나왔습니다. 너무 허무했습니다. 시험 성적이 안 좋아 유학 갈 가능성이 희박했지만 그때까지라도 소망을 주셔서 마음을 평안하게 해 주셨으니 그것으로 만족하고 감사하다는 기도를 드리며 귀가했습니다.

그러나 하나님의 인도하심은 참으로 기이했습니다. 당시 김영삼 대통령이 갑자기 세계화 원년을 선포하는 바람에 유학 주관부서인

총무처에 원래 1명이던 배정인원에 1명이 더 추가되었고, 제가 3등과 아주 근소한 차이(1점)로 2등을 하여 유학을 가게 된 것입니다. 또 한 가지 감사할 일은, 통원치료를 끝내고 보험회사에서 보상금을 받았는데 그 액수가 1년 전에 제가 교통사고 피해자에게 보상해 준 금액을 약간 상회하는 것이었습니다.

(2) 직장 복음화사역

병원에서 퇴원하여 기도원에서 은혜를 받은 후 부회장으로서 직장 신우회(중앙공무원교육원)에 열심히 참여했습니다. 우선 교회에 다니는 사람들을 모으고 점심시간에 여기저기 다니며 전도했습니다. J, P, K가 회심하여 신우회에 참석하고 교회에 다니기 시작하면서 신우회가 부흥하기 시작했습니다.

저는 전도지를 만들어 배포하고 전 직원을 상대로 1대 1 전도를 하는 한편, 신우회 예배 때마다 회장인 K 장로님과 교대로 말씀을 전했습니다. 교통사고로 고통당하고 있던 제가 밝은 얼굴로 전도를 하고 다니자 효과가 매우 좋았습니다. 처음에 7명으로 시작한 신우회가 나중에 원장님까지 회원으로 가입하면서 중앙공무원교육원(과천) 전 직원 100여 명 중 42명이 신우회에 참석하는 기적이 일어났습니다.

5. 광활한 땅에서

(1) 여호와 이레 하나님

하나님의 은혜로 유학하게 된 남미주리 주 주립대학은 세인트루이스 시에서 남쪽으로 2시간가량 걸리는 곳에 위치한 케이프지라도라는 자그마한 도시에 있었습니다. 저는 대학에서 보내 준 안내 책자를 보고 셋집 주인에게 직접 전화를 해서 우리가 살 집을 구두로 계약했습니다. 대사관으로부터 세인트루이스 시 한인회장의 자택 전화번호를 알아내어 전화를 했는데 공교롭게도 그분은 고등학교 선배였고, 그분으로부터 다른 선배인 K씨를 소개받았습니다.

우리가 세인트루이스 공항에 도착했을 때 K씨 부부가 반갑게 맞아주었습니다. 우선 그곳 저택에서 2박 3일을 머문 다음 K씨의 차를 빌려서 대학이 있는 케이프지라도로 가서 약속한 장소에서 60대로 보이는 집주인 내외를 만났습니다. 1주일간 그분들의 집에 머무는 동안 중1인 딸 록이와 5살 아들 훈이가 미국 문화에 적응할 수 있었습니다.

케이프지라도는 인구 4만의 전원도시로, 5층이 넘는 건물이 없고 숲이 우거지고 중앙에 호수공원이 있는 매우 아름다운 숲속 도시였습니다. 제가 새벽기도 때마다 늘 간구하고 소망하던 바로 그런 마을이었던 것입니다. 저는 집주인의 소개로 웨스트민스터 교회를 방문해서 화이트(White) 목사님을 만났습니다. 목사님은 그날 오후 늦게 성도들과 함께 성도들의 집에서 사용하지 않는 가구들을 수합하여 큰 트럭에 가득 싣고 와서 집안에 배치하고 미국에서의 삶을 완벽하게 준비해 주셨습니다.

(2) 미국에서도 계속되는 새벽기도

그러나 이것은 시작에 불과했고, 하나님의 역사는 연일 계속되었습니다. 지하실에 아이들의 놀이터를 만들고 다른 한켠에는 기도실을 만들어 새벽마다 기도했습니다. 아이들을 학교와 유치원에 보내야 하고, 아내의 쇼핑도 도와야 했기 때문에 주간에 도서관에서 공부하고 야간에 수업을 들어야 했습니다. 3개월이 지나 아내가 운전면허를 취득하고 나서야 저는 마음껏 공부를 할 수 있게 되었습니다. 가정예배도 드리기 시작했습니다. 매일 창세기부터 두 장씩 돌아가며 읽고 나면 제가 요약하고 요절을 묵상하고 기도하는 식으로 하면서 1년 동안 성경 전체를 마쳤습니다.

그러나 예상했던 대로 경영학과 석사과정은 수월하지 않았습니다. 세 과목을 신청했다가 교통사고로 인해 기억력이 감퇴되어 한 과목을 드롭하고도 진땀을 흘린 끝에 겨우 한 학기를 만족스럽지 못한 성적으로 마치고 나니 공부에 자신이 없어졌습니다. 눈앞이 캄캄하고 여간 두려운 것이 아니었습니다. 그러나 그렇다고 그만둘 수도 없는 노릇이어서 저는 다시 하나님께 매달리기 위해 목사님에게 열쇠를 얻어 교회에 나가 혼자서 새벽마다 기도했습니다.

그러던 중 1학년 2학기 중간고사에 대비하여 시험공부를 하던 어느 날, 갑자기 암기가 잘 되는 것을 느끼기 시작했습니다. 너무 기쁘고 감사해서 더욱 열심히 공부했는데 공부가 제법 잘 됐고 시험 성적이 놀랍게 향상되어 마침내 하나님께서 두뇌를 회복시켜

주신 것을 깨닫고 일생을 주님께 바칠 것을 서원했습니다.[28]

(3) 관계의 축복들

딸 록이는 집 주변에 있는 중학교의 7학년에 편입하여 공부를 시작했습니다. 그런데 미국의 모든 학교에 있다던 ESL 선생님[29]이 그 학교에는 준비되어 있지 않아서 학교에 가서 교감선생님(Counselor)에게 부탁했더니 쾌히 승락하고 조치해 주었습니다. 새로 부임한 ESL 선생님은 록이와 함께 숙제를 할 때 아이가 힘들어 하는 모습을 보고 같이 울기도 하고 기도도 해 줄 정도로 사랑이 많고 자상한 분이었습니다.

아들 훈이는 교회의 유치원(Kindergarten)과 프리스쿨에서 필그림 출신의 아일린(Aileen)이라는 천사 같은 여선생님을 만났습니다. 동양인이라고는 훈이 단 한 명이었는데도 불구하고 차별을 하기는커녕 오히려 훈이를 가장 아끼고 사랑해 주었기 때문에 정말 감사했습니다. 나중에 우리는 이들 가족과 매우 친해져서 서로 내왕하며 한 가족처럼 지냈고, 그 가족은 미국에서 우리의 큰 힘이 되어 주었습니다. 우리는 주로 가구를 빌려 준 성도들을 초대하고 답방을 하면서 교제했습니다.

또 아내의 영어 회화에 도움을 주기 위해 대학의 영어학과에 찾

---

28) 총 13과목 중 A학점 7개, B학점 6개로 4.0 만점에 평균평점 3.545.

29) 영어를 제2외국어로 하는 외국인 학생들의 언어훈련과 수업을 돕기 위해 특별히 마련한 교사들(ESL은 English as a second language의 약자).

아가서 부탁했더니 아내를 가르칠 미국인 여학생들을 두 학기 동안 보내 주셨고, 저는 3학기 동안에 대학원 졸업을 위한 모든 과목을 이수하고 논문도 잘 마쳤습니다. 논문지도 교수님과 평가위원들을 집으로 초대해서 그동안 도와주신 노고에 보답했습니다.

웨스트민스터 교회의 화이트 목사님은 우리 가족에게 어려운 일이 있을 때마다 도와주신 피를 나눈 형제와도 같은 분이었습니다. 제가 처음 교회에 나갔을 때 설교가 잘 들리지 않아 목사님께 설교 요약을 부탁했더니 그만두라고 하기까지 6개월 동안 한 번도 빠짐없이 신실하게 집으로 보내 주셨습니다.

우리 가족이 목사님과 작별할 때 목사님에게 어떻게 신세를 갚으면 좋겠느냐고 물었더니, "왜 저한테만 그것을 갚으려 합니까? 한국에 가면 집사님보다 가난하고 믿음이 없는 불쌍한 사람이 많을 텐데 그들에게 갚으십시오. 곧 그것이 저에게 갚는 것이고 예수님께 갚는 것입니다"라고 말하면서 우리 가족의 장래를 축복하는 기도까지 해 주셨습니다.

그런데 갑자기 생각지도 않은 문제가 발생했습니다. 록이가 미국에 남고 싶다고 한 것입니다. 그래서 아일린 부부에게 딸을 맡아 달라고 부탁했더니 흔쾌히 승낙해 주셨습니다. 법원에 가서 자신들을 록이의 법적 보호자(legal guardian)로 등록해 주고 매월 400불(당시 30만원)의 생활비만 받기로 했습니다. 아일린 가족과 이별의 만찬을 하면서 찬송하고 서로를 위해 축복기도를 했습니다.

6. 회복시키시는 하나님

(1) 직장 신우회 사역

귀국 후 저는 다시 교회에 복귀하여 신앙생활을 했습니다. 저는 교회를 위해 열심히 기도하고 봉사하는 한편, 중앙공무원교육원에서 총무처로 전근하여 총무처 직장 신우회를 중심으로 봉사했습니다. 저는 문서선교의 중요성을 알기 때문에 중앙공무원교육원의 경험을 토대로 팔을 걷어붙이고 직장선교 잡지인 「빛과 소금」을 발간했습니다. 목사님의 설교문과 저와 회원들의 간증 등을 모아 2개월에 한 번 정도 발간하여 전 직원에게 배포했습니다. 그리고 동료를 전도하여 지역교회에 연결시켜 주고 출석시켜 주는 일도 계속했습니다.

(2) 록이의 대학 합격

저는 아내와 함께 록이를 위해 새벽마다 딸을 지켜 주실 것과 공부를 잘할 수 있도록 도와주실 것을 기도했습니다. 마침 우리나라에 IMF 사태가 발생하여 핑계 삼아 1997년 12월, 록이를 귀국시키고 서문여고에 편입시켰습니다. 그러나 록이는 어려운 학교 수업과 가족, 친구들과의 원활하지 못한 관계로 몹시 힘들어 했습니다. 그래서 대학 입시를 대비하여 정시보다는 수시 입학을 택하고 영어공부를 열심히 했습니다.

저는 새벽마다 교회에 나가 무릎 꿇고 부르짖으며 도움을 구했습니다. 대전에 있으면서도 시간이 나는 대로 록이에게 전화하여 격려하고 기도해 주었습니다. 토익시험장마다 따라다니면서 입실하기 전에 기도를 해 주었습니다. 록이는 계속 시험을 봐도 원하는 만점을 받지 못했지만 하나님의 극적인 도우심으로 경쟁률이 높았던 한국외대에 결국 합격했습니다.

7. 장성한 분량을 향하여

(1) 신병 훈련소

록이가 서울에서 대학에 다니기 시작하면서 저희 부부는 훈이만 데리고 대전으로 이사했습니다. 당시 총무처가 행정자치부로 조직이 바뀌면서 직무 환경에 큰 변화가 생겼습니다. 당시 윤리담당관실에서 수석서기관으로 총괄기획을 담당하며 공직자윤리위원회 위원들을 위촉시키고 위원회의 운영 책임을 맡고 있어서 권력도 엄청 컸지만, 특히 어려웠던 것은 행정자치부 대다수의 서기관급 이상 공무원들처럼 주일에도 출근해야 하는 것이었습니다.

그러나 당시 시무하던 인천의 교회에 아직 장로가 없는 상황에서 저는 수석안수집사로서 당회 서기를 비롯하여 남전도회장, 교구장, 성가대장, 대학·청년부 회장, 금요철야예배 인도자 등을 역임하고 있었기 때문에 주일에 출근을 한다는 것은 거의 불가능했습니다. 결국 저는 조금만 더 고생하면 수개월 후 과장이 되고, 차후로 지방정부의 2인자(부시장 등)나 정치인이 될 수 있는 보석 같은 기회를 버리고 행자부를 떠나는, 세상적으로 볼 때 누가 봐도 바보같은 결론을 내렸습니다.

저를 아끼고 돌봐주시던 채모 국장님(나중에 국회의원이 됨)과 이모 국장님(나중에 환경부장관이 됨)을 비롯한 많은 사람들의 꾸짖음과 아쉬움을 뒤로하고 특허청을 택하여 대전으로 내려왔습니다. 거기에는 다른 이유도 있었는데 그것은 물질적으로 너무 어려운 저희 가정 경제를 위해 특허청에 가서 근무한 후 퇴직하여 변리사를 해야겠다고 생각한 것입니다.

저희 부부는 대전에 와서 우선 우리가 다닐 교회를 물색했는데 탄방동에 있는 새로남교회가 기쁨이 넘치고 하나님의 은혜와 평화가 넘치는 것이, 뭔가 모르게 무겁고 침울하던 이전에 다니던 교회와 너무 달랐고, 목사님이나 성도들을 비롯한 교회의 분위기가 미국에서 다니던 교회와 너무 닮아 결단하고 등록을 했습니다.

그리고 2년 후에는 제자훈련을 받았습니다. 제자훈련은 담임목사님이 직접 12명을 1년 동안 훈련하셨는데, 주 1회 오후 7시 반부터 자정 무렵까지 목사님의 강의와 찬송, 기도, 그리고 성경 암송, 교제까지 타이트하게 진행되었습니다.

오정호 목사님은 전국에서 인지도가 높은 교회의 목회자인 만큼 카리스마와 권위가 있음에도 불구하고 제자들을 마치 매일 만나는 친구처럼 살갑게 대해 주셨습니다. 같은 형식으로 소그룹 지도자 훈련인 사역훈련(1년)을 수료한 후 전도폭발훈련도 받았으며, 이후 구역장(순장)으로 임직을 받았습니다.

순장은 5개 내지 8개 가정이 부부 중심으로 모여 기도하고 찬송하고 교제도 하면서 말씀을 체계적으로 배워 나가는 구역(다락방)

모임의 리더로서 순원들을 신앙적으로 훈련시킬 뿐만 아니라 자신의 신앙을 실질적으로 성장시킬 수 있는 은혜로운 훈련장입니다.

(2) 하나님과 동행하는 삶

저희 가정이 점차 회복되고 화목해지면서 저희 부부는 힘을 합하여 양가의 형제자매들을 전도하기 시작했습니다. 그 결과 청주에 있는 막내 남동생과 막내 여동생이 교회에 나가게 되었고, 대전에 살고 있는 두 처제와 가족들, 장인이 교회에 나가게 되었으며, 강원도에 살고 있는 막내처제까지도 교회에 나가게 되었습니다. 그리고 청주에 사는 형님 부부를 자주 찾아뵙고 복음을 전한 결과, 형님 한 분만을 제외한 온 가족이 교회에 나가게 되었습니다.

직장생활에도 형통의 복이 찾아왔습니다. 특허청에 와서 출원과 서기관, 상표심사관, 민원실장 등을 역임한 후 능력과 성실성을 인정받아 과장으로 승진했습니다. 특허연수원 학사과장을 지내고 상표심사과장으로 발령받았습니다. 과는 심사의 질과 양에서 아주 탁월한 결과를 얻게 되어 반기별로 개최되는 실적 평가에서 2회 연속 최우수상을 받았고, 개인심사 사례들도 최우수상과 우수상을 받았습니다.

또 오랜 간구가 이루어져 특허심판원 심판관도 되었습니다. 과에 재직하는 동안 차례로 직원들에게 복음을 전했는데 J, K, N 등이 주님을 영접하고 교회에 다니고 있습니다.

그리고 한동안 교회 훈련과 사역 등으로 분주하여 열심을 내지 못했던 직장 신우회에서 신우회지 주필로 활동하며 신우회지를 전

직원에게 배포하여 신우회의 존재를 홍보하고 지상(紙上)으로 복음을 전하는 한편, 전도부장으로 활동하며 전도자들을 훈련하고 실질적인 1 대 1 전도를 정기적으로 실시했습니다.

(3) 가정의 변화

대전에 살면서 가정생활에도 많은 변화가 일기 시작했습니다. 부부관계가 놀랍게 회복되었습니다. 특히 저는 대가족제도 속에서 공부를 잘하여 집안의 기대주로 자라면서 늘 칭찬과 격려를 받으며 자랐기 때문에 제왕교육을 받은 왕자처럼 늘 교만하고 특권의식이 대단했습니다. 그런데 미국 유학생활을 하는 중에 한국에서보다 가족이 같이 시간이 많아졌고 가정예배를 2년 동안 드리면서 조금씩 서로를 이해하는 폭이 넓어지기 시작했습니다.

대전에 와서 새로운 교회에서 훌륭한 목회자를 만나고 구역예배에 참석하여 서로의 문제를 오픈해 나가며 자연스럽게 치유되는 것을 느꼈습니다. 또 양가의 형제자매를 전도하면서 조금씩 생각의 일치를 이루게 되었고, 합심으로 기도하며 서로를 이해해 나가자 부부관계가 점점 나아지기 시작했습니다.

제자훈련과 사역훈련은 부부관계의 획기적인 전기를 마련해 주었습니다. 저는 그동안 남편의 위치를 아내보다 높게 생각하고 아내를 계몽 대상으로만 생각했기 때문에 진정한 배필, 즉 친구나 동역자로 대하는 것에 실패했음을 깨달았습니다. 에베소서 5장 21절에 "피차에 서로 복종하라"라고 하였습니다. 저는 아내를 온유하고 겸손하게 변화시켜 달라는 기도를 중지하고 오히려 제가 아내에게 진정으로 순종하는 남편이 될 수 있도록 해 달라고 기도했습니다. 아내를 주신 하나님께 무조건 감사했더니 하나님께서 큰 깨달음을 주셨습니다. 하나님이 저의 태생적 교만과 못된 성품을 깨뜨려서 하나님의 형상으로 빚으시는 과정에서 아내는 오랜 세월 인내하느라 얼마나 힘들어 했을까 생각하니 아내가 너무 불쌍하고 소중한 생각이 들었습니다. 하나님은 질서의 하나님입니다. 이후로 저의 생각과 행동이 달라지기 시작했고, 자녀들에게도 아버지로서의 지위와 가면을 벗고 친구로서, 동역자로서 대해 주니 늘 대화가 넘쳤습니다. 그리고 결혼생활도 섬기는 사역이라는 것과 깨어 기도하며 적극적으로 사랑을 만들어 가지 않으면 "포도원을 허무는 여우"(아 2:15)에게 기회를 내어주게 된다는 것을 깨달았습니다.

주 안에서 하나님의 눈으로 다시 보는 아내의 모습은 이전과 정말 달랐습니다. 그는 잘생기고 예쁘고 항상 주변을 깔끔하게 정돈하고 몸단장을 깨끗이 하며, 요리를 잘하고 화초를 잘 가꾸고 근면하고 성실하고 검소하고 건강하고 책임감이 강하고 재치와 유머도 넘칩니다. 기억력이 좋고 두뇌 회전이 빠르며 말을 잘하고 리더십이 강하고 사람을 금방 자기편으로 만드는 친화력도 있습니다.

직장생활을 성실하게 하면서도 자녀교육, 살림, 신앙생활 어느 것 하나 소홀히 하지 않고 열심히 합니다. 새벽기도도 열심히 하고 유치부 교사와 헌금위원, 순장, 새로남지 기자, 교회의 카페 관리자 등 많은 사역을 잘 감당하고 있습니다. 또한 교회 마라톤클럽의 핵심 멤버로 여성으로서 풀코스를 13번이나 뛴 자랑스러운 영웅이기도 합니다. 특히 아내에게 감사한 것은 우리 형제자매들을 주님께로 인도하는 데 적극적으로 개입하고 도와준 것입니다.

2장

새벽기도의 응답들

1. 당신 천사요?

미국 유학 당시인 1996년 1월 어느 날 논문 연구자료를 구하기 위해 케이프지라도를 출발하여 스프링필드에 갔다가 돌아오는 길에 차가 펑크가 났습니다. 저녁 10시가 넘었고 눈보라가 거세게 몰아치는데 당시는 휴대폰이 없었기 때문에 보험회사에 연락할 수가 없었습니다. 가까이에 주유소가 없어 지나가는 차를 세우기로 결심하고 한참 동안 손을 흔들어 댔지만 멈추어 서는 차가 없었습니다. 그때 문득 '아, 참 하나님이 살아 계시는데 내가 무얼 하고 있나?' 하는 생각이 들었고, 차 안으로 들어가 하나님께 10여 분간 기도를 하고 난 후 다시 손을 흔들었습니다.

그러나 차들은 동양인인 저를 비웃기라도 하듯 더욱 빠른 속도로 지나쳐 가 버렸습니다. 순간 허탈해졌습니다. 이제 앞으로든 뒤로든 어느 한쪽을 택해서 주유소가 나올 때까지 눈보라 속을 뚫고 걸어서 가든지, 아니면 차 안에서 히터를 켜고 아침까지 견디는 수밖에 없었습니다.

저는 앞으로 가기로 결정하고 뒤돌아서는 순간 너무도 놀랐습니다. 50여 미터 전방에 큰 화물차 한 대가 서 있었던 것입니다. '그러면 그렇지. 우리 하나님이 어떤 분인데' 하고 반가운 마음으로 차를 향해 가 보았는데 60대 초반 정도로 보이는 남자가 차 밑에서 벌떡 일어나 나오더니 연장을 내게로 향하고 경계태세를 취했습니다. 저는 사정을 얘기하고 혹시나 하는 심정으로 그에게 시동을 다시 한 번 걸어보라고 했습니다.

시동이 걸리자 그는 저를 뚫어지게 바라보더니, "당신 천사요?" 하고 대뜸 물었습니다. 저는 "천사는 제가 아니고 바로 당신입니다. 펑크 난 차 때문에 제가 기도했더니 하나님이 당신을 보냈어요!"라고 대답했습니다.

"그럼 결국 우리 둘 다 천사군요."

우리는 어느새 친구가 되었습니다. 그분은 시카고에서 멤피스까지 곡물을 수송해야 하는 바쁜 시간을 쪼개어 달리던 방향과 반대쪽에 있는 주유소까지 20여 분이나 허비하면서 저를 태워다 주었습니다. 그곳에서 저는 보험회사인 트리플 에이(AAA)에 전화하여 차를 수리받은 후 목이 터져라 찬송하며 은혜가 충만하여 집으로 돌아왔습니다.

2. 서기관 승진

(총무처에 재직하던 시절인 1997년 10월에 아슬아슬하게 승진에서 탈락한 후 엎친 데 덮친 격으로 IMF로 인해 내무부와 부처 통합이 되어 행정자치부가 된 이후 승진)

인사가 오랫동안 동결되어 있었습니다. 그리고 1999년 1월 어느 날 승진심사위원회가 열린다는 소식이 들려왔습니다. 열심히 일했음에도 불구하고 부처 통합 때문에 저의 승진 서열은 한참 뒤로 밀려 있었습니다. 총무처 출신 3명, 내무부 출신 5명이 승진 대상인데 저의 서열은 실망스럽게도 총무처 5위라고 했습니다. 더군다나 연공서열을 무시할 경우 배수 안에 있는 기라성 같은 젊고 유능한 경쟁자들을 따돌리기는 쉬운 일이 아니었습니다.

퇴근 후 아쉬운 마음을 안고 교회에 가서 엎드려 기도했더니 마음에 평안이 왔습니다. 그리고 나름대로 결론을 내린 것이 모든 것을 하나님께 맡기고 결과에 순종하자는 것이었습니다.

다음날 오전, 승진심사회의가 당일 중에 있을 것이라는 얘기가 들려왔습니다. 다른 경쟁자들은 열심히 심사위원들을 찾아다니는 동안 저는 서고에 들어가서 문을 잠그고 무릎을 꿇었습니다. 저는 하나님께서 저의 기도에 응답해 주셨던 일들을 하나하나 반추해 내며 감사하기 시작했습니다. 어느 순간 하나님께서 가까이 오셔서 기도를 듣고 계시는 느낌을 받았고, 결과야 어떻게 되든 주님의 뜻대로 될 것이므로 마음의 평안을 얻을 수 있었습니다.

그런데 기적이 일어났습니다. 하나님께서 그 능수능란한 손을 휘둘러서 총무처 출신 승진 대상을 1명 더 늘리시고, 위원들의 투표 결과 3등보다는 10표 이상 적었지만 5등과는 아주 근소한 차이로 승진자 4명에 저를 포함시키신 것입니다.

3. 보직 경로와 관계의 복

1999년 2월 서기관으로 승진했지만 밤늦게까지 일을 하고 주일에도 출근해서 일을 해야 하기 때문에 너무도 불편했고, 또 변리사가 되면 형편이 좀 나아지리라는 생각에서 출세가 보장된 행자부를 버리고 특허청으로 전근해 왔습니다. 유능한 변리사가 되려면 변리사 실무와 관련된 직무를 담당하는 보직으로 시간 낭비 없이 이동해 가야 하기 때문에 새벽마다 기도했습니다. 저는 하나님께 구체적인 보직 경로를 말씀드렸고, 옮길 때마다 도울 사람을 붙여 주셔서 순적하게 일이 진척되기를 기도했습니다.

처음에 출원과로 발령받아 출원 서류들이 규정대로 잘 작성되었는지 심사하는 방식심사관으로 일을 했습니다. 8월에는 제가 미국 유학 경력이 있기 때문에 특허청이 새로 도입하여 시행하는 제도인 국제특허협력조약(PCT)과 관련된 프로젝트의 팀장으로 선정되어 일했습니다. 저는 직원들과 함께 유럽 특허청에 출장도 가고 밤늦게 일하면서 연말까지 프로젝트를 완성했고, 소속과 P 과장으로부터 큰 신뢰를 얻었습니다.

저의 다음 희망 보직은 상표심사관이었습니다. 그러나 기도 내용과는 달리 종합민원실장으로 발령을 받았는데 영 내키지가 않았습니다. 그러나 저는 일단 하나님께 감사드리고 열심히 근무했습니다. 저는 외부강사 등을 초빙하여 직원들에게 친절교육을 시키고 민간인 고객 서비스 전문가를 포함한 전, 현직 민원실장으로 구성된 특별위원회를 구성하고 "고객 불만 사례 및 표준서비스요령"을 책자로 발간하여 직원들을 교육했습니다.

민원실에 근무하면서 민원인들에게 정확한 지식을 알려 주기 위해 그동안 특허, 상표와 관련된 공부를 많이 했는데 그때 연마한 지식은 지금까지 부서를 옮겨 가면서 일할 수 있는 기반이 되었습니다.

저는 민원실에서 배운 기본지식도 있고, 또 고향이 같은 베테랑 상표심사과장을 만나 지도받으면서 빠른 속도로 심사를 배워 나갈 수 있었습니다. 당시 특허청에서는 청장님이 특허행정 혁신을 위해 업무 분야별로 수십 개의 추진반을 만들고 혁신을 추진하도록 했습니다.

이때 저는 상표심사관으로 있으면서 민원실 혁신 추진팀장을 맡게 되었습니다. 많은 팀들이 있었으나 청장님의 혁신 드라이브를 탐탁하게 여기지 않고 소극적인 자세로 관망만 하고 있을 때 저는 하나님께 기도하면서 상전에게 순종하는 것이 하나님의 백성으로서 올바른 태도라는 생각으로 묵묵히 일을 해 나갔습니다. 우리 팀은 모델 케이스가 되었고, 청장님의 칭찬도 수없이 받았습니다. 제가 과장으로 수월하게 승진한 데는 열심히 혁신을 추진한 것도 있고, 제가 출원과에서 모셨던 P 과장이 인사권을 쥐고 있는 총무과장으로 재직한 덕분이기도 합니다.

과장 첫 보직은 특허연수원 학사과장이었습니다. 마침 제가 민원실장으로 있을 때 모시던 H 과장님이 총무과장으로 있으면서 연수원 직원의 애로사항을 많이 해결해 주셔서 학사과장으로서의 직무를 성공적으로 마칠 수 있었습니다. 다음은 법무담당관으로 발령이 났는데 하나님의 도우심으로 특허청에 와서 맨 처음에 모셨던 P 과장님을 다시 상사(국장)로 모시게 되었습니다.

법무담당관을 마치고 상표심사과장이 되었습니다. 그곳에서는 평소 어려운 일이 있을 때마다 찾아뵙고 상의를 해 오던 S 국장님과 함께 근무하게 되었습니다. 국장님의 전폭적인 지지와 도움으로 계획한 심사기간 단축이라는 큰 업적을 성공적으로 이뤄낼 수 있었습니다. 저는 5년 이내에 심판관이 되고자 기도했는데 하나님께서 넉넉하게 3개월이나 앞당겨 주셨습니다. 이후 심판장으로 근무하는 P 국장님(옛 출원과의 P 과장)을 네 번째로 만나 함께 근무하기도 했으니 저는 인덕이 있었던 것 같습니다. 하나님의 인도하심이 아니었다면 이 모든 과정이 불가해한 일입니다.

4. 형제자매의 구원과 가문의 제사장 사명 감당

저의 부모님은 제가 구원의 확신이 없이 방황할 때 돌아가셔서 영혼 구원을 위해 손 한번 써 보지 못하고 영원히 헤어지고 말았습니다. 그토록 저를 사랑해 주시던 분들을 천국에서 뵐 수가 없다니 너무 안타깝습니다. 그래서 영적으로 철이 들면서부터 저는 아내와 함께 양가 형제자매의 구원을 위해 새벽마다 하나님께 부르짖었습니다. 그 결과 하나님께서 형님 한 분만을 제외한 4남 3녀의 가족을 모두 구원해 주셨고, 처가도 세 명의 처제와 장인이 교회에 나가게 되었습니다.

특히 형님을 비롯한 두 동생의 구원은 눈물이 나도록 기쁜 간증거리입니다. 셋째 영이는 고등학교에 다닐 때 공부보다는 운동을 좋아했고, 특히 농구를 잘하여 학교에서 농구선수로 발탁하려 했습니다. 그러나 친구들이나 선배들과 농구를 하다가 돈을 갈취하는 선배들의 요구에 못 이겨 과일장사를 하던 어머니의 지갑에 자주 손을 댔는데 이 소식이 제게 알려졌습니다.

저는 분노가 치밀었고, 곧장 조퇴를 하고 청주에 있는 집으로 가서 12살 아래 띠동갑인, 평소 그렇게 아끼던 동생에게 잘못을 지적하면서 구타를 했습니다. 그때는 전혀 믿음이 없었던 때라 특전사의 못된 성품이 작동되었던 것입니다. 그 후로는 동생과 관계가 끊어졌었는데 나중에 예수님을 영접하고 나서 생각해 보니 그 일이 너무 마음이 아팠습니다. 동생은 결국 운동으로 성공하지도 못하고 공부도 못해서 고등학교를 졸업하고는 날품팔이나 하면서 지내다가 나중에 대전에 있는 조그만 회사의 경비를 하며 아무 소망도 없이 참담하게 허송세월을 보냈습니다.

저는 동생에게 복음을 전해야겠다고 생각했으나 아직 감정이 해소되지 않아 하는 수 없이 하나님께 기도만 했습니다. 그러던 중 하나님께서 좋은 기회를 마련해 주셨습니다. 행자부에서 상관으로 모시던 분이 대전 정부청사 관리소의 소장으로 오셔서 찾아가서 인사를 드리고 함께 식사를 하는 중에 동생의 이야기를 꺼냈는데 청사 방호직(9급 공무원)에 자리가 하나 비어 있으니 한번 도전해 보라는 것이었습니다.

저는 동생에게 그 이야기를 전했고, 동생은 성실하게 시험과 면접에 임하여 합격했습니다. 전혀 생각지 못했던 소위 9급 공무원이 된 것입니다. 이로써 둘 사이를 가로막고 있던 담장이 완전히 무너졌습니다. 저는 곧장 동생에게 복음을 전했습니다. 그러나 동생은 쉽게 받아들이지 않았습니다.

계속 기도만 하다가 1년이 지났고, 저는 아주 특별한 방법을 택했습니다. 교회에서 부흥회를 할 때 동생에게 부흥회 시간에 맞추어 휴가를 내게 한 후 부흥회에 참석하도록 권유한 것입니다. 3일 동안 진행된 부흥회에서 동생은 은혜를 받았고 예수님을 구주로 영접하게 되어 청주에 있는 교회에 다니게 되었습니다. 그러나 아직도 해결하지 못한 문제가 있었으니, 재산이 거의 없는 상태라 결혼을 아예 포기하고 있었던 것입니다.

그래서 저는 저의 새벽기도에 대해서 열정적으로 설명했고, 새벽기도를 해서 응답받지 못하는 일은 없으니 결혼문제를 위해 기도해 보라고 했습니다. 새벽기도는 맨 앞줄에서 해야 하는데, 왜냐하면 뒤에서 사람들에 둘러싸여 기도하는 것보다 다른 사람의 방해도 적고 설교도 잘 들리고 하나님과도 가까우니 응답도 빠르다고 설명하며 강하게 새벽기도를 권면했습니다. 동생은 기도해 본 적도 없고 할 수도 없지만 로또를 기대하는 심정으로 제 말대로 열심히 기도했고, 저도 40일을 작정하여 기도했습니다.

40일이 채 안 된 어느 날 기적이 일어났습니다. 그 교회에 다닌 지 오래된 어떤 처녀가 어느 날 갑자기 나타나 맨 앞에서 열심히 하나님께 기도하는 키 크고 잘생긴 청년에게 관심을 갖게 되었고, 신분을 알아 보니 대전 청사에 다니는 공무원이라고 하여 무조건 프러포즈를 해 온 것입니다.

돈 한 푼 없는 초임 공무원이 상당히 잘사는 집안의 신앙 좋은 딸과 오랜 사귐도 없이 서로 하나님의 응답이라고 여기고 결혼을 했습니다. 결혼을 한 이후 동생은 더욱 열심히 신앙생활을 하여 집사가 되었고, 한때 목사가 되겠다고 공직을 유지하면서 대전 순복음신학대학을 1년 동안 다니기도 했습니다. 지금은 세종 정부청사 경비실의 공무원으로 재직중인데 방호직 중에서는 그래도 상당한 고위직 책임자로 근무하고 있습니다.

다음은 넷째(막내)의 구원에 관한 간증으로, 이 또한 새벽기도와 연관이 있습니다. 동생은 부모님이 일찍 돌아가셔서 건축업을 하는 큰형님 집에 기거하면서 고등학교를 마쳤습니다. 공부를 싫어하고 야구를 좋아했지만 어머니의 반대로(운동하는 아이들과 같이 있으면 나쁜 심성을 갖게 된다는 선입관에 집착) 늘 울분이 있었습니다. 막냇동생은 큰형님의 건축일을 도우며 밥이나 얻어먹고 있는 중에 아버지가 돌아가시면서 아버지의 유언으로 형들의 동의를 얻어 적지만 남겨준 재산을 모두 소유하게 되었고, 이를 토대로 경험도 없이 곧장 꽃집을 차렸으나 1년이 못 가 망하여 다시 빈털터리가 되었습니다.

형님네 집에서 기거하며 전기공사 작업을 조금씩 도우면서 장래에 대한 소망을 잃어버린 채로 허송세월을 보내고 있었습니다. 저는 동생의 구원을 위해 계속 기도했고, 형님네 집에서 제사가 있을 때마다 찾아가 제사가 끝난 후 복음을 전하곤 했습니다. 그러나 동생의 반응은 시큰둥했기 때문에 너무 힘들었습니다.

형님네 집 바로 앞이 교회인데 셋째와 저만 교회에 다녔기 때문에 형과 막내가 정성을 다해 제사를 드리는 동안 저희 둘은 제삿상 맨 뒤 벽쪽에 서서 하나님께 유교 제사를 없애 주시고 형과 막내를 구원해 주셔서 온 가문이 함께 모여 추도예배를 드리게 해 달라고 기도하곤 했습니다.

그러던 어느 날 저는 성령님의 인도하심을 따라 교회(청주남교회)에 방문하여 목사님을 만나 제 소개를 한 후 교회 바로 앞집에 사는 사람들의 인적사항을 적은 종이를 드리면서 중보기도를 요청했습니다. 목사님은 쾌히 승낙하셨습니다. 그리고 교회에서도 중보기도 시간에 교회 바로 앞집 가족들의 구원을 위해 집중적으로 기도했다고 합니다.

2003년 어느 날, 그날도 청주에서 제사를 지내고 난 후 막내에게 뜨거운 마음으로 복음을 전하고 대전에 왔는데 아내가 집에 들어서면서 저에게 왜 동생을 교회로 한 번도 데려가지도 않고 복음만 전하냐고 힐문했습니다. 듣고 보니 틀린 말이 아니었습니다. 생각해 보니 다른 친구들은 예수님을 영접시켜 서울 상계동에 있는 교회까지 가서 목사님에게 인계해 주는 등 열정을 보이면서 동생한테는 왜 그랬을까 하는 후회가 몰려왔습니다.

아내가 갑자기 전화를 하더니 동생을 집으로 초대했습니다. 마침 그날이 토요일이었기 때문에 동생이 집에 있었던 것입니다. 아내는 왜 불렀는지 궁금해하는 동생을 데리고 갤러리아백화점으로 가서 고급 양복을 한 벌 사서 입혀 주었습니다. 새 옷을 입은 채로 집으로 돌아와 저녁을 먹는 중에 동생이 왜 옷을 사 주었냐고 물었는데 아내는 기다렸다는 듯이, "그 옷이 무슨 옷이냐면 바로 삼촌이 내일 교회에 입고 갈 옷이에요"라고 대답했습니다. 그는 꼼짝없이 함정에 빠진 것을 깨달았는지, "알았어요, 갈게요"라고 대답했습니다.

주일이 되어 우리는 일찌감치 새로남교회에서 1부 예배를 드린 후 곧바로 청주남교회로 달려가서 그곳에서 동생과 함께 3부 예배를 드렸습니다. 예배가 끝나고 나서 목사님은 동생을 일으켜 세우더니 이 청년이 바로 성도들이 계속해서 중보하던 아무개 청년이라고 소개했습니다. 우레와 같은 박수로 환영을 받은 막내는 너무나 놀라 눈에 눈물이 맺혔고, 청년들이 그를 식당으로 인도하여 환영식과 함께 대화를 나눈 후 곧바로 청주남교회 청년부에 등록했습니다.

그러나 동생은 직장도 없고 돈도 없는데 교회만 다닌다고 문제가 다 해결되느냐고 하면서 신앙이 뒷걸음질쳤습니다. 그래서 셋째와 제가 막내를 만나 새벽기도의 효능에 대해서 강조하며 맨 앞자리에서 새벽기도를 해 보라고 권면했습니다. 주기도문을 암송하는 것도 서툴렀던 막내는 의외로 새벽기도에 도전할 뜻을 내비쳤습니다. 저는 막내가 새벽기도를 했는지 자주 전화로 체크하고, 심지어는 목사님에게도 전화를 해서 체크하기도 했습니다.

역시 새벽기도는 기적을 부르는 표상입니다. 그 교회에 새벽기도를 하는 청년은 거의 없었는데 어느 날 갑자기 한 청년이 와서 계속 새벽기도를 하니까 담임목사님이 동생을 매우 신뢰하게 되고 자주 대화하게 되자 신앙도 성장했습니다.

동생이 새벽기도를 시작한 지 3개월 정도 됐을 때 목사님이 그곳에서 좀 떨어진 교회의 목사님과 대화하던 중 신앙 좋은 신랑감을 찾는 처녀가 있다는 말을 듣고 막내를 선뜻 추천했고, 둘은 서로 만나 3개월 정도 교제한 후 결혼을 했습니다. 이후로 동생은 새벽기도를 하면 어떤 문제든 해결할 수 있다는 긍정적인 생각을 가지게 되었습니다.

저는 동생에게 대학에 갈 것을 권면했습니다. 가장 잘할 수 있는 것이 전기 분야였기 때문에 대학의 전기과에 응시했으나 실력이 부족하여 모두 불합격했습니다. 그러나 실망하지 않고 폴리텍대학에 입학하여 열심히 공부를 했고, 졸업을 하고 나서 작은 기업을 세우고 전기공사를 하면서 점차적으로 전기제품 판매업소도 하고 전기 인력 알선업도 병행하더니 마침내 형제 중 가장 부유해졌고, 교회에서도 크게 쓰임받게 되었습니다. 막내의 이러한 변화와 축복은 새벽기도의 놀라운 열매였습니다.

문제는 저보다 세 살 연상인 가문의 수장인 형님이었습니다. 가문의 제사를 주관하는 자로서 구정과 추석, 부모님의 기일 등 1년에 4, 5회씩 형제자매들을 불러 그야말로 거창하고 엄숙한 제사를 드렸습니다. 저는 이 제사를 추도식으로 바꿔야 했고, 그러기 위해서는 형님을 기독교인으로 만들어야 했기 때문에 만날 때마다 복음을 전했으나 15년 이상 새벽으로 기도했음에도 전혀 변화가 없었습니다. 그럴 만한 이유도 있었습니다.

첫째는, 형님은 아들을 낳기 위해 딸 다섯을 내리 낳고 여섯째 아들을 낳았는데 7살 때 교통사고로 잃었고, 둘째로는 교회 건축을 맡아서 공사를 했는데 수억 원의 큰돈을 떼인 일이 있었던 것입니다.

먼저 우리 부부는 형수님을 전도했습니다. 전술한 대로 집 앞의 교회 목사님께 중보기도를 요청해 놓고 제사 때나 다른 일로 만날 때마다 복음을 전했습니다. 그 일에는 아내가 적극적이었는데 매년 제사 때마다 앞에서 혼자 제사상을 차리는 형님과 뒤에 서서 하나님께 기도하는 것으로 제사를 대신하는 동생들을 보면서 형수님의 구원에 최선을 다했습니다.

결국 저는 새벽으로 기도하다가 하나님께서 확신을 주셔서 형님네 집 앞 교회의 목사님께 전화를 드렸습니다. 형수님의 태도에 변화가 있는 것 같으니 전도를 잘 하시는 권사님 한 분을 집으로 보내어 교회로 인도해 달라고 부탁을 한 것입니다. 이후로 형수님은 방문한 권사님의 인도로 교회에 다니기 시작했고, 아주 열정적인 성도가 되었으며, 7년 만에 권사가 되었습니다.

저는 새벽마다 기도하면서 하나님께 도움을 구하던 중 2005년 초에 국민일보에 실린 특이한 기사를 보게 되었습니다. 어느 장로님이 자신의 형님이 조상들에게 올려 드리던 제사상을 대담하게 끌어내고 추도예배를 드렸다는 것입니다. 이는 종교적 반란이었지만 모든 형제자매가 연합하여 한 일이기 때문에 추도예배가 성공적으로 드려졌고, 이후로도 계속 제사 대신에 추도예배를 드린다는 내용이었습니다. 저는 놀라운 하나님의 응답에 감사하며 그 장로님처럼 과감하게 제사상 대신 추도예배를 드리기로 결단하고 서원하며 기도했습니다.

구정을 며칠 앞두고 저는 먼저 형수님께 저의 제사 혁명 계획을 알렸고, 동생들에게도 세밀한 계획을 알린 후 제삿날이 빨리 오기만을 고대하고 있었습니다. 저는 형제자매들과 자녀들에게 배부할 추도예배지와 설교문을 준비하여 구정 전날 형님네 집으로 갔고, 다음날 새벽에 일어나 집 앞의 교회에 가서 하나님께 간절히 기도했습니다.

그러나 이상하게 하나님은 그것을 원치 않는다는 느낌이 들었습니다. 집으로 와서도 제사가 시작되는 8시까지 머물고 있는 방에서 하나님께 구하고 묻고 하면서 고통의 시간을 보냈습니다. 가장 걱정되는 것은 형님과 제가 이 일로 인해 사이가 완전히 멀어지고 가족이 분열되면 어쩌나 하는 것이었습니다. 그런데 이때 갑자기 형님이 제 방 문을 열고 들어오면서 말을 걸어왔습니다.

"그렇다면 기독교식 제사를 어떻게, 언제 드리겠다는 건가?"

형수님은 동생이 지금까지 오랫동안 기도해 왔고, 추도예배를 드리기 위해 준비를 해 왔는데 한 번만이라도 추도예배를 드리면 안 되겠냐며 형님을 밤새도록 설득한 것입니다. 저는 형님께 1년에 네 번(구정, 추석, 부모님 기일) 추도예배를 드리며, 우리 4형제가 돌아가면서 집으로 초대하여 드렸으면 좋겠다고 얘기했습니다.

형님에게 저의 제안은 매우 유혹적이었을 것입니다. 왜냐하면 장자의 부담을 모든 형제가 나누어 지겠다는 것이기 때문입니다. 아마 형수님도 제사에 대한 부담을 덜 수 있기 때문에 형님을 계속해서 설득했을 것입니다.

그리고 저는 유교식 제사나 기독교식 제사나 큰 차이가 없다고 말씀드렸습니다. 즉 유교식 제사는 조상에게 절을 하고 축문을 읽고 가족끼리 식사하는 것이고, 기독교식 제사는 하나님께 예배를 드리는 것으로, 찬송하고, 말씀 듣고 기도하는 것이라고 했습니다. 차이가 있다면 기독교는 추도예배를 드릴 때 장소를 바꿔도 되고, 여자들까지도 모두 예배에 참석하는 것이라고 설명했습니다.

형님은 이번까지만 유교식 제사를 드리고 앞으로는 추도예배를 드리겠으니 축문을 잘 좀 써 달라고 했습니다. 왜냐하면 조상들에게 제사 형식을 바꾼다는 것을 정중하게 고해야 했기 때문입니다.

저는 감사한 마음으로 "유세차"로 시작되는 축문을 한글로 써 드렸습니다. 그 내용은, 지금까지 조상님들 덕분에 우리 가문, 형제자매들, 자녀들이 힘든 세상 가운데서도 건강하고 많은 복을 받고 살아왔음을 감사하고, 세상의 제도와 습속이 변해감에 따라 우리 가문도 기독교 양식으로 조상님들께 제사를 드리게 되었으니 윤허해 달라는 것이었습니다.

8시가 되어 모든 여자들은 밖에 있고 남자들만 제사를 드렸는데, 형님은 제단에 불을 켜고 엄숙하게 축문을 읽고 나서 그 축문을 불에 태워 연기를 조상님들의 영혼을 향해 올려 드렸습니다. 할렐루야!

이날 태워진 축문과 사라진 연기와 함께 우리 가문에서 전통적인 유교식 제사가 완전히 사라졌습니다. 그날은 윷놀이를 할 때에 다른 때보다 훨씬 신나고 재미있게 했고, 형님에게 복음을 아주 강하게 전하고 돌아왔습니다. 그리고 첫 추도예배로 드려질 다음 기일을 간절히 사모하며 기도에 열중했습니다.

드디어 2005년 7월 30일 첫 추도예배일(모친 기일)이 돌아왔습니다. 예배지와 설교문을 준비하여 4남 3녀와 자녀들까지 30명 가까이 모여 우리 가문의 첫 추도예배를 감격 가운데서 하나님께 올려 드렸습니다. 할렐루야!

다음은 첫 추도예배지입니다.

모친추도예배

"감사로 제사를 드리는 자가 나를 영화롭게 하나니 그 행위를 옳게 하는 자에게 내가 하나님의 구원을 보이리라"(시 50:23)

묵도

찬양과 존귀와 경배를 받으시기에 합당하신 하나님 아버지, 우리 형제자매와 자손들을 구원해 주시고, 믿음 주시고 눈동자처럼 지켜 주셔서 건강하게 하시고 안전하게 보호해 주시니 감사합니다.

특별히 오늘 우리 가문이 하나님께 첫 추도예배를 올려 드리게 됨을 감사드립니다. 형제자매와 자녀손들이 더욱 하나님의 사랑 안에서 하나 되어 서로를 용납하고 이해하고 섬기게 하여 주옵소서. 특별히 신앙의 1세대를 완성해 가는 데 형수님과 아내와 제수씨들이 주 안에서 온전히 사랑으로 하나 되게 하시고, 신앙의 명문 가문을 이루어 내기 위해 무릎 꿇고 서로 중보하며 동역하게 하옵소서.

오늘 할머니 기일을 맞이하여 이렇게 한자리에 모여 한 입으로 하나님을 찬양하고 또 말씀을 나누게 하심을 감사합니다. 이 시간 성령의 감화를 허락하시고, 하나님의 은혜가 물댄 동산처럼 우리 모두의 심령에 가득 채워지게 하여 주옵소서. 예수님의 이름으로 기도합니다. 아멘!

전능하사 천지를 만드신 하나님 아버지를 내가 믿사오며, 그 외아들 우리 주 예수 그리스도를 믿사오니 이는 성령으로 잉태하사 동정녀 마리아에게 나시고 본디오 빌라도에게 고난을 받으사 십자가에 못 박혀 죽으시고 장사한 지 사흘 만에 죽은 자 가운데서 다시 살아나시며 하늘에 오르사 전능하신 하나님 우편에 앉아 계시다가 저리로서 산 자와 죽은 자를 심판하러 오시리라. 성령을 믿사오며 거룩한 공회와 성도가 교통하는 것과 죄를 사하여 주시는 것과 몸이 다시 사는 것과 영원히 사는 것을 믿사옵나이다.

찬　　송	447장 "오 신실하신 주"
	/305장 "사철에 봄바람 불어 잇고"
대표기도	순호
성경봉독(형님)	시 112:1-3
설　　교	신앙의 명문 가문을 만들어가는 비법
찬　　송	410장 "아 하나님의 은혜로"
마무리	기도

주기도문

5. 전도의 열매

저는 직장 신우회 일을 하면서 복음을 전했고, 복음을 받아들인 사람을 거주지 근처의 교회로 인도해 주었습니다. 저는 일단 전도 대상으로 정하면 그가 교회에 나갈 때까지 계속해서 그를 위해 중보기도를 했습니다. 저에게 복음을 받은 이기송 씨는 순복음교회 안수집사로, 철도청에서 신우회 회장으로도 사역했습니다. 그는 직장을 옮길 때마다 직장 신우회에 속하여 믿음을 키웠는데, 신우회가 없는 곳으로 이동을 하면 신우회를 만들어서 복음을 전했다고 합니다.

총무처에 있을 때의 일입니다. 시험 공포증으로 세 번이나 시험에 낙방한 직장 선배 L 형이 시험을 일주일 앞두고 저를 찾아와 도움을 청했습니다. 시험 때만 되면 불면증에 걸려 잠을 못 자기 때문에 시험장에 가서 실력을 제대로 발휘하지 못한다는 것입니다. 저는 좋은 기회라 생각하고 복음을 전했습니다.

그러나 L 형은 예수를 쉽사리 영접하지 않았습니다. 저는 포기하지 않고 구약의 말씀(사 41:10/43:1-3)을 적어 주면서 잠을 잘 자려면 그 말씀을 계속 암송하라고 했습니다. 그러고는 새벽마다 그의 불면 치료와 시험 합격, 그리고 영혼 구원을 위해 기도했습니다. 결국 L 형은 시험에 합격했고, 주님을 영접했습니다. 나중에는 신앙생활을 잘 하고 건강해져서 미국 유학까지 다녀왔다고 간증했습니다.

특허연수원에서 함께 교육을 받으며 친해져서 대화를 하게 된 K의 고민은 자신의 아이들이 좀처럼 말을 듣지 않고 공부도 잘 안

한다는 것이었습니다. 그래서 저는 우리 아이들의 예를 들면서 부모가 믿음을 가지고 자녀에게 말씀을 가르치면서 교회에서 신앙교육을 받게 하면 자녀들이 장차 위대한 인물로 자라날 수 있다고 설명해 주었습니다.

그리고 조용한 곳에서 따로 만나 복음을 전하면서 성경의 줄거리를 요약해 주며 교회에 나가자고 권유했습니다. 저희 부부는 주일날 교회에 갈 때마다 그가 사는 아파트까지 그를 데리러 다녔으나 나중에는 혼자서도 잘 다니게 되었습니다.

K 사무관은 특허연수원에서부터 같이 근무한 분인데 몇 년 전에 혼자서 교회에 가 보기도 하고, 아내를 따라 가끔 성당에도 나갔다고 했습니다. 그래서 저는 연수원에 있을 때부터 그의 이름을 기도 리스트에 올려놓았는데 어느 날 대화 중에 그에게 구원의 확신이 없는 것을 확인하고는 그에게 제가 직접 만든 전도지를 펴 놓고 복음을 전하고 나서 교회의 수련회에 함께 가자고 했습니다. 그는 계속해서 수련회에 나왔고, 나중에는 교회에 등록하고 열심히 다녔습니다.

저는 2005년에 변리사로서 특허사무소를 개업했고, 바쁜 와중에도 2008년부터 한남대에서 겸임교수, 석좌교수로 학생들을 가르치게 되었습니다. 처음에는 교수로 재직하면 명함에 이력이 한 줄 추가되고, 계속 가르쳐야만 지식재산 관련 법 지식을 잊지 않아서 실무에도 도움이 된다는 생각이었습니다.

그러나 점차 목표가 달라지고 있습니다. 시간강사는 한 달 급여가 특허 한 건으로 얻어지는 수익만도 못하기 때문에 경제적으로만 따진다면 굉장한 시간 낭비일 수도 있습니다. 그러나 겸임교수는 강의 외에도 영혼 구원을 겸할 수 있기 때문에 정말 기쁘고 보람된 직분입니다. 불신자를 과대표로 세워 식사도 사 주면서 복음을 전하고 교회에 다니게 하면 친구들도 동시에 구원할 수 있어 좋았습니다.

최근 2년 동안은 아주 특별한 방법으로 구원사역을 하고 있습니다. 15주(15회: 매회 3시간 강의) 강의 중 12주까지 열심히 진도를 나가 3시간 정도의 여유를 만듭니다. 그리고 기독학교여서 절반 이상은 믿는 학생들이기 때문에 수업 중에 양해를 구하고 강의를 빨리 마친 후 1시간 반 정도 저의 신앙 간증을 합니다. 그리고 그다음 주는 1시간 정도 복음을 전하는데, 이때 칠판에 그림을 그리고 글씨를 써 가며 성경을 요약해 줍니다.

그리고 무조건 영접기도를 해 주며 교회에서 개최하는 새생명축제로 인도합니다. 이때 불신자들 중에서 감동을 받았거나 1학기 성적이 안 좋았던 학생들, 그리고 평소에 몇 번 식사를 했던 학생들은 기꺼이 초대에 응합니다. 그렇다고 학점을 더 주는 것도 아니지만 기대감을 가지고 옵니다. 그들이 어떤 동기로 교회에 오든지 그것이 영혼 구원으로 이어진다면 하나님이 기뻐하는 일일 것입니다.

6. 자녀들의 대학 합격의 기적과 축복

저희 부부는 딸 록이를 미국에 두고 오면서 장로님 부부에게 한국 부모식의 통제를 부탁했습니다. 그러나 이러한 통제에 대해 딸이 불만을 가지게 되어 서로 간에 갈등을 겪었다고 했습니다. 그러한 배경도 있기는 했지만 저희는 록이가 완전히 미국화되어 정체성에 혼란이 오면 곤란할 것 같아 결단을 내리고 IMF가 시작될 무렵인 1997년 12월, 록이를 귀국시켰습니다.

미국적 자유와 개인주의에 물든 록이는 어려운 학교 수업, 가족, 친구들과의 원활하지 못한 관계로 처음에는 몹시 힘들어 했습니다. 그리고 나름대로 모국에 대한 실망감이나 정체성에 대한 혼란, 대학 진학에 대한 염려, 패배감 등으로 고난의 길을 묵묵히 가고 있었습니다. 더군다나 입시가 6개월밖에 남지 않았을 때 제가 특허청으로 발령을 받아 대전에 체류하게 되어 일단 록이를 서문여고에 편입시키고 인천에서 서울로 이사를 했습니다. 그나마도 저는 록이를 1주일에 한 번밖에 볼 수가 없어서 입시지도가 너무 힘들었습니다.

상황이 너무도 절박했기 때문에 우리 부부는 교회에 나가 새벽마다 무릎을 꿇고 부르짖으며 도움을 간청했습니다. 떨어져 있을 때면 시간이 나는 대로 전화로 격려하며 기도해 주고, 주말에 집에 와서는 함께 찬송하고 손을 잡고 기도해 주었습니다. 우리는 순례자처럼 시험장마다 따라다니면서 록이가 입실하기 전에 손을 잡고 기도해 주었습니다.

그러나 토익 성적 제출 마감 기간인 시험 2개월 전까지도 만점에 훨씬 못 미치는 점수에 머물렀습니다. 그래서 먼저 경희대에 응시 원서를 넣었는데 토익 성적이 낮고 논술시험이 포함되어 있는 데다 영어 면접조차 잘 해내지 못하여 결국 떨어지고 말았습니다. 너무도 실망하여 시험을 포기하고 싶다는 록이를 격려하고 기도해 주었습니다.

두 번째로 응시한 한국외대는 말하기(20%)와 면접(10%)에 상당한 비중을 두고 있었기 때문에 우리는 50여 개의 주제를 준비하여 토론하고, 면접 연습도 열심히 했습니다. 록이를 피커폰(외국어 온라인 교육)에 가입시켜 전화로 하루 15분씩 외국인과 대화할 수 있도록 하고, 미국의 아일린과 매일 1시간씩 전화로 대화하도록 하는 한편, 주한 미군 브라이언(Brian)과 주 2회씩 준비된 토픽을 가지고 마음껏 토론하게 했습니다.

시험 당일이 되어 입실하기 전에 우리는 록이의 손을 잡고 간절히 기도해 주고 나서 학교 측에서 준비한 학부모 대기실로 갔습니다. 4, 5년씩 미국에서 살다 온 학생들이 의외로 많았고, 토익 점수도 만점짜리가 많았습니다. 경쟁률도 7대 1 정도로 높아서 합격에 대한 불안감이 생겼습니다. 저는 아내와 함께 비어 있는 강의실에 들어가 책상 위에 엎드려 기도했습니다. 어느 정도 시간이 흐르자 마음속에 한없는 평안이 밀려왔습니다. 이윽고 록이가 환한 얼굴로 시험장에서 나왔습니다.

며칠 후 우리는 합격 소식을 들었습니다. 시험 담당자는 정말 기적 같은 일이라며 축하해 주었습니다. 록이는 토익 점수는 낮았지만 말하기와 면접에서 최고점을 받아 만점을 받은 응시자들을 물리치고 당당히 합격한 것입니다. 하나님은 저희 부부의 새벽기도에 마침내 응답하신 것입니다.

"내가 환난에서 여호와께 아뢰며 나의 하나님께 부르짖었더니 저가 그 전에서 내 소리를 들으심이여"(시 18:6).

록이는 외대를 졸업하고 삼성에 입사하여 2년 정도 근무하더니 한동대 통번역 석사과정에 입학하여 기쁨의 교회를 열심히 다니며 신앙을 이어 갔고, 졸업 후에는 포항시청에서 통역관으로 근무하다가 수준 높은 믿음의 가문에 시집을 가게 되었으며, 특히 한국외대 선교회 출신으로 선교에 대한 열정이 대단합니다.

또한 아들 훈이는 교회에서 중등부 때 찬양팀을 인도할 정도로 신앙에 열심이었으나 공부는 잘 못하였습니다. 그래서 고등학교 입시 전에 저는 저와 함께 50일 작정 새벽기도를 하자고 권유했고, 훈이는 순종했습니다. 결과는 합격이었습니다. 대학에 입학할 때는 더 큰 기적이 일어났습니다. 실력이 부족하여 자격이 안 되었기에 영어로 자기소개서를 작성하여 암기하고 면접을 보아 합격했습니다. 저는 공부보다는 관계능력과 리더십에 대해 늘 강조하고 권면했는데 2학년을 마치고 군대에 가서 K-1전차부대 사격 조교로 복무하고 제대하여 3학년 때부터 아르바이트를 하더니 4학년 초부터 도시락업체 중 최우수 대기업인 한솥도시락의 대전지점 점장으로 승진하면서 졸업 이후에도 계속 신앙과 자활 능력을 키워 가고 있습니다.

7. 열정적인 중등부 사역

저는 1999년 새로남교회에 오자마자 중등부에서 사역을 시작했고, 2002년 가을부터 당시 공과 연구팀장인 저와 팀원들, 그리고 지원한 선생님들이 성경고사에 대한 책임을 맡았습니다. 11월에 개최되는 예장 총회 서대전노회에서 주관하는 성경고사대회에 우리 중등부 학생들을 출전시키기 위해 기도를 하면서 준비했습니다.

목사님과 선생님들은 대회를 앞두고 개인별로 열심히 기도하고, 또 새벽마다 모여 합심으로 중보기도를 했습니다. 교회에서 여름방학 동안 전 교우를 대상으로 실시하는 성경다독대회에서 1독 이상을 한 학생 27명을 선발하여 지도교사 6명의 지도로 성경 공부에 들어갔습니다. 학원 한 층을 빌려 성경을 가르치고 모의고사를 치르며 노력한 결과 우리 교회 중등부가 1, 2, 4등을 차지했고, 또 전체 수상의 90%를 우리가 차지했습니다.

그리고 다음해 1월에 치러지는 총회 성경고사에 대비하여 이 대회에서 수상한 학생을 포함하여 15명에게 열심히 성경 공부를 가르쳤습니다. 2003년 1월 10일, 제32회 전국성경고사대회가 총 66개 노회 2,250여 교회에서 6천여 명이 참석한 가운데 총신대 양지 캠퍼스에서 개최되었습니다. 우리 교회 중등부는 이 대회에 처녀출전을 하기 때문에 경험 삼아 출전한다고 했지만 선생님들은 말은 그렇게 해 놓고도 새벽으로 기도하며 열심히 가르쳤습니다. 그런데 시험 결과, 우리 교회 중등부가 중등부 총 입상자 12명 중 3명이 입상하여 하나님이 살아 계신 것을 모두 체험했습니다.

저의 중등부 사역은 평탄한 것만은 아니었습니다. 40대 후반에 처음으로 중등부 교사를 맡았는데 안수집사 직분을 감당하면서 기도도 많이 하고, 이전의 교회에서도 찬양대장, 남전도회장, 구역장, 교구장, 대학·청년부 부장을 지냈습니다. 그리고 성경 말씀은 줄줄 외다시피 할 정도인데 제가 맡은 아이들 7명이 3명으로 줄어든 것입니다. 그래서 어느 날 장기 결석을 하고 있는 여자 아이의 아파트로 찾아가 놀이터로 나오라고 전화를 했더니 거절을 했습니다.

저는 그때 중등부는 저에게 맞지 않는다고 생각하고 고등부나 대학부로 갈까 하여 담당목사님을 만나 양해를 구하기 위해 사무실로 갔습니다. 그런데 사무실의 문을 열려고 하는 순간 누가 뒤에서 허리를 껴안아 잡아당겨서 돌아보았더니 중등부 회장인 영택이라는 아이가 저를 올려다보며, "저는 커서 선생님 같은 사람이 되고 싶어요"라고 하며 웃고 있었습니다. 저는 속으로 "나 같은 사람은 절대로 되지 말아라"라고 소리치면서 이유를 물었더니 며칠 전 제가 전체 학생 앞에서 간증을 했던 것을 듣고 감동을 받았다는 것입니다.

저는 영택이를 만난 것을 하나님께서 제가 중등부를 그만두는 것을 막으시는 것으로 해석했습니다. 그리고 중등부에 특별한 열정과 노하우가 필요하고 저와 같이 연약한 교사들도 많이 있을 것이라 생각하여 교사훈련의 주도자가 되어 사역에 매진했습니다.

훈련의 목표는 모든 교사의 영성과 열정, 사역 노하우를 높은 수준으로 끌어올리고, 훈련된 교사들의 수준 높은 반목회를 통해 학생들의 영적인 부흥과 이를 통한 열심 있는 전도로 양적인 부흥을 일으키는 것이었습니다. 교사교육의 모임은 다른 부서와 마찬가지로 '수요교사마당'이라 불렀는데 2010년 이후 수년 동안 교회가 주목할 만한 큰 부흥을 이루었습니다.

8. 영적 지도자로서의 평신도 목회사역

저는 새로남교회에 와서 중등부 사역에 집중하다가 다락방 순장님의 권면을 받고 우리 교회를 비롯하여 당시 소수의 교회만 실행하고 있던 제자훈련 프로그램에 등록하여 훈련을 받았습니다. 전술한 바와 같이 제자훈련은 평신도 목회자가 되기 위해 기초적인 신학과 성경 말씀을 배우고, 기도훈련, 섬김훈련을 받고 말씀을 삶으로 살아내어 성도들의 모범이 되는 신앙인이 되게 하는 훈련과정입니다.

그리고 제자훈련을 받고 나서 사역훈련까지 마치면 순장(구역장)이 되어 성도와 성도들의 가정을 섬기는 영적 지도자로서 사역을 합니다. 이러한 프로그램은 교회가 대형화되어서 담임목사님이나 부교역자들의 세세한 섬김을 받기 힘든 상황이 되었을 때 순장이 5~8개 가정의 부부를 소그룹으로 조직하여 말씀과 찬양과 기도, 사랑의 교제를 통하여 가르치고 훈련시키는 역할이 교회 부흥의 중심 사역이 됩니다.

그러므로 순장이 되면 먼저 신앙의 모범을 보이지 않으면 안 되기 때문에 예배와 기도, 말씀(매일매일 큐티, 정독, 통독, 말씀 암송), 섬김에 열정적으로 사역을 해야 합니다. 그래서 저는 다락방(작은 교회) 순원들의 가정과 가문의 모든 일에 관심을 가지고 기도하며 해결해 주어야 하는 작은 목회자로서의 삶을 통해 저 자신의 신앙도 많이 성장했고, 헌신하는 만큼 영적, 물적 축복과 건강의 축복도 누렸습니다. 나중에 교회에서 안수집사로 임직을 받고 나서는 이러한 순장들을 7, 8명 정도 관할하며 섬기는 교구장으로 임명되었습니다.

저는 순장들과 정기적으로 모여 교제를 나누었고, 토요일마다 새벽기도로 모여서 교구의 공동 기도 제목을 놓고 열정적으로 기도했는데 그 모임처럼 보람된 모임은 없을 것입니다. 그렇기 때문에 당시 저의 새벽기도 제목에는 영적 지도자로서의 영력과 능력을 주실 것이 포함되어 있었습니다.

그도 그럴 것이 가정 제사장, 가문의 제사장, 교사, 순장, 교구장, 남전도회장, 복음 전파자, 중보자로서 한 점 부끄럼 없이 최선을 다하는 것이 저의 일생의 사명으로 확정되었고, 이는 분명 천국에 가서 주님께 평가를 받을 것이기 때문입니다. 젊었을 때 큰 은혜를 받고 목회자로서의 소명을 느꼈으면서도 순종하지 못한 죄책이 가슴 한켠에 늘 있었지만 지금은 생각이 바뀌어서 제가 하는 이 사역들이 결코 목사님들의 사역보다 쉽다거나 덜 중요하다고는 생각하지 않습니다.

9. 육체의 고난은 결국 축복

저는 40세 때 교통사고 후유증으로 정신이 흐릿해지는 증상과 함께 심각한 건망증이 생겼습니다. 그리고 어깨와 등 상반부의 근육이 늘어났고, 허리에 통증도 생겼습니다. 물리치료를 2년 정도 받았지만 근본적으로 낫는 것은 아니라고 하여 그냥 견뎌야 했습니다. 그러다 보니 통증과는 막역한 친구가 되었습니다. 아침에 일어나 새벽에 교회에 가서 기도할 때에는 몸에 힘을 주게 되므로 근육이 경직되어 말할 수 없이 아팠습니다. 그러나 운동을 하고 샤워를 하고 나면 통증이 가라앉아서 날아갈 것만 같았습니다. 그러나 저녁 무렵이면 서서히 몸이 무거워지면서 체력이 저하되고, 자리에 누울 때쯤이면 통증으로 인해 고통스러웠는데 다행히 너무 피곤해서 하나님의 은혜로 숙면을 취할 수 있었습니다.

처음에는 너무 불편하고 힘들어서 하나님이 원망스러웠습니다. 그래서 오산리기도원에 가서 금식기도를 하며 매달렸으나 기적은 일어나지 않았습니다. 그러나 점차적으로 호전되어서 지금 상태에 이르렀고, 이 정도만으로도 만족하고 감사하고 있습니다. 수년 전까지만 해도 새벽기도를 하지 않으면 정신이 흐릿해져서 밥은 굶어도 새벽기도는 빼먹지 못했습니다. 자동새벽기도 장치를 몸에 달고 사는 사람은 오직 저 한 사람인 것 같아 과분한 주님의 은혜에 늘 감사하고 있습니다. 매일 운동을 하지 않으면 몸이 정상 컨디션으로 돌아가지 않아 통증으로 고생하기 때문에 회복운동을 지속적으로 할 수 있으니 이것도 감사 제목입니다.

오랫동안 금주를 하고 식사를 조절하는 등 매사에 절제하는 생활을 하다 보니 몇 군데에 통증이 있는 것을 제외하고는 제가 이 세상에서 가장 건강한 사람이 아닌가 하는 자부심이 듭니다. 하나님께서 잠시 육체의 고난을 주셨으나 이 땅에 살아 있는 동안 누구도 따를 수 없는 완벽한 심신의 건강을 주셨습니다.

또한 교통사고 이후 기도를 잘하기 위한 평소의 건강관리와 운동, 특히 호흡 조절로 25년 동안 거의 감기에 걸리지 않다시피 한 것은 기적 중에 기적입니다. 두세 번 감기에 걸리긴 했으나 무릎수술을 하거나 어깨수술, 임플란트를 했을 때 정도입니다. 다만 무릎이나 허리, 어깨 등은 아직도 아파서 테니스나 탁구를 칠 때에도 발을 많이 움직이지 않지만 어쨌든 지속적인 새벽기도와 규칙적인 운동으로 건강하고, 얼굴이 빛나고, 주름이 없고, 나이보다 젊어 보이는 것이 감사할 뿐입니다.

10. 물질의 고난과 축복

가난이나 궁핍은 사람의 영혼을 위축시킵니다. 저는 한때 말로 다할 수 없을 만큼 궁핍했습니다. 다만 제가 항상 기쁜 표정으로 다니니까 아무도 눈치채지 못했을 뿐입니다. 저는 한 달 중에 가장 우울한 날이 봉급날이었습니다. 십일조를 구별하고 나면 대출금 이자가 부족한 때도 많았습니다. 그때마다 말할 수 없는 고통과 영적인 짓눌림이 다가왔지만 늘 새벽으로 기도하면서 인내하며 해결해 나갔기 때문에 상처를 받지는 않았습니다.

고린도전서 10장 13절의 "사람이 감당할 시험 밖에는 너희에게 당한 것이 없나니 오직 하나님은 미쁘사 너희가 감당치 못할 시험 당함을 허락지 아니하시고 시험당할 즈음에 또한 피할 길을 내사 너희로 능히 감당하게 하시느니라"라는 말씀은 내게 힘을 주었습니다.

이러한 일련의 훈련기간은 제가 비천에 처할 줄도 알고 풍부에 처할 줄도 알아 모든 일에 배부르며 배고픔과 풍부와 궁핍에도 일체의 비결을 배우게(빌 4:12) 했습니다. 큰 집에 거주하고 비싼 옷을 입고 비싼 음식을 먹지 않아도 그 때문에 기분이 좌우되지 않게 되었습니다. 밥 한 공기와 김치만 있어도, 컵라면만 먹어도 전혀 개의치 않게 되었습니다.

궁핍은 약간 불편할 뿐, 그것에 영향을 받을 정도는 아니었습니다. 그리고 한동안 물질로 인해 어려움을 당하며 살아온 것을 억울하게 생각하지도 않았습니다. 다만 아내와 아이들에게는 미안하기 그지없었습니다. 그러나 제게 있어서는 고난당한 것이 오히려 유익했습니다. 교만했던 제게 육체적인 고난이 없었다면 하나님을 더 깊이 만나지 못했을 것이고, 구원의 확신을 가진 후라도 물질이 풍부했더라면 분명히 세상이 주는 쾌락을 향해 나아갔을 것이며, 지금까지 물질과 명예를 추구하는 세속적인 인물이 되었을 것입니다.

대전으로 이주한 이후에도 아내는 전과 같이 직장에 나갔지만 생활은 여전히 어려웠습니다. 교회 건축이 시작되고 헌금을 작정할 무렵, 어느 날 아내가 자신의 봉급 5년 분을 모아 하나님께 드리겠노라고 서원했습니다. 저는 그동안 이전에 다니던 교회에서 헌신했고 지금은 형편이 어려우니까 헌금을 많이 못 해도 하나님께서 다 이해하실 것이니 다시 한 번 생각해 보자고 했습니다. 그러나 아내는 나이를 먹으면 생활력이 더 떨어지고 헌신하려고 해도 힘이 없어 못하게 된다고 하면서 재산이 있어서 헌금을 하는 것은 누구라도 할 수 있으니 없을 때 믿음을 실천해야 한다고 저를 설득했습니다. 그리고 자녀들을 위해서 부모가 축복의 씨앗을 심어 놓아야 한다는 정연한 논리로 저를 설득했습니다. 아내는 헌금을 작정한 이후 이전보다 더 소망에 차서 기쁘게 생활을 하였습니다. 당시는 만기가 되지 않았기 때문에 그때까지 부은 저축을 담보로 대출을 받아 서원한 건축헌금을 하나님께 드렸을 때 우리는 마음으로부터 우러나는 기쁨과 뿌듯함을 느꼈습니다.

하나님께서도 우리의 믿음에 응답하셔서 경쟁률이 높은 아파트 당첨을 통해서 드린 물질의 몇 배 이상으로 갚아 주셨습니다. 그리고 하나님께서는 앞으로 저희 가정을 궁핍에서 벗어나 욥 같은 노년의 복을 허락하시기 위해 50대 초반에 변리사로서 특허사무소도 개업하게 하셨습니다. 대전 정부청사와 가까운 곳에 '케이맥스특허법률사무소'를 개업했는데, 직원들이 8명이나 되었고 첫 달 매출도 5천만 원 정도가 되었습니다.

저는 하나님의 은혜에 너무 감사하여 초창기에는 수익이 아닌 수입의 십일조를 드렸습니다.

하나님께서는 11년 동안 꾸준하게 특허(상표, 디자인 포함) 등록률을 높게 유지해 주시고, 140여 건(1심 기준)의 심판과 소송(특허법원, 대법원) 절차에서 승소율을 높게 유지시켜 주셨습니다.

3장

새벽기도의 유익

1. 하루를 말씀으로 시작

대다수의 사람들이 아침에 별 생각 없이 일어나 운동을 하든가 신문을 보고 식사를 한 후 바쁘게 직장으로 향합니다. 전날 술을 마셨을 경우는 운동을 거르기도 합니다. 우리 크리스천들도 성경을 꾸준히 읽겠다고 작심을 하지만 시간에 쫓기다 보니 평소에 말씀을 멀리하다가 주일이 되어서야 말씀을 대하게 됩니다. 그러다 보니 분명히 크리스천이기는 한데 영적 능력이 없기 때문에 불신자들과 구별되지 않는 모습으로 살아갑니다. 그런 모습을 처음엔 부끄럽게 생각하다가도 자신만 그런 게 아니라고 자위하면서 여전히 영적 무력증에 걸려 살아갑니다.

우리 크리스천은 새벽기도는 하지 못하더라도 최소한 매일 말씀을 묵상하는 시간(QT)은 가져야 합니다. 그러나 개인적으로 묵상하는 것이 훈련되어 있지 않은 성도라도 새벽기도에 계속해서 참여하기만 하면 매일매일 말씀을 받을 수 있습니다. 짧은 말씀이지만 설교자를 통해 그날의 일용할 말씀을 받고 그 말씀이 하루의 삶 속에서, 또는 인생 전반에서 이루어지기를 기도하면 일주일에 한두 번 말씀을 듣는 사람과는 비교도 안 될 정도로 크고 빠른 영적 성장이 이루어질 수 있습니다.

2. 기쁨 충만한 하루의 출발

제가 새벽기도를 하지 않던 때는 아침에 일어나서 컨디션이 좋은가 나쁜가에 관심을 두었습니다. 컨디션이 안 좋다고 느껴지는 날은 괜히 위축되고 기분이 나빠져서 소극적인 자세를 갖게 되고, 일이 잘 풀리지 않으면서 피곤한 하루를 보냈습니다. 이런 상황은 마음을 지키지 못하는 데서 옵니다.

잠언 4장 23절에, "무릇 지킬 만한 것보다 더욱 네 마음을 지키라"라고 했고, 16장 32절에도 "자기의 마음을 다스리는 자는 성을 빼앗는 자보다 나으니라"라고 하였습니다. 기도의 능력은 자신의 노력으로 이루어 내는 마인드 컨트롤이나 호흡수련 같은 뉴에이지 운동의 방편들과는 비교도 안 될 만큼 탁월합니다. 사람의 기분은 오직 하나님에 의해서만 완벽하게 제어될 수 있습니다. 성경에는 하나님의

능력을 받아 환경에 굴하지 않고 세상을 이기는 스데반이나 바울 같은 신앙의 위인들이 많이 나옵니다.[30]

우리는 어렸을 때부터 충분한 수면을 취해야 건강에 좋다, 하루에 8시간은 자야 한다는 등의 말을 들어왔기 때문에 수면 시간이 그보다 적을 경우 피곤할 것이라는 선입견을 가지고 있습니다. 그러나 꼭 그렇지는 않습니다. 저의 경우는 그와는 정반대로 많은 수면을 취하면 더 피곤하고 불편하고 기분이 침울해집니다. 10시 반에 자리에 누워 11시 이전에 잠이 들고 4시 반이면 잠자리에서 일어납니다. 하루 평균 5시간 반, 길어야 6시간을 잡니다.

만약 그보다 더 오래 자면 오르토 수면 과정을 지나 파라 수면으로 접어들면서 잠재의식 중 좋지 않은 기억들, 과거의 상처 등이 꿈이나 잡념이 되어 완전한 수면을 취하여 회복되고 맑아진 뇌를 오히려 피곤하게 합니다. 이런 상념들은 하나님이 주시는 것이 아닌 게 분명합니다. 육체의 편안함을 구하여 침상에서 머뭇거리다가 새벽기도 시간을 놓쳐 버리면 그날은 영적인 분별력이 약해져서 일상 속에서 하나님 앞에 합당하지 못한 일을 하게 되고, 사람과 환경을 두려워하여 자신의 의지와 다르게 죄를 지을 수도 있기 때문입니다.

반대로 새벽기도자는 사람에게 필요한 최소한의 수면(오르토 수면)을 다 취하는 대로 즉시 일어나 교회로 달려가 하나님을 경배하고

---

30) 사도행전 7장(스데반 집사의 순교), 27장(유라굴로 광풍으로 인한 죄수 호송선의 파선).

목사님의 설교를 통해 말씀으로 자신의 영혼을 깨끗하고 새롭게 한 후 회개와 간구의 기도를 통하여 하나님의 사랑과 소망과 비전으로 가득 채울 수 있습니다. 그러면 하루 종일 성령이 충만한 가운데 영적인 만족을 누리며 담대하고 기쁘고 사랑이 넘치는 하루를 경영해 나갈 수 있습니다.

3. 새벽에 도우시는 하나님을 체험

누구에게나 고난이 있고 고난을 헤쳐 나가는 방법도 다양하지만 그 해결 방법으로 새벽기도를 선택한 사람은 참 복 있는 사람입니다. 다윗은 "하나님이 그 성중에 거하시매 성이 요동치 아니할 것이라 새벽에 하나님이 도우시리로다"(시 46:5)라고 하면서 하나님을 찬양했습니다.

특별히 하나님은 새벽에 돕기를 좋아하시는 것 같습니다. 새벽은 다른 사람에게 간섭받고 싶지 않은, 누구에게나 중요한 시간입니다. 새벽은 잠이 가장 깊이 드는 시간으로, 만약 이 시간에 곤히 자고 있는 사람을 억지로 깨운다면 아무리 인격이 훌륭한 사람이라도 화를 낼 것입니다. 이런 귀중한 시간을 하나님께 드리는 것은 사실상 자신의 생명과 건강을 드리는 것이나 다름없습니다.

시간의 십일조로서 하루 중 가장 귀한 새벽의 첫 시간(전체적으로 두 시간이 넘는)을 올려 드리는 새벽기도자들에게 하나님께서 평생의 건강을 어찌 보장해 주시지 않겠으며, 그들이 간구하는 소원에 어찌 무심하겠습니까?

성경의 중요한 사건과 응답들이 새벽에 일어나는 것을 보면 더욱 실감이 납니다. 인터넷 성경에서 '새벽', '이른 아침', '미명' 등이 포함된 성구들을 검색해 보면 알 수 있습니다. 이것은 하나님께서 새벽에 기도하는 사람들을 특별히 사랑하시기 때문에 하나님이 새벽에 돕는 것이 아닐까요?

제 개인적인 생각이지만 주님의 재림도 새벽에 이루어질 것 같은 생각이 듭니다. "아멘 주여 어서 오시옵소서" 하고 마라나타 (Maranatha)[31]의 신앙을 가진 많은 사람들이 새벽으로 기도를 드렸다면 틀림없을 것입니다. 천군천사와 천사장의 호령 소리와 함께 오시는 주님의 눈에 우리가 기도하는 모습으로 발견된다면 얼마나 폼이 날까요? 반대로 주님이 오셔서 자고 있는 우리를 보시고, "김 집사야, 아직도 자느냐. 네가 한 시간 정도라도 깨어 있을 수 없더냐(막 14:37). 자, 지금 가야 해. 빨리 일어나 가자!" 하고 혀를 차시며 우리를 데려가신다면 그 얼마나 창피한 노릇입니까?

또 실제적으로 새벽기도에 계속 나오다 보면 예배 때 목사님의 입술을 통해 주시는 특별한 계시의 말씀이 문제 해결의 열쇠가 되기도 합니다. 오랫동안 기도해 오던 문제가 어떤 날 새벽에는 하나님이 음성으로 또는 말씀 자체로, 마음에 확실히 구별되는 큰 평안으로 분명한 응답의 사인을 주십니다. 그래서 당일에, 또는 며칠 안 가서 문제가 해결되기도 합니다.[32]

---

31) "주 예수여 오시옵소서"(계 22:20)의 의미로, 아람어 '마란 아타'에서 온 헬라어식 음역.
32) 저의 경우 미국 유학과 딸의 대학 입학을 위한 기도.

4. 영력으로 사람을 움직임

하나님은 당신의 형상대로 인간을 창조하셔서 생육하고 번성하게 하셨고, 모든 피조물을 관리하고 다스릴 책임과 권세를 주셨습니다. 그러나 우리 인간은 하나님을 배반하고 스스로 죄에 빠져 책임과 권세를 버리고 스스로 낮아졌습니다. 하나님을 대적하고 오히려 피조물을 경외하는 불미스러운 일들이 벌어졌습니다. 산이나 바다나 하늘을 두려워하고 거기에 소원을 비는가 하면, 사람과 금수와 버러지의 형상을 만들어(롬 1:23) 하나님을 대신하여 섬겼습니다.

인간이 인간을 두려워하고, 특히 인간이 만든 조직의 힘을 더욱 두려워합니다. 그래서 아무리 올바른 생각을 가지고 있는 사람이라 할지라도 조직의 힘에 의해 어쩔 수 없이 하나님이 기뻐하지 않는 일을 행합니다. 그렇기 때문에 많은 연약한 크리스천들이 하나님의 백성으로서의 권능을 가지지 못하고 무력하게 세속에 이끌리며 살아가고 있습니다. 그러나 새벽기도를 하는 사람은 분명히 보통의 크리스천과 구별됩니다.

어떤 일이 자신에게 주어졌을 때 기도를 통해서 얻는 영력으로 하나님께 합당한 일인지 아닌지를 직감적으로 알게 되고, 하나님이 싫어하시는 일을 피할 수 있습니다. 이런 사람은 세상이 감당치 못하는 사람입니다(히 11:38). 섬기는 상사를 위하여 오랫동안 기도하고 주님을 섬기듯 정성으로 대하면 결국에는 그 사랑이 전달되고, 그렇게 되면 상사는 더 이상 술을 강요하거나 크리스천이 싫어할 만한 일을 시키지 않습니다. 불신자라 하더라도 영감이 있기 때문에 성령이 충만한 하나님의 사람에게는 상사라도 순복하는 것입니다.

바벨론 왕의 시종 느헤미야는 조국 이스라엘이 하나님을 떠나 우상을 섬기고 패역할 때 늘 염려하며 기도하다가 왕에게 조국으로 돌아가 예루살렘을 중건하겠다고 했습니다(느 2:5). 세계를 제패한 대왕에게 피정복민족이 되어 버린 나라의 도성을 중건하겠다는 것은 반역에 해당하기 때문에 잘못하여 그의 비위를 건드리면 목숨을 잃을 수도 있는 상황이었습니다. 그러나 금식하며 열심히 기도해 온 느헤미야의 부탁에 왕은 순순히 허락했습니다.

저는 공무원으로 재직할 당시 상사를 위해 늘 새벽으로 기도했습니다. 그렇기 때문에 아무리 독재적인 상사라도 저를 무시하지 못했고, 제가 건의하는 것은 늘 존중해 주었습니다. 이것은 제가 기도하는 사람인지라 세상이 저를 감당치 못해서 그런 것이라 생각합니다. 저는 늘 기도할 때에 대통령이 불신자일지라도 믿음을 가진 많은 국회위원들과 비서관, 장관들이 새벽기도자가 되어 대통령을 위해 중보하여 대통령이 하나님의 공의와 사랑으로 정치와 행정을 펴 나가고, 이 나라 국민들의 눈물을 모두 씻기고 분노가 가라앉아 대통령과 국민들이 하나님의 사랑으로 소통하게 되는 날이 오게 해 달라고 기도합니다.

그리고 공무원으로 재직할 때에도 신자든 불신자든 제가 맡고 있는 조직의 직원들을 위해서 늘 기도해 주었습니다. 인화에 문제가 있는 직원을 위해서는 새벽기도 때 특별히 시간을 할애하여 기도해 줍니다. 그러면 그 사람의 성격이 부드러워져서 다른 사람에게 친절히 대하게 되며, 전 직원에게 무형의 영적인 네트워크가 형성되어 같은 목표를 향해 매진하게 됩니다.

저는 특허청에서 상표심사 담당관으로 근무할 때 이러한 사실을 절실히 깨달았습니다. 강압적인 지시나 지도력을 전혀 사용하지 않고 자유방임적인 리더십을 사용하는데도 직원들이 서로 사랑하고 자유롭고 밝은 분위기를 유지하면서 탁월한 업무실적을 유지하여 담당관으로 재임하는 기간(1년 8개월) 동안 줄곧 최우수부서를 한 번도 놓치지 않았습니다.

5. 고난 극복의 원동력을 얻음

제 개인적인 생각이지만 당대에 처음으로 신앙을 가지게 된 믿음의 선조들은 모태신앙인들보다 훨씬 고난을 많이 받는 것 같습니다. 아브라함이나 출애굽한 이스라엘 백성과 사도들, 그리고 욥을 봐도 그렇습니다. 그것은 그들이 결코 흔들리지 않는 확실한 믿음을 가질 때까지 하나님이 그들로 하여금 광야를 지나게 하고 고난의 풀무불을 통과하게 하기 때문이라 생각합니다.

저도 우리 가문에서는 아브라함과 같은 믿음의 선조입니다. 하나님께서 저를 반석 같은 믿음으로 든든히 세워 주셔서 모든 형제자매와 친척을 구원하라고 이 같은 훈련을 시키신 줄로 믿고 감사드립니다. 그리고 고난의 훈련이 오랫동안 지속된 것은 제가 남달리 교만한 데다 아무리 용광로를 통과해도 하나님 보시기에 합당하지 못한 신앙의 불순물과 찌꺼기들이 계속해서 남아 있기 때문이라고 생각합니다.

그러나 아무리 큰 고난이 있다고 해도 새벽으로 기도하는 사람은 넉넉히 시험을 통과할 수 있습니다. 예수님은 십자가의 고난을 앞두고 심히 통곡하며 눈물로 기도하셨습니다. 처음에는 고통이 두려워서 피하려고도 하셨습니다. 그러나 예수님은 꿈쩍도 않던 산같이 무거운 십자가 고난을 밤새 기도하신 후에 가볍게 들어서 바다에 던져 버리셨습니다(막 11:23). 기도하고 나니 태산같이 크게 보이던 십자가가 누구라도 쉽게 마실 수 있는 포도주 한 잔으로 변한 것입니다(눅 22:42).

누구든 문제가 생기면 마음이 불안해지고 당황하여 문제의 본질을 보지 못하기 때문에 일을 그르치는 경우가 많습니다. 그러나 하나님은, "두려워 말라 내가 너와 함께함이니라 놀라지 말라 나는 네 하나님이 됨이니라 내가 너를 굳세게 하리라 참으로 너를 도와주리라 참으로 나의 의로운 오른손으로 너를 붙들리라"(사 41:10)라고 말씀하셨습니다.

이사야와 함께하신 하나님이 고난받는 우리와 함께하신다는 확신만 있으면 두려움 대신 평강이 임합니다. 그러므로 우리는 문제를 바라보지 말고 문제의 해결자가 되시는 하나님을 바라보아야 합니다. 마음에 평강이 있어야 문제의 본질을 하나님의 입장에서 바라보고 하나님이 지시하시는 방법과 돕는 사람을 통해 문제를 해결할 수 있습니다.

어미 독수리는 새끼 독수리를 훈련시킬 때 보금자리에 있던 폭신한 깃털 침대를 전부 밖으로 던져 버리고 가시나무를 물고 들어와 새끼들을 찔리게 합니다. 그러면 새끼들이 보금자리를 단념하고 밖으로 기어나오는데 새끼들이 나오면 어미 독수리가 새끼를 날개에 얹고 높은 하늘로 올라가 공포에 질린 새끼 독수리들을 떨어뜨립니다.

그러면 새끼 독수리가 놀라 퍼덕이면서 추락하는데 이때 어미가 공중에서 지켜보다가 땅에 부딪히기 직전에 쏜살같이 내려가 새끼 독수리를 받아서 하늘로 올라가 다시 떨어뜨립니다. 이런 훈련이 반복되면 새끼는 어미가 결코 자기를 죽이기 위해서 떨어뜨리는 것이 아니라는 확신을 가지게 됩니다. 그러므로 새끼는 또다시 추락하게 되더라도 자신감을 가지고 비행을 시도하고, 결국은 자기의 힘으로 날 수 있게 되는 것입니다.

또 아빠가 아기를 공중에 던져 올릴 때 아기는 처음에는 놀랍니다. 그러나 아빠가 밑에서 받아주는 것을 알고 난 후에는 공포감이 사라져서 재미있는 놀이로 생각하고 즐기게 됩니다.

이와 같이 평강은 주를 의뢰하는 자가 누리는 특권입니다(사 26:3). 그리고 고난으로 이루어진 단계별로 준비된 하나님의 훈련과정을 이수하고 나면 믿음과 인격이 그리스도의 장성한 분량을 향하여 자라나게 되고(엡 4:13), 하나님께 쓰임받기에 준비된 사람으로 반듯이 서게 되는 것입니다.

그런데 고난을 통과하는 데는 왕도가 없습니다. 새벽기도를 통하지 않고는 고난을 통과할 방법이 없습니다. 새벽기도는 고난의 패스포트입니다. 저는 새벽기도를 드리지 않았다면 제게 주어진 고난을 통과할 수 없었을 것입니다. 갈 길을 몰라 방황하고 믿음을 저버린 채 술에 취하고 타락하여 일찌감치 파멸의 길을 걸었을 것입니다. 저의 삶은 고난의 연속이었습니다. 그러나 새벽기도를 통해 얻은 담대함으로 문제와 직면하고, 주님이 주시는 평강과 화평함으로 문제와 관련된 사람을 대할 때 그 문제가 하나님 앞에서 녹아 없어지는 것을 많이 경험했습니다.

6. 두려움이 사라지고 담대해짐

저는 어렸을 때부터 병치레를 많이 하고 아주 심약하게 자랐습니다. 늘 공부만 했기 때문에 세상 물정을 몰라서 두려움이 많았고 소극적이었습니다. 그러다가 특전사에 입대하여 복무하면서 육체의 한계를 극복하는 특수훈련을 받는 동안 소위 '깡'이라는 것이 생겼습니다. 그리고 하나님을 만나기 전에 노만 필 목사님이 지은 『적극적 사고방식』이라는 책을 읽고 좋은 구절들을 카드화하여 암송하고 실천해 나가는 중에 삶의 태도가 약간 변화되기도 했습니다.

그러나 그때까지도 대인공포증은 여전했기 때문에 결혼식장에서 사회를 보는 친구가 그렇게 부러울 수 없었습니다. 직장생활을 하려면 보고를 많이 해야 하고, 윗사람을 설득하려면 담대하고 평안한 마음이 있어야 하는데 늘 자신감이 없었습니다. 그러던 중에 하

나님을 만나 하나님이 나의 아버지 되시고 살아 계셔서 우리의 기
도를 들으신다는 사실을 확실히 믿게 된 후에는 하루도 빠짐없이
새벽기도회에 참석했고, 이후로 변화된 삶을 살 수 있었습니다.

　기도하지 않는 날에는 보고 대상인 상관이나 발표 대상인 청중
이 산처럼 커 보였지만 기도한 날에는 그들이 아주 작아 보였습니
다. 새벽기도를 하면서 하나님과 깊이 교제하고 난 후 교회 문을
나서면 하나님이 동행하신다는 확신과 함께 한없이 담대해지는 것
을 느낄 수 있었습니다.

　만일 그때 호랑이나 총을 든 자가 나타나 위협해도 한주먹에 물
리칠 수 있을 것 같은 담대함이 용솟음쳤습니다. 골리앗을 물리친
다윗의 담대함이 도대체 어떤 것일까 하는 궁금증을 가진 사람들
이 있다면 새벽기도에 도전하여 하나님과 깊이 교제해 보면 그 느
낌을 알 수 있을 것입니다.

　저는 국방대학원에 다닐 때도 계속 새벽기도를 했는데 수업시간
에 리포트를 발표할 때 발표 실력이 아주 대단하다는 평판을 들었
습니다. 저의 발표 솜씨에 관심을 가지고 요령을 물어오던 C를 전
도한 일은 이미 앞에서 언급했습니다. 뿐만 아니라 윗사람에게 결
재를 올릴 때도 새벽기도의 덕을 보았습니다.

　40대 초반이었던 저는 소속 부처에서 가장 모시기 힘들다는 Y
국장님[33]과 함께 일을 하고 있었는데 늘 부하들에게 불호령을 하

---

33) 1장의 Y 국장님과 동일인임.

고 결재판을 날려 모 사무관의 얼굴이 찢겼다는 소문도 있어서 저 또한 그분이 두렵기는 마찬가지였습니다. 아닌 게 아니라 저도 그 분에게 질책을 받은 적이 있습니다. 밤 12시가 넘도록 작업을 하고, 다음 날 일찍 출근하여 다시 손질한 보고서를 국장님께 드렸습니다.

그런데 국장님이 보고서를 들여다보다가 마음에 들지 않는다면서 펜을 들어 신경질적으로 보고서에 쫙쫙 선을 긋는 것입니다. 그때 저는 마음이 찢어지는 아픔과 공포를 느꼈지만 속으로 기도하고 평안을 얻은 후 저의 부족함을 사과드리고 국장님의 말씀을 귀담아 들으면서 메모했습니다. 그러고는 국장님의 말씀대로 보고서를 수정했고, 보고를 드리기 전날 새벽기도를 드리면서 열심히 부르짖으며 기도했습니다. 라반의 마음을 변개시키고 에서의 마음을 변화시킨 하나님께서 국장님의 마음에 화평을 주시기를 간구했습니다.

다음 날 아침이 되어 국장님께 수정한 보고서를 드리면서 국장님을 설득했습니다. 그랬더니 국장님이, "일은 그렇게 하는 거야! 이제 보니 김 사무관 아주 일꾼이야! 진짜 근성이 있어"라고 칭찬을 하시며 흐뭇한 표정으로 결재 사인을 해 주셨습니다. 이후로도 저는 대다수의 직원들이 마주하기 싫어하는 그분을 자주 찾아뵙고, 늘 말씀에 경청하고 진정으로 인정하고 존경했습니다. 그분은 결국 저의 팬이 되셔서 유학이나 승진 등 인생의 중요한 고비마다 많은 도움을 베풀어 주셨습니다.

그리고 저는 직업이 변리사이다 보니 법정에서 변론 자리에 자주 서게 됩니다. 이때마다 저는 원고와 피고 중 하나님의 뜻에 합당한 편에 서서 싸운다고 생각하기 때문에 지위 고하를 막론하고 주변 사람들을 두려워하거나 불편해한 적이 없습니다. 공의로운 결정은 하나님이 내리실 것이고, 저는 항상 진실만을 말하면 되기 때문입니다.

7. 세상을 이기는 진정한 자유인이 됨

새벽기도를 하면서 느끼는 것은 제가 완전한 자유인이 되었다는 것입니다. 그것은 술 취하고 방종하고 죄악을 저지르고 생각과 행동을 자유롭게 하는, 그 어떤 것에도 구애받지 않는 세속적인 개념의 '자유인'과는 상당히 다른 개념입니다.

저도 한때 그러한 자유인을 꿈꿔 본 적이 있습니다. 고등학교 때 친구 몇 명이서 독서클럽을 만들고 여러 가지 책을 읽은 후 밤새 토론을 했는데, 이때 읽은 책 중 헤르만 헷세의『데미안』은 우리에게 많은 감명을 주었습니다.

그러나 지금 신앙적인 관점에서 보니『데미안』은 큰 문제가 있는 책입니다. 주인공 싱클레어는 기독교적 신앙과 지성이 잘 조화된 부모님 밑에서 성장해 나가다가 불량한 친구를 만나 악에 빠집니다. 그러던 중 데미안을 만나 사귀면서 악에서 떠나게 되지만 그들은 가정이나 교회, 학교 등 사회에서 배운 모든 규범에서 벗어난 새로운 인간행동의 방식을 찾아 구도의 길을 나섭니다. 즉 사회의 모든 행동양식이나 규범을 비판 없이 바로 받아들일 것이 아니라 하나씩 직접 체험해 보고 자신이 옳다고 생각하는 것으로 새로운 규범을 정립하여 실행해 나갈 때만 진정한 자유인으로서의 삶을 살아갈 수 있다는 원칙을 세웁니다.

지금 생각해 보니 『데미안』은 포스트모더니즘적 요소가 다분한 소설이지만 저는 그때 어렸기 때문에 아주 이상적이고 멋있는 소설이라 생각했고, 그 방종의 사상이 한동안 저의 사고와 행동을 지배했습니다. 그러나 신앙인이 된 지금은 그 생각이 얼마나 어리석은 생각이었는지를 절감하고 있습니다.

진정한 자유인은 철학이나 문학, 사상적인 개념의 자유인이 아닙니다. 데미안의 사고는 인간 개개인이 완전하다는 가정 하에서 출발한 것이기 때문에 하나님을 정면으로 대적하는 철학의 한 부분입니다. 제가 말씀드리는 자유는 이러한 방종과 타락에 이르는 불완전하고 어리석은 세속적인 자유가 아니고 하나님 안에서의 완전한 자유입니다.

로마서 3장 23절의 "모든 사람이 죄를 범하였으매 하나님의 영광에 이르지 못하더니"라는 말씀처럼 인간은 하나님께 불순종하여 선악과를 따 먹은 후 하나님이 주신 능력과 형상과 영원한 생명을 잃어버렸습니다. 그러나 하나님께서는 예수님을 이 땅에 보내시고 십자가에서 우리의 죄를 다 청산하도록 하셔서 우리를 죄에서 해방시키셨습니다. 이 사실을 믿고 시인한 성도들은 성령을 모시고 살기 때문에 이전의 죄인 신분에서 의인으로 바뀌고 새로운 피조물, 즉 권세 있는 하나님의 자녀, 즉 자유인이 되었습니다.

예수님을 구세주와 주님으로 시인한 사람들은 일인지하 만인지상의 신분이 됩니다. 하나님 한 분에게만 종이 되고 세상의 모든 것과 사람으로부터 자유를 얻습니다. 전에는 죄의 종이 되어 세상 신에게 굴복하고 환경과 사람을 두려워하며 전전긍긍했지만 하나님의 자녀가 되고 난 후에는 하나님 한 분께만 굴복하고 누구에게도 굴복하지 않습니다. 육체는 죽일 수 있어도 영혼은 죽이지 못하는 원수의 세력을 더 이상 두려워하지 않는 차원 높은 생명의 자유를 누리며 살아가는 것입니다.

세상은 우리를 늘 시스템적으로 대적합니다. 정부에서는 예배를 드려야 할 주일에 국가고시를 치르고 중요한 행사를 하며, 기업들도 중요한 이벤트는 꼭 주일에 합니다. 그리고 A매치 축구경기는 예배가 있는 수요일과 주일 저녁에 방영하며, 골프는 새벽기도를 드리는 시간에 방영합니다. 특히 직장의 회식은 주로 우리 교회 다락방 모임(구역 모임)이 있는 금요일 저녁에 하는데 2차, 3차를 술자리로 옮겨 밤늦게까지 계속하기도 합니다.

그러나 우리 새벽기도자들은 이 세상이나 세상에 있는 것들을 사랑하지 않고, 세대를 본받거나 세속의 문화를 맹목적으로 추종하지 아니하며, 오직 하나님이 기뻐하시는 일이 무엇인지를 분별하며 살아갑니다. 이런 사람은 세상이 절대로 감당하지 못합니다.

우리는 이런 사람을 진정한 자유인이라고 부릅니다. 세상의 멍에는 우리가 감당할 수 없이 무겁고 우리를 옥죄어 오기 때문에 혈육의 사람들은 명예와 권세와 재물로, 섹스나 오락이 주는 쾌락으로, 술이나 마약으로 스트레스를 풀려고 합니다. 그러나 그러한 방법으로 세상의 멍에를 감당하려고 하면 건강을 잃고 죄 속에서 방황하다가 처참한 모습으로 죽고, 마지막 심판 때에 지옥으로 가서 죽지도 못하고 영원한 징벌을 받습니다.

반면에 신령한 새벽기도자들은 주님이 주신 멍에를 메고 세상을 자유롭게 유영하며 살아갑니다. 주님의 멍에는 처음엔 좀 힘든 것 같지만 점차 쉽고 가벼워져서(마 11:30) 나중에는 메고 있는 것조차 느끼지 못할 정도로 완전한 자유를 얻게 됩니다. 예수님이 주신 멍에를 메면 예수님의 제자가 되어 점차 죄에서 멀어집니다.

그래서 음행과 탐욕을 버려 성결해지고, 거룩한 예수님의 성품을 닮아 가며, 강건하고 힘 있게 살아갑니다. 그리고 죽을 때도 아주 깨끗하고 화평한 모습으로 승리의 확신과 함께 호흡을 마칩니다. 육체의 장막을 벗고 천국에 올라가 개선문을 통과할 때 수많은 선진들의 환호와 주님의 환영을 받고, 이 땅에서의 수고를 위로받으며, 상급과 면류관도 받게 됩니다.

그때에는 주님과 함께 영원한 생명을 마음껏 누리며 제2의 인생을 사는 것입니다. 자~ 성도님은 어떤 멍에를 택하시겠습니까? 쇠고랑 같은 세상의 멍에입니까, 천사의 깃털처럼 가볍고 빛나는 주님의 멍에입니까? 새벽기도를 하는 사람은 온전한 자유인의 증표로서의 주님의 멍에를 기쁜 마음으로 메고 달려가는 고귀한 믿음의 경주자들입니다.

8. 평생의 건강을 보장해 주심

새벽기도는 보통 5시에 시작하기 때문에 4시 혹은 4시 반에는 집에서 출발을 해야 합니다. 우리 교회의 경우 5시 반에 예배가 시작하기 때문에 저는 습관대로 늦어도 5시까지 교회에 도착합니다. 그리고 30분 정도 찬양과 기도를 드리고 나서 30분 정도 설교를 듣고, 6시부터 7시 반까지 기도를 드리고 집에 오면 보통 8시가 됩니다. 이렇게 하면 하루 24시간 중에 3시간 이상을 먼저 하나님께 드리는 것이므로 시간의 십일조를 충분히 드리는 것이 됩니다.

그것도 하루 중 가장 포기하기 싫은 부분을 떼어 드리는 것이기 때문에 하나님께 충분한 보상도 받습니다. 가장 확실한 보상은 건강입니다. 저는 27년 동안 새벽기도를 해 왔는데 감기에 걸린 적이 손에 꼽을 정도입니다. 어깨와 무릎수술을 한 후 신체적으로 균형이 흐트러져 있을 때와 아침운동을 하여 땀을 많이 흘린 뒤 빨리 샤워를 하지 않아서 감기에 걸렸는데, 조금만 주의했다면 한 번도 감기에 걸리지 않을 수 있었을 것입니다.

저는 제 몸의 주인이 하나님이기 때문에 육체를 함부로 다루지 않으며, 복잡한 인간관계와 감당하기 힘든 일들로 육체를 혹사시키지 않습니다. 나를 궁극적으로 돕는 자는 하나님이며, 하나님을 의지하면 수령과 방백을 의지할 필요가 없다는 것을 알기 때문에 너무 많은 인간관계를 형성하여 인의 장막을 쳐 놓아야만 안심이 되는 세상 사람들과 달리 의연하게 살아갈 수 있습니다. 하나님보다 일을 더 사랑해서는 안 된다는 것을 알기 때문에 피곤해서 하나님을 섬기지 못할 정도로 일에 빠지지도 않습니다.

그리고 성령님이 살고 계시는 거룩한 전인 육체에 감히 알코올이나 담배 연기를 집어넣지 않고, 오락이나 과다한 성의 쾌락으로 자신의 몸을 소진시키지 않기 때문에 건강할 수밖에 없습니다. 항상 활력이 넘치고 건강해야 기도도 할 수 있고 하나님의 일을 감당할 수 있기 때문에 적당히 먹고 규칙적으로 운동을 합니다. 직무상 할 수 없이 술자리에 끼게 되더라도 다음 날의 새벽기도를 의식하여 절대로 술을 마시지 않고, 늦어도 11시에는 잠자리에 들 수 있도록 일찌감치 귀가하기 때문에 언제나 동일한 수면시간을 확보할 수 있습니다.

그렇게 할 때 새벽에 하나님께 온전한 새벽기도를 드릴 수 있고, 종일토록 하나님이 도우신다는 믿음을 가지고 일도 열심히 하게 되며, 일을 마친 후 종일 동행하신 하나님께 감사하며 따스하고 아늑한 주님의 품에 안겨 잠이 들기 때문에 숙면을 취하게 되므로 건강할 수밖에 없습니다.

어떤 환경의 변화에도 흔들리지 않는 사람만이 건강을 지킬 수 있습니다. 사람들은 환경이 가져다주는 놀람, 공포, 좌절, 낙담, 불안, 근심, 시기, 질투, 증오, 분노 등으로 결국은 병들고 죽어 갑니다. 이런 심리적 변화는 호흡의 불균형을 가져오고, 그 결과 산소가 결핍되어 혈액 상태가 나빠지고 면역력이 약해져서 질병이 기다렸다는 듯이 육체를 점령합니다.

그러나 새벽기도자들은 기도를 통해 담대함과 마음의 평화를 얻으므로 환경의 급작스런 변화와 사람들의 악한 행동에 요동하지 않기 때문에 질병에 잘 걸리지 않습니다. 혹여 질병에 걸렸다 하더라도 새벽기도로 마음의 평화를 계속 유지하면 하나님께서 결국 치유해 주십니다.

저는 이러한 일에 대해서는 수많은 간증거리가 있는데 웬만한 신체적 고통으로는 병원에 잘 가지 않습니다. 저는 교통사고를 당한 후 몸이 거의 망가진 상황에서도 낙담하거나 좌절하지 않고 하나님이 회복해 주실 것을 의뢰하며 계속해서 새벽기도와 규칙적인 운동을 해 왔습니다. 새벽기도는 심령을 회복시키고 운동(주로 탁구나 테니스)은 교통사고로 망가진 육체의 혈류와 신진대사를 활력 있게 하므로 무릎과 허리, 어깨를 제외하고는 몸의 기능이 대부분 회복되었고, 이전보다 더 다양한 운동을 즐길 수 있게 되었습니다. 요한3서 1장 2절의 "사랑하는 자여 네 영혼이 잘됨 같이 네가 범사에 잘되고 강건하기를 내가 간구하노라"라는 말씀을 체험하고 싶다면 새벽기도를 해 보시기 바랍니다. 새벽기도를 해야만 '강건'이라는 의미를 확실하게 이해할 수 있습니다. '강건'은 '건강'과는 확실히 다릅니다. '건강'은 정신적으로나 육체적으로 아무 탈이 없고 튼튼한 상태를 말하지만 '강건'은 새벽기도자가 하나님께 쉼 없이 기도한 결과 상급으로 받는 영혼의 잘됨과 그에서 연유한 담대함을 포함한 심신의 건강함을 뜻합니다.

9. 얼굴이 빛남

새벽기도를 하면 얼굴이 변합니다. 저는 어렸을 때부터 용모에 콤플렉스를 가지고 있었습니다. 아버지가 병약한 중에 잉태되어서 인지 늘 병약하고 창백한 얼굴이었고, 몸이 말라 학창시절에는 '갈비씨'라는 수치스러운 별명으로 불렸습니다.

20대 초반에 면서기를 지내면서 음주 때마다 고기안주를 많이 먹어 한때 살이 오르기도 했지만 공수부대에 가서 혹독한 훈련과 함께 "일격필살" 구호를 외치면서 각종 살인기술을 터득하다 보니 몸이 더 바짝 마르고 눈빛에 살기가 서린 이상한 형상으로 변해 버렸습니다. 휴가를 나오면 누이동생들이 무섭다면서 얼굴을 돌리고는 쳐다보지 말라고 말할 정도였습니다. 게다가 제대 말년에는 얼굴을 크게 다쳤습니다.

제대를 앞둔 어느 날 저녁, 저는 주번사령의 점호를 받을 수 없을 정도로 만취상태가 되어 있었습니다. 동료들이 저를 숨기기 위해 내무반 뒤로 데려가 막사 벽에 기대어 세워 놓고 돌아서는 순간 낡아서 뾰족하게 튀어나온 아스팔트 위로 통나무처럼 넘어졌습니다. 얼굴이 아스팔트에 찍혀 찢어져서 한동안 의무반에서 치료를 받았지만 결국 흉터로 얼룩진 그로테스크한 얼굴이 되고 말았습니다. 제대 후 조직생활을 할 때도 제 인상이 험악해 보였는지 상사들도 공수부대 출신인 저를 조심해서 대하곤 했습니다.

그런데 얼굴 때문에 늘 신경을 쓰고 살아가던 저에게 기적이 일어났습니다. 새벽기도를 시작한 지 2년쯤 된 어느 날 무심코 거울 속의 제 얼굴을 보았는데 얼굴이 변해 있었습니다. 달 표면 같이 암울하고 더덕더덕한 얼굴이 사라지고 피부가 매끄러워 보이고 눈 매까지 부드러워 보이는 것입니다.

사람들은 흔히 미인은 잠꾸러기라고 하는데 그 말이 맞는 것 같 습니다. 제가 술도 먹지 않고 늘 사랑과 소망과 믿음을 가지고 열심 히 일하고 내일에 대한 걱정 없이 잠을 깊이 자니까 피부 세포가 날마다 새로워져서 고와진 것 같습니다. 그리고 하나님께서는 제가 하나님의 사람이라는 증거를 얼굴에 나타내시기 위해 제가 모르는 사이에 오랫동안 미용작업을 해 오셨나 봅니다.

베드로가 "너희 단장은 머리를 꾸미고 금을 차고 아름다운 옷을 입 는 외모로 하지 말고 오직 마음에 숨은 사람을 온유하고 안정한 심령의 썩지 아니할 것으로 하라 이는 하나님 앞에 값진 것이니라"(벧전 3:3-4) 라고 말한 것처럼 여성들에게 최고의 화장품은 역시 새벽기도인 것 같습니다. 비싼 옷으로 치장을 하고 얼굴에 전혀 영적 기쁨이 없는 모습보다는 수수하게 입었더라도 오랜 기도생활로 다져진 잔 잔하고 곱고 빛나는 얼굴에서 스며나오는 영적 기쁨을 가진 여성 의 모습이 고차원적인 미모의 소유자이기 때문입니다. 교회에서도 사모님은 물론이고, 나이 든 권사님이나 여집사님들 중에 세속의 미모와는 다른, 천사 같은 얼굴을 지닌 분들을 얼마든지 만날 수 있습니다.

이런 깨달음이 있은 후 저는 못된 습관이 하나 생겼습니다. 얼굴에 화장품을 절대 바르지 않는 것입니다. 그 이유는 영적인 자신감이 있기 때문에 값비싼 화장품으로 제 얼굴에 비추어 주신 하나님의 영광을 가리기 싫어서이고, 또한 피부도 호흡을 해야 하는데 화장품을 발라 호흡을 막아 버리면 피부에 주름이 생길 것 같아서입니다.

10. 육체의 한계 극복

새벽기도를 하고 나면 육체에 힘이 솟으면서 사자처럼 포효하고 싶은 용맹함을 느낍니다. 마태복음 21장 21절의 "이 산더러 들려 바다에 던지우라 하여도 될 것이요"라는 말씀처럼 귀갓 길에 산을 들어 던지고 싶은 충동을 느낄 때도 있습니다. 그리고 육체의 나이와 상관없이 젊어지는 느낌이 들면서 고린도후서 5장 17절 말씀처럼 이전 것은 지나가고 새로운 피조물이 된 것 같습니다. 그 느낌을 말로 표현하자면, 젊은 상태로 멈추어 버린 것 같습니다.

모세는 120세로 삶을 마감할 때까지 시력과 기력이 여전했고(신 34:7), 여호수아도 110세까지 가나안 정복사업을 진두지휘하였으며 (수 24:29), 갈렙은 85세에도 40대의 체력을 가지고 아낙 자손들을 정벌할 때에 선봉에 섰습니다.

새벽기도를 하고 나면 하나님이 함께하시는 느낌이 강하게 드는데, 영원한 생명을 가진 하나님의 속성을 닮아 그런지 실제로 늙지 않는 것처럼 느껴집니다. 추한 모습으로 죽는 것보다 깨끗하고 단

아한 모습으로 죽는다면, 개선장군 같은 여유 있는 모습으로 육체를 마감하고 천국에 입성한다면 얼마나 멋있을까요.

기도하다 보면 정말 천국에 가 보고 싶은 생각이 간절할 때가 있습니다. 이 땅에서 사명을 감당하지 못해 안타까운 점을 제외한다면 하루라도 빨리 주님이 예비하신 그 영광의 처소로 가고 싶습니다. 그래서 저는 나이를 먹어가는 것이 정말 기쁘고 신이 납니다. 나이를 먹을수록 주님께 그만큼 더 가까이 가기 때문입니다. 나이를 먹어가는 것을 기쁘게 여기는 사람을 어찌 공중권세를 쥔 사탄이 건드릴 수가 있겠습니까?

그리고 하나님을 아버지로 모시고 사는 사람은 함부로 늙을 수가 없습니다. 저는 저보다 세 살 위인 형님이 아직 머리가 희어지지 않았기 때문에 흰머리가 상당히 많은 제 머리를 염색하는 것을 게을리 하지 않습니다. 그렇듯이 영원 전부터 지금까지 사신 하나님에 비하면 어린아이 같은 제가 아버지 앞에서 감히 늙었다고 생각하면 무례한 일이라 생각하여 새벽기도와 운동으로 몸과 마음을 항상 젊게 유지하려고 애를 씁니다. 이런 점에서도 새벽기도는 심신의 젊음을 유지하는 최상의 비결인 것 같습니다.

금식을 해 보면 사람이 반드시 떡으로만 사는 것이 아님을 실감할 수 있습니다. 처음으로 새벽기도를 하는 사람들은 잠이 부족하지 않을까 걱정을 합니다. 그러나 그것은 선입견에 불과합니다. 피곤하지 않다고 생각하면 잠을 적게 자도 아무렇지 않습니다. 마음

먹기에 달린 것입니다.[34]

그러므로 우리는 음식과 수면에 집착할 필요가 없습니다. 육체의 한계는 하나님의 능력으로 충분히 극복할 수 있습니다. 꼭 필요한 시간만 자고 하루 한 끼만 먹는다고 해서 큰일이 나는 것이 아니기 때문입니다(『하루 한 끼의 기적』, 이태근). 다만 하나님을 온전히 의뢰하고 환난이나 곤고나 핍박이나 위험이나 기근 등 모든 것을 두려워하지 않으면 됩니다. 이렇게 훈련된 사람은 세상이 절대로 감당하지 못합니다. 뇌물로도, 명예로도, 섹스로도, 궁핍으로도, 심신의 고통으로도 절대 이들을 굴복시킬 수 없습니다.

저는 부임하는 곳마다 직원들을 통해 받은 물질적 유혹을 모두 거절하고 돌려보냈습니다. 그리고 직원들에게도 저의 단호한 의지를 분명하게 보여 주었습니다. 적은 돈이기 때문에 뇌물이라고 볼 수 없다고 자위하고 정치인들이 정치자금을 받아 지역구를 관리하듯이 저도 그런 돈이 있으면 직원들을 먹일 수 있고 통솔력을 강화할 수 있기 때문에 경제적인 여유가 없는 저로서는 유혹이 되기도 했습니다. 그러나 하나님 앞에 합당하지 못한 짓을 하고 고통에 빠지는 것보다는 굶는 편이 훨씬 편합니다.

세상이 감당하지 못할 이들을 굴복시킬 수 있는 것은 오직 하나

---

34) 사람이 수면을 취하는 데 꼭 수면 시간을 고려할 필요는 없다. 사람의 수면에서 중요한 것은 길이가 아니고 넓이다. 길게(가로) 자도 얕게(세로) 잔다면 수면의 분량(넓이)은 아주 적다. 그러나 짧은 시간을 자더라도 깊이 잔다면 그만큼 수면의 분량은 커지는 것이다. 이 사실을 체험적으로 깨달은 사람은 더 이상 수면 시간에 연연하지 않게 된다. 진정한 새벽기도인은 이 사실을 체험한 자들이다.

님의 말씀과 사랑, 상급과 면류관밖에 없습니다. 그러나 누구든지 새벽기도를 하지 않고는 이렇게 될 수 없습니다. 매일 새벽기도를 하는 사람들은 하나님이 바로 내 앞에, 내 안에 계시는 것이 순간 순간 느껴지기 때문에 죄를 지어 하나님께 현행범으로 발각되는 것 보다는 차라리 죽는 것이 낫다고 생각하게 됩니다.

11. 수명 연장 효과

새벽기도를 하는 사람들은 8시간 자는 사람보다 훨씬 오래 사는 셈이 됩니다. 그리고 시간의 십일조를 드렸기 때문에 확실한 인생의 목표를 정립하고, 다른 사람들보다 시간을 더 아껴 쓰며, 자신이 세운 목표에 집중해서 살아갑니다. 우리 인생의 목적은 릭 워렌의 통찰대로 5가지입니다.

첫째, 하나님의 기쁨을 위해 살아간다. 둘째, 교회를 위해 살아간다. 셋째, 그리스도를 닮기 위해 살아간다. 넷째, 하나님을 섬기기 위해 살아간다. 다섯째, 사명(전도)과 사역(가르침)을 위해 살아간다.[35]

새벽기도를 하는 사람은 하나님과의 관계가 확실히 정립되어 있기 때문에 인생을 방황하지 않고 확실한 소명의식을 가지고 살아갈 수 있습니다. 그렇기 때문에 시간을 아끼고 잘 배분하여 규모

---

35) 릭 워렌,『목적이 이끄는 삶』, 도서출판 디모데, 2003, pp. 12-13.

있게 사용할 수 있습니다. 인생에 대한 전반적인 디자인을 하고 이를 목표와 수단의 체인으로 만들어 새벽마다 끈질기게 기도해 나가면 목표가 하나하나씩 이루어지는 것을 알 수 있습니다.

이런 대차대조표를 가지고 천국에 가서 주님과 회계할 때 주님께서 말씀하실 것입니다. "잘 하였도다 착하고 충성된 종아 네가 작은 일에 충성하였으매 내가 많은 것으로 네게 맡기리니 네 주인의 즐거움에 참예할지어다"(마 25:21).

불신자나 이런 소명의식과 목적의식이 불분명한 크리스천은 비교적 시간을 잘 배분하여 사용하지 못합니다. 하나님을 의지하지 않고 혈육 있는 인간을 의지하기 때문에 쓸데없는 인(人)의 장막에 갇혀 시간과 정력을 낭비합니다. 직무와 인간관계에서 오는 스트레스를 술이나 오락, 쾌락 등으로 풀기 위해 시간을 너무 많이 허비하여 정작 중요한 일에 쓸 시간이 많지 않습니다.

반면에 새벽사람은 새벽기도와 함께 규칙적인 생활과 운동, 숙면으로 활기찬 삶을 영위합니다. 저는 앞에서 언급한 대로 4시 반에 일어나 새벽기도회에 다녀온 후 운동을 하고 나서 샤워를 하고 아침식사를 합니다. 그리고 8시부터 1시간 동안 외국어 강의를 듣거나 성경을 읽거나 큐티를 합니다. 그리고 바쁜 일과를 끝내고 10시 반에 침대에 눕습니다. 일주일의 일과표를 미리 짜 놓고 차질 없이 실천하면 가장 이상적일 것입니다.

우리 교회에서는 제자훈련을 받는 성도들에게 일주일 동안 30분 단위로 계획하여 실천하도록 하고 있습니다. 그렇지 않으면 다른 사람의 계획에 휘말려 정작 자신의 중요한 일을 뒤로 미루거나 그르칠 수 있기 때문입니다. 하나님께 우선적으로 드릴 공적 예배, 가정예배, 구역예배, 새벽기도, 일반 기도, QT, 성경 통독 등의 시간을 미리 할애해 놓고, 직장, 가정, 친척, 친구를 위한 많은 일들을 질서 있게 계획하여 기도하면서 규모 있게 실천해 나가면 하나님의 도우심으로 그 열매들이 하나씩 하나씩 결실을 맺을 때마다 하나님께 감사가 넘치게 됩니다. 순간순간이 감사하고 하루가 감사하면 일주일이 감사하고, 한 달이, 1년이 감사해서 결국 인생이 감사로 점철된 삶이 될 것입니다.

이렇게 살면 확실히 인생을 집약적으로 살 수 있기 때문에 자신의 역량의 두 배 이상으로 일을 할 수 있는데 이는 결국 수명이 두 배로 늘어난 것과 같습니다. 그리고 이러한 삶을 살면 시간에 대한 속도감이 엄청나게 빠르게 느껴집니다. 그러나 천국에 가서 주님을 뵈올 날이 빠른 속도로 다가오고 있다는 즐거움과 기대감, 소망이 있으므로 더욱 기쁨이 넘칩니다.

12. 강한 천국의 확신

성경을 읽거나 목사님의 말씀을 듣는 즉시 천국에 대하여 확신을 가지는 사람은 그리 많지 않을 것입니다. 신앙생활을 오랫동안 해서 믿음이 좋은 사람도 천국에 대해 확신을 갖는 것과는 별개의 문제인 것 같습니다. 새벽기도에 정진하다 보면 하나님이 내 곁에 계시고, 그분이 내 기도를 들으신다는 확신이 생깁니다.

그리고 부르짖는 기도에 응답하실 때, 그리고 은혜에 젖어 있을 때, "아, 하나님이 살아 계시니 천국도 있겠구나" 하는 확신이 생깁니다. 이런 새벽기도를 통한 확신과 성경 정독과 통독의 횟수가 늘어날수록 성경의 역사적 사실을 창세기부터 요한계시록까지 관통하여 보게 되고, 역사의 맨 마지막 부분에 웅장하게 등장하는 천국의 모습이 어우러지면서 말로만 듣던 '천국'이 현재에도 분명히 존재하고, 또한 우리를 향해 계속해서 다가오고 있음을 순간마다 확연히 느낄 수 있습니다.

궁창의 아래위로 물과 물이 있어(창 1:6-7) 자외선을 막아 주고, 안개가 지면에서 스며나와 비가 올 필요도 없었던(창 2:5-6) 하나님의 완벽한 자연은 인간의 불순종과 죄로 말미암아 저주를 받아 가시와 엉겅퀴를 내게 되었고 대홍수를 겪어야 했습니다. 그리고 인간의 손에 의해 계속 파괴되어 왔습니다. 우리 인간은 죄에서 떠나지 못하고 더욱 죄를 향해 발걸음이 빨라지지만 모든 피조물은 저주에서 해방되어 회복되기를 기다리고 있습니다(롬 8:21). 하나님은 지금도 피조물들의 신음 소리를 듣고 계십니다.

우리가 천국에 갔을 때를 상상해 보는 일은 정말 즐겁습니다. 주께서 호령과 천사장의 소리와 하나님의 나팔로 친히 하늘로 좇아 강림하실 때 우리는 죽었으나 살았으나 부활되어 일어나(살전 4:16) 구름 속으로 끌어 올려져 공중에서 주를 영접하게 되고, 주님과 손을 잡고 천국으로 가게 될 것입니다(살전 4:16-17). 하나님의 보좌 앞에 이를 때에 천사들의 장엄한 찬송과 오케스트라가 울려 퍼지고 아브라함, 모세, 요셉, 베드로, 바울과 엊그제 우리 곁을 떠난 장로님을 포함한 모든 믿음의 선진들이 영접해 주실 것입니다.

그리고 하나님께서 이 땅에서 당한 모든 고난을 위로해 주시고 모든 눈물을 씻어 주실 것입니다(계 21:4). 다시는 사망이 없고 애통하는 것이나 곡하는 것이나 아픈 것이 없는 천국에 거처를 마련해 주실 것입니다(계 21:4). 여호수아가 각 지파들에게 가나안 땅을 분할해 준 것(민 32-34장)처럼 우리가 천국에 갔을 때 우리가 이 땅에서 행한 수고와 헌신의 정도를 참작하여 상급과 면류관을 주실 것입니다.

부활되어 성화가 완성되고 예수님의 형상으로 변화되는 일은 얼마나 멋있는 일일까요? 잠자리 애벌레처럼 흉측한 우리가 과연 아침햇살에 영롱하게 빛나는 왕잠자리처럼 멋있게 변할 수 있을까요? 예수님은 부활하셔서 사도들이 있는 곳에 문을 열지 않고도 임재하셨으며, 시공간을 자유롭게 날아다니면서 어디에라도 편재하실 수 있는데 우리가 그렇게 된다니 정말 꿈만 같습니다. 주님이 주신 능력으로 불신자들을 어거하며 세세토록(천 년 동안) 왕 노릇 하는 것이 가능하다니 너무 멋있을 것 같습니다(계 22:5).

그때는 우리가 완전해졌기 때문에 다른 사람에게 상처를 주거나 오해하고 미워하는 일이 없을 것입니다. 곧 모든 불의, 추악, 탐욕, 악의, 시기, 살인, 분쟁, 사기 등이 없을 것입니다(롬 1:29). 영생하기 때문에 시집도 장가도 가지 않고, 아기를 낳는 고통도 없을 것입니다. 신부가 단장하는 것 같이 아름다운 천국의 모습은 요한계시록 21장 10-27절에 그 규모와 구조가 정확히 기술되어 있습니다.

하나님의 영광 때문에 해와 달이 필요 없고(계 21:23), 수정같이 맑은 생명수의 강이 하나님의 보좌에서 발원하여 천국대로의 중심을 흘러갑니다(계 22:1-2). 강변에는 창세 때에 아담의 자손들이 접근하지 못하도록 화염검과 천사로 지키게 했던 생명나무들이 가로수가 되어 줄지어 심어져 있고 항상 열매가 주렁주렁하여 언제라도 따서 먹을 수가 있습니다(계 22:2).

고린도전서 13장 12절에 "우리가 이제는 거울로 보는 것 같이 희미하나 그때에는 얼굴과 얼굴을 대하여 볼 것이요 이제는 내가 부분적으로 아나 그때에는 주께서 나를 아신 것 같이 내가 온전히 알리라"(고전 13:12)라고 하였습니다. 지금은 추측하고 확신할 뿐입니다. 그러나 우리 주님이 재림하시는 날, 모든 것이 드러날 것입니다. 그러므로 우리는 이제 향방 없이 달려가지 말고 새벽사람이 되어 확신을 가지고 달려가야 합니다.

"푯대를 향하여 그리스도 예수 안에서 하나님이 위에서 부르신 부름의 상을 위하여 좇아가노라"(빌 3:14).

13. 진정한 애국자로 변함

대다수의 새벽기도자들은 국가와 민족을 위해 기도합니다. 그들은 하나님이 우리 민족을 수없이 많은 전쟁에서 건져 주셔서 국가의 명맥을 유지시키시고, 많은 교회를 세우시고, 경제를 발전시키셔서 잘 입고 잘 살게 해 주신 것을 하나님께 늘 감사드립니다. 그럼에도 불구하고 우리나라는 아직도 많은 사람들이 우상에 빠져 있고, 조상귀신에게 절을 합니다. 그리고 술 취하고 방탕한 생활을 하며 음란에 빠져 있고, 여러 가지 이유로 해체된 가정이 많습니다. 그래서 새벽기도자들은 이혼율이 세계 1위가 되어 버린 현실을 개탄하며 하나님께 용서를 구하는 기도를 드립니다. 하나님이 이 민족에 대하여 끝까지 참으시고 심판을 늦춰 주시도록 기도합니다. 또한 아무리 정치인들이 부패하고 권력을 놓고 다투고 대통령이 잘못하고 있을지라도 그들을 미워하거나 배척하기보다는 오히려 하나님께서 그들을 구원해 주시고 지혜와 능력을 주셔서 이 나라를 잘 섬기게 해 달라고 기도합니다. 그 외에도 나라의 정치, 경제, 사회 등의 현실을 하나님께 아뢰고 도우심을 구합니다.

이렇게 기도하는 사람은 가정에서 가장으로서의 책무를 다하고, 교회에서도 열심히 봉사하며, 직장에서도 성실하고 청렴하게 일합니다. 국민으로서의 의무도 결코 소홀히 하지 않습니다. 술과 쾌락과 오락에 탐닉하지 않고, 시간과 재산과 건강을 쪼개어 가이사의 것은 가이사에게, 하나님의 것은 하나님에게 잘 구별하여 드립니다.

그러나 무엇보다도 그들은 릭 워렌의 통찰대로 진정한 조국인 하늘나라를 위하여 살아갑니다. 하나님의 사신이 된 신분으로(고후 5:20) 세상에서 살기 때문에 모든 삶의 기준은 하나님의 말씀입니다. 잠깐 세상에 와서 사명을 감당해야 하기 때문에 일시적으로 세상의 언어와 관습과 문화를 배워야 하고 사람들과 관계를 맺게 되지만 절대로 세상의 가치관과 유혹에 빠지지 않습니다.

새벽기도자들은 세상의 가치관과 하나님의 가치관이 충돌할 때 조국인 천국의 영광과 이익을 위해 순교라는 형식으로 목숨을 바쳐 왔습니다.[36] 지금도 선교지에서 자신의 목숨만이 아니라 가족의 목숨까지 바쳐가며 싸우는 진정한 프로테스탄트들 덕분에 천국의 영역이 넓어지고 있습니다. 그들의 피를 아끼시는 하나님이 살아 계시는 한 천국의 회복, 조국 광복의 그날은 반드시 우리 곁에 다가올 것입니다.

"거룩하고 참되신 대주재여 땅에 거하는 자들을 심판하여 우리 피를 신원하여 주지 아니하시기를 어느 때까지 하시려나이까"(계 6:10).

순교자들의 피를 신원해 주실 것을 약속하신 하나님께서 우리의 수고와 희생에 대해 상급과 면류관을 예비하고 기다리실 것입니다.

14. 자녀와 가문에 대한 비전 확립

새벽에 기도하는 여러 가지 기도 제목 중에 자녀와 가문에 대한 기도가 빠질 수 없습니다. 우리나라의 영적인 거목들 뒤에는 평생 동안 눈물 흘리며 기도한 수많은 한나들이 있었습니다. 한나의 기도(삼상 1:26-2:10)를 들으신 하나님은 사무엘에게 그 축복이 그대로

---

36) 릭 워렌, 앞의 책, pp. 64-65.

임하게 하셨고, 야곱의 열두 자녀를 위한 기도(창 49장)를 들으신 하나님은 각 자녀에게 축복과 저주가 임하게 하셨습니다.

부모에게는 하나님으로부터 위임된 축복권이 있기 때문에 부모의 기도는 자녀에게 그대로 이루어집니다. 반면에 축복 대신 저주를 하면 자녀에게 저주가 임합니다. 우리나라의 부모들 중에는 자라면서 부모에게 들은 저주의 말과 부정적인 말들을 답습해서 자녀에게 퍼부어 자녀에게 상처를 주는 부모가 있습니다. 소위 교육이라는 미명하에 언어폭력을 사용하면서 얼마든지 발전할 수 있는 재능을 가진 아이들의 싹을 잘라 버리는 일도 서슴지 않습니다.

록펠러를 록펠러가 되게 한 어머니의 기도는 어떤 것이었을까요? 그분의 유언은 그분의 일상의 기도 내용을 짐작케 합니다.

1. 하나님을 친아버지로 섬겨라.
2. 목사님을 하나님 다음으로 섬겨라.
3. 주일예배는 본 교회에서 드려라.
4. 오른쪽 주머니는 항상 십일조 주머니로 하라.
5. 아무도 원수로 만들지 말라.
6. 아침에 목표를 세우고 기도하라.
7. 잠자리에 들기 전 하루를 반성하고 기도하라.
8. 아침에는 꼭 하나님의 말씀을 읽어라.
9. 남을 도울 수 있으면 힘껏 도우라.
10. 예배시간에는 항상 앞에 앉아라.

모든 부모들은 자녀들을 위해 새벽으로 기도하고, 자녀를 만날 때마다 동일한 말로 머리에 안수하여 축복기도를 해 주며, 언제나 축복의 말로 격려해야 합니다. 저도 늘 자녀를 위해 새벽으로 기도하고, 그들을 만나면 안수하고 축복합니다. 우리 아이들과 자손들이 세계적인 선교사와 목회자, 정치가, 의사, 교수, 예술가, 과학자 등 각 방면에 전문가가 되어 하나님의 말씀과 사랑으로 세상을 변화시키는 축복의 통로로 쓰임받도록 해 주실 것을 하나님께 간구합니다.

저는 이렇게 오랫동안 기도해 왔기 때문에 저의 간구가 다 이루어진 것 같이 느껴집니다. 그리고 매일 확신 속에서 미래에 자녀들이 축복을 받아 영광의 가문을 이루어 나가는 것을 봅니다. 이러한 소망과 사랑과 믿음을 가지고 성전을 나서는 자의 가슴은 기쁨으로 뛰고 발걸음이 가볍습니다.

"주 여호와는 나의 힘이시라 나의 발을 사슴과 같게 하사 나로 나의 높은 곳에 다니게 하시리로다"(합 3:19).

저는 가문의 제사장으로서 7남매와 그 자녀손들을 위해 늘 기도합니다. 물론 기도 제목은 우리 자녀손들에게 하는 기도와 동일합니다. 부친의 사업이 침체되어 한때 무너졌던 우리 가문을 다시 일으키겠다는 일념으로 열심히 공부를 하여 공무원이 되고 행자부에서 서기관이 되고 과장 진급을 앞두고 있을 때, 승승장구하여 부시장을 거쳐 시장이 되고 정치인도 되어 우리 가문을 크게 일으키겠다는 생각도 없지 않았습니다.

그러나 통합 이전의 총무처와 달리 주일까지도 출근해야 하는 낯설고 불편한 근무 환경 때문에 결단을 하고 특허청으로 전근을 오게 되었고, 주님의 인도하심을 따라 옥한흠 목사님의 제자이신 오정호 목사님이 시무하시는 제자훈련 교회인 새로남교회에 오면서 전혀 다른 방법으로 가문을 일으키게 되었습니다.

저는 어려서부터 부모님과 조부모님에게 가문을 살릴 유일한 아이라는 기대를 받고 자랐습니다. 그랬기 때문에 저는 크게 출세하여 형제자매들의 살길을 찾고자 했습니다. 그러나 하나님께서는 훌륭한 목사님을 만나게 하시고, 제자훈련을 통해 구원의 확신과 복음의 열정이라는 무기를 장착케 하셔서 7남매를 구원케 하시는, 제 생각과는 전혀 다른 방법으로 가문을 살리게 하셨습니다.

최근 미디어를 통해 정권욕이라는 세상 욕심에 빠져 고통당하는 정치인들을 보면서 제가 출세의 길보다 하나님께서 인도하신 진리의 길을 택한 것이 얼마나 축복된 선택이었는지를 생각하며 하나님께 눈물로 감사를 드립니다. 하나님은 그러한 저에게 큰 보상을 해 주셨는데, 교회에서 안수집사로, 교구장으로, 순장과 교사, 복음 전파자, 중보기도자 등으로 쓰임받도록 해 주셨습니다. 그리고 사회적으로도 남들이 부러워하는 변리사에, 어렸을 때부터 꿈꿔 왔던 대학 교수까지 겸하고 있으니 날마다 감사가 넘칩니다.

15. 감사와 기쁨의 원천이 됨

새벽기도를 드리고 성전을 나서는 순간은 마음에 평안과 기쁨과 감사로 가득합니다. 왜냐하면 새벽기도가 그날의 기쁨과 감사의 담보와 원천이 되기 때문입니다. 새벽기도를 드릴 때에는 자신의 믿음과 건강, 사명 감당을 위한 지혜와 능력뿐만 아니라 교회와 직장과 나라와 온 세계를 위해서도 기도합니다. 그리고 자신의 하루 일과에 대해서도 상세히 고하고, 순간순간 도와주시기를 간구합니다. 얼마나 빈틈없이 촘촘하게 기도의 그물을 짰느냐에 따라 얼마만큼 많은 감사와 기쁨의 고기들을 잡을 수 있는지가 결정됩니다. 기도의 그물을 듬성듬성 짜면 작은 고기들은 다 빠져나가고 큰 고기 몇 마리만 잡힐 것입니다.

기도만 성실하게 하면 종일토록 감사와 기쁨으로 가득 찬 삶을 살아갈 수 있습니다. 자신의 힘으로는 아무것도 할 수 없다는 고백을 하고 스스로 하나님 앞에서 무능한 자가 되면 그날 이루어진 모든 일이 하나님이 도우신 것이 되므로 하루 종일 감사와 기쁨으로 살아갈 수 있습니다. 이러한 사람들의 표정을 보면 꼭 바보 같기도 하지만 사실은 하늘의 평안을 만끽하고 있는 진짜 예수쟁이입니다.

16. 형통보다는 영혼 구원

새벽기도의 유익을 일일이 다 열거할 수는 없지만 먼저 하나님의 도우심을 간구하는 새벽기도자에게 모든 것을 합력하여 선을 이루시는 하나님께서 돕는 자를 늘 예비하십니다. 좋은 상사와 동료와 부하직원을 만나게 하시고, 좋은 거래처와 사람들을 만나게 하십니다. 모든 인간관계에 복을 내려 주십니다.

하나님이 새벽마다 주시는 은혜와 성령의 도우심으로, 그리고 말씀의 가르침으로 그들은 점점 그리스도의 장성한 분량에 이르기까지(엡 4:13) 수준 높은 인격을 가진 사람으로 변화해 갑니다. 즉 사랑, 희락, 화평, 오래 참음, 자비, 양선, 충성, 온유, 절제(갈 5:22)의 열매를 맺어 갑니다.

그러나 무엇보다도 중요한 것은 새벽마다 기도하며 하나님과 교제할수록 영혼 구원을 위한 하나님의 뜨거운 열망을 알게 되고, 자연스럽게 전도에 열심을 내게 되는 것입니다. 하나님의 사랑으로 전도 대상을 섬겨서 그들의 마음 문이 열리게 하시고 말씀을 전하게 하심으로 저들을 구원하십니다.

평생 새벽기도 성공!

지금까지 새벽기도를 왜 해야 하는지와 그에 대한 실천 방법을 나름대로 구체적으로 설명하고 새벽기도의 유익에 대해서도 말씀드렸습니다. 독자들에게 실질적으로 큰 도움이 되었으면 하는 바람과 함께, "집사님 말씀대로 했더니 새벽기도에 성공했어요"라고 하는 기쁨의 소식들이 들려오기를 바랍니다.

새벽기도는 기어이 해내야겠다는 의지와 결단만 있으면 하나님의 도우심으로 누구나 해낼 수 있습니다. 아직은 젊다는 이유 때문에 나중으로 미루지 마시기 바랍니다. 그렇게 새벽기도를 미루며 살던 사람들 중에는 평생 새벽기도를 습관화하지 못한 채 천국에 간 사람이 많았고, 성도님도 그렇게 될 수 있기 때문입니다.

이제 우리나라도 정치가 선진화되고, 경제가 고도로 발전하고, 사회복지 수준이 높아져 편안해지면 교회의 침체는 더 심각해질 것입니다. 이미 시행된 주 5일제 근무는 점점 더 예배의 형식화와 교회의 침체를 가속화시킬 것이고, 이렇게 되면 우리나라도 미국이나 유럽의 전철을 밟지 않으리라는 보장이 없습니다.

저는 이러한 교회의 침체를 막을 수 있는 유일한 방법은 바로 우리나라 교회만의 특유한 제도인 새벽기도라고 봅니다. 우리나라의 교회에 새벽기도가 침체되지 않고 계속되거나 더욱 왕성해진다면 미국이나 유럽의 교회들처럼 비참한 상황까지는 가지 않을 수 있을 것입니다. 그러나 한 가지 불안한 것은 지금 고정적 새벽기도인들의 절반 이상이 50대이고, 이미 밤 문화에 익숙해진 젊은 세대가 새벽기도를 마치 나이 든 사람들의 역사적 유물이나 고리타분한 것으로 치부하는 경향이 있다는 것입니다.

그러나 우리 민족의 희망은 젊은 세대의 부흥에 있고, 젊은 세대의 부흥은 새벽기도에서 온다는 사실을 깊이 인식하고 모든 젊은 세대가 새벽기도에 담대하게 도전하시기 바랍니다.

그래서 앞으로 우리나라의 청소년들 가운데서 새벽무릎을 통하여 민족과 열방을 구원해 낼 목회자, 선교사들이 많이 나오고, 이 나라와 전 세계의 정치, 경제, 사회, 문화, 외교, 국방 모든 분야를 하나님의 뜻으로 리드하는 위대한 지도자들이 많이 쏟아져 나오기를 우리 모두 쉬지 말고 기도해야 할 것입니다.

다시 말씀드리지만 종교개혁은 교회개혁이고, 교회개혁은 성도개혁이며, 성도개혁은 말씀과 기도의 개혁이며, 새벽기도야말로 성도를 말씀과 기도를 통해 개혁시키는 유일한 길임을 알고 이 땅의 모든 세대가 거국적인 새벽기도 행진의 대열에 빠짐없이 동참하기를 기원합니다.

날새기도인

김남정

참고문헌

김남준,『새벽기도』, 생명의말씀사, 2003.

릭 워렌,『목적이 이끄는 삶』, 도서출판 디모데, 2003.

오정현,『새벽사람 전성기』, 규장, 2004.

옥한흠,『평신도를 깨운다』, 국제제자훈련원, 2001.

전병욱,『새벽무릎』, 규장문화사, 2003.

최자실,『금식기도의 능력』, 서울서적, 1991.

지미 카터(김은령 역),『나이 드는 것의 미덕』, 도서출판 이끌리오, 2000.

챨스 스탠리(이미정 역),『하나님의 음성을 듣는 법』, 두란노서원, 1987.

사이쇼 히로시(최현숙 역),『아침형 인간』, 2001.

무명의 그리스도인(이진희 역),『무릎으로 사는 그리스도인』, 생명의말씀사, 1993.

빌 하이벨스,『너무 바빠서 기도합니다』, 한국기독학생회출판부, 2008.

http://www.megapass.co.kr/~cwt211

http://www.believers.net/html/ktimes/1-158

http://home.pusan.ac.kr/~yobi/jam.html

망망한 바다 한가운데서 배 한 척이 침몰하게 되었습니다.
모두들 구명보트에 옮겨 탔지만 한 사람이 보이지 않았습니다.
절박한 표정으로 안절부절 못하고 있는 성난 무리 앞에
사라진 그 선원이 급히 달려나와 꼭 쥐고 있던 손바닥을 펴 보이며 말했습니다.
"모두들 나침반을 잊고 나왔기에 … "
나침반이 없었다면 그들은 분명 끝없는 바다 위를 표류할 수밖에 없었을 것입니다.

우리는, 삶의 바다를 항해하는 모든 이들을 위하여
그 나침반의 역할을 하고 싶습니다.
우리를 구원하신 위대한 주 예수 그리스도를 널리 전하고 싶습니다

"하나님은 모든 사람이 구원을 받으며
 진리를 아는 데에 이르기를 원하시느니라"
 (디모데전서 2장 4절)

평신도가 쓴
새벽기도 365일 도전

지은이 │ 김남정
발행인 │ 김용호
발행처 │ 나침반출판사

제1판 발행 │ 2017년 9월 1일

등   록 │ 1980년 3월 18일 / 제 2-32호
주   소 │ 07547 서울특별시 강서구 양천로 583
          블루나인 비즈니스센터 B동 1607호
전   화 │ 본사 (02) 2279-6321 / 영업부 (031) 932-3205
팩   스 │ 본사 (02) 2275-6003 / 영업부 (031) 932-3207
홈   피 │ www.nabook.net
이메일 │ nabook@korea.com / nabook@nabook.net

ISBN   978-89-318-1540-5
책번호   가-6021

값은 뒷표지에 있습니다.